任广军 著

技术与世界
——文化产业现象学导论

復旦大學出版社

世界在生命中,

并且为了生命而在此存在。①

---

① 海德格尔:《形式显示的现象学:海德格尔早期弗莱堡文选》,孙周兴编译,上海:同济大学出版社,2006年,第30页。

序 言

中国经济在 21 世纪头 20 年经历了重大转变，其中文化产业在这一过程中从一株幼苗成长为国民经济支柱产业，以庞大的体系、健全的门类、丰富的业态成为全球文化产业链的重要一环。同时，我们也注意到，文化产业学科和专业建设也蓬勃发展，文化产业研究吸引了文史、艺术、经济、管理、传播、科技与哲学等不同领域的学界精英加入，形成了大量理论研究成果，文化产业研究的中国理论体系也呼之欲出。

文化产业由于天然存在文化与经济的价值冲突，使其学科定位存在模糊性，并在应用层面导致具体的行为研究和政策制订等都缺乏可靠的学术基础。当深入到文化产业的基本环节和要素进行分析时，发现文化产业建构了一个技术集置的世界，为现代人订置了新的时间、空间，所面临的问题涉及现代技术本质及社会本质等哲学维度。因此，对文化产业的解读应存在着更多的面向，可以是诗意的艺术，也可以是智能技术，当然也包括系统的哲学。

西方世界的文化产业是在虚无主义的历史土壤中诞生、发展起来的。按照海德格尔的解释，虚无主义不是在尼采时代才产生的，所有的对超感性世界秩序的颠覆其实都属于虚无主义。因此，"上帝死了"，只是代表现代虚无主义的诞生，但产生于古罗马时期的基督教也是一种对古希腊超感性世界秩序的颠覆，所以基督教本身也是虚无主义的结果。只不过在古希腊超感性世界秩序颠覆之后，欧洲社会建立起了一个基督教的超感性世界；而当基督教世界崩溃之后，也必然要求建立一个新世界来填补现代欧洲人的空虚。这个空虚的填补方式，或许就是通过文化产业创造了一个"文化世界"。

文化产业的起点可以追溯到金属活字印刷术的诞生，文化产业的历史与现代形而上学、现代技术和现代虚无主义的历史同步。基于海德格尔后期哲学"在世界之中存在"、现代技术本质、虚无主义历史以及文化产品对象性特征之因缘关联，通过对"作品－文本""连续－离散""现实－虚拟"等概念的辨析，澄清了文化产业与技术、世界、虚无主义等概念之间的意义关联，为现代文化产业呈现出一个现象的本真存在世界。以大众文化为底色的文化产品在全世界的传播，为全人类建构了一个共在、共时、共享的共同世界，然而，这样一个奠基于现代技术的世界，同时改变了人们的生活方式，也让信息爆炸成为新时代的基本特征。问题在于，信息爆炸虽然带来更多的知识或更宽的视野，但虚假的信息、重复的信息、有毒的信息也同步增加，导致信息的不确定性和意义无序状态的不断恶化。信息的不确定性就是世界的不确定性，因为我们都是通过信息来领会世界，通过领会世界来确定自身，所以世界不确定性的加剧，导致信息接受者越来越茫然，从而为虚无主义的蔓延提供了营养。

当代中国文化产业的未来是什么？这个问题关系到中国未来的发展道路与文明形态走向。按照中国传统美学思想，意象世界是"如所存而显之"，就是显示真实，就是充满了情趣的万物一体的乐的世界，是"人的创造"与"显示真实"的统一。因此，建构文化产业现象学，并以此对这一问题进行思考，无疑对于我国文化产业的发展方向、政策制定与产业实践等都是不可或缺的。譬如，虽然文化产业增加值已经跨越了5万亿门槛，我们的电影、电视剧产量已经名列世界前茅，但是，为什么真正在国际上有影响的作品和产品依然很少？为什么有的城市经济实力雄厚，人均GDP接近发达国家水平，而文化产业却相当孱弱？为什么有的城市历史文化资源单薄，但文化产业却很强大？这些问题若单纯从经济学的创新概念出发都难以得到令人信服的解释，只有解决了"文化产业是什么"的问题，才能将影响文化产业发展的内在因素找出来，才有利于文化产业在正确的道路上健康发展。

如今，文化产业为生活世界带来的变化已经令人震撼，生活世界的未来将取决于符号创作者创造的"如何"。那么在这一过程中，诸如人与技术、人与社会、人与自然之关系等，必然是文化产业理论研究要明确的问题。究其本质而言，文化产业的真正意义在于提供安慰、祝福与希望，从而带来快乐，创造美好生活，为现代人建立一个可以信赖的精神家园。

当代中国，成功走上中国式现代化道路，创造了人类文明新形态，既是对中华文明的赓续和传承，也是对世界文明的贡献和创造。新时代文化产业担负着讲好中国故事,传播好中国声音,加强文明互鉴,贡献中国智慧以提升全球民众的安全感、获得感和幸福感的历史使命。

　　本书是任广军在同济大学人文学院攻读哲学－美学－文化产业研究博士学位申请博士学位的论文,他选择了全新的研究视角,力图建立文化产业现象学,并从这一角度对文化产业现象进行全新的解读,从哲学的视角阐释了中国文化产业在中华民族伟大复兴道路上的使命和责任,展望中国文化产业发展模式的中国道路和中国方案。

　　不言自明,成果自然带有其开创性的意义,自然也会产生巨大的困难,好在作者来自文化产业实践第一线,又有深厚的理论基础,在同济大学哲学系诸位教授的悉心指导下,这一成果今天看来,还是能够给文化产业理论界带来新的发现,对于开拓文化产业理论研究视域,对于建构文化产业学科体系无疑都有很大帮助。现在成果即将付梓,作为导师,应广军所请,写几句话,权做引言。

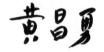

2022 年 8 月 18 日

目录

第一章　绪论 … 1
第一节　理论视角：从生产者、消费者到符号秩序 … 3
1. 文化工业：合理化的大众控制形式 … 3
2. 文化主义：社会意义的生产与再生产 … 7
3. 后现代消费文化：不相信元叙事 … 10
4. 文化资本：从社会学到经济学 … 13

第二节　思维态度：面向事情本身 … 17
1. 本质直观 … 19
2. 在世界之中存在 … 23
3. 世界、大地与游戏 … 27

第三节　概念界定：文化产业是什么 … 31
1. 文化产业概念的多元解读 … 31
2. 文化产业现象的二元属性 … 35
3. 文化产业现象的本真结构 … 40

第二章　文本生产：周围世界的变迁 … 45
第一节　从艺术的世界到文化的世界 … 47
1. 文本与作品 … 47
2. 文化与艺术 … 50
3. 文本的对象性特征 … 59

第二节　从勤勉特质到工业主义制度 … 62
1. 产业的词源解释 … 64
2. 产业作为勤勉之特质 … 66

3. 产业作为工业主义制度 …………………… 69
　　4. 西方文化产业的起点 ……………………… 73
　第三节　从纸质时代到数字时代 ………………… 80
　　1. 审美需求与大众文化 ……………………… 82
　　2. 资本力量与数字化进程 …………………… 89
　　3. 广告性与粉丝经济 ………………………… 93

第三章　信息传播：共同世界的确立 ……………… 101
　第一节　文化技术的集置 ………………………… 102
　　1. 媒介与媒体 ………………………………… 102
　　2. 世界图像与图像世界 ……………………… 110
　　3. 摆置的集聚 ………………………………… 115
　第二节　图像世界的创意 ………………………… 123
　　1. 创意过程及其逻辑 ………………………… 124
　　2. 增强现实的世界 …………………………… 127
　　3. 创意何来 …………………………………… 131
　第三节　共同世界的信息 ………………………… 138
　　1. 全球文化互联 ……………………………… 138
　　2. 信息与消息 ………………………………… 143
　　3. 数字化效应 ………………………………… 150

第四章　时空游戏：自身世界的塑造 ……………… 157
　第一节　符号指引：从文字到图像 ……………… 160
　　1. 书面文字阅读 ……………………………… 160
　　2. 电子图像观赏 ……………………………… 164
　　3. 看的快乐 …………………………………… 169
　第二节　时间序列：从连续到离散 ……………… 173
　　1. 时间成为对象 ……………………………… 174
　　2. 意义的无序状态 …………………………… 180
　　3. 时间的碎片化 ……………………………… 184

第三节　空间形式：从现实到虚拟 …………… 190
　　　1. 不在场的在场 ……………………………… 191
　　　2. 游戏的空间 ………………………………… 195
　　　3. 虚拟现实的世界 …………………………… 199
　　　4. 在虚拟世界中存在 ………………………… 205

第五章　归本生发：技术世界的沉思 …………… 211
　　第一节　不确定性：从惊奇到怀疑 …………… 213
　　　1. 上帝死了 …………………………………… 213
　　　2. 怀疑的情绪 ………………………………… 218
　　　3. 虚无主义效应 ……………………………… 223
　　　4. 文化产业的合理性 ………………………… 228
　　第二节　超真实性：从艺术到技术 …………… 232
　　　1. 艺术的退场 ………………………………… 232
　　　2. 真实的不在场 ……………………………… 239
　　　3. 潘多拉的盒子 ……………………………… 243
　　第三节　回家之路：从虚无到希望 …………… 246
　　　1. 希望的田野 ………………………………… 249
　　　2. 澄明与遮蔽的争执 ………………………… 253
　　　3. 从本有而来 ………………………………… 257

结束语 ………………………………………………… 267

参考文献 ……………………………………………… 271

第一章
绪　论

古往今来，常遭质疑诘难而又一再让人困惑不已的问题就是：存在是什么？①

---

① 海德格尔：《康德与形而上学疑难》，王庆节译，上海：上海译文出版社，2011年，第237页。

"一切都是拜一只老鼠所赐。"①

1928年11月18日,迪士尼首部有声动画电影《汽船威利号》在纽约第七十九街殖民大戏院上映,这一天后来被确定为米老鼠的生日。自此以后,迪士尼以"创造快乐"为宗旨,建造了一条条米奇大街、一个个奇想花园、一座座探险岛和宝藏湾……迪士尼将这些人造景观命名为"明日世界""梦幻世界"或"欢乐世界",将一个个经典的动画电影场景搬迁至现实生活的周围,让想象和虚构的世界变成了人们趋之若鹜的世外桃源。

这些世外桃源是由文化产业之"文本"(Text)——文化产业生产的文化产品之集合——构筑的世界,是奠基于现代技术基础之上的超现实的世界。1955年,洛杉矶兴建第一座迪士尼乐园;1971年,华特迪士尼世界度假区在佛罗里达开业;2016年,上海迪士尼度假区开园,迪士尼不但已经让米老鼠、米妮、唐老鸭等卡通形象成为人们在日常生活中的伴侣,而且通过对现代技术的巧妙运用,让色彩、光电、魔幻、娱乐等动画表现形式与园林艺术相结合,为人们打开了一扇扇通往梦幻世界的大门。如果没有现代技术手段的运用,迪士尼就无法营造各种充满新奇、刺激和震撼的娱乐场景,无法带来美梦可以成真的温暖希冀、使人流连忘返的心灵沉醉。换言之,这些梦幻场景或童话世界无一不是现代技术所绘制的精彩画卷。与其说文本建立的是文化的世界,毋宁说是技术的世界,而现代技术之于人类文明的现在和未来,或许可以通过文化产业效应一窥究竟。

然而,迪士尼世界并非文化产业的全部。是否文化产业文本都建立了提供慰藉、致人沉醉的精神家园?是否文本的世界都建基于现代技术?不能仅从迪士尼现象作出判断。进而言之,现代技术给现代生活方式带来的便利性、舒适性虽然一目了然,但技术通过文本的传播对人类思维和生活世界的作用机制,在技术哲学领域还没有得到系统

---

① 西奥多·齐尼:《迪士尼体验:米奇王国的魔法服务之道》,黄昌勇、周晓健译,北京:北京大学出版社,2016年,第3页。

论述。在文化产业研究视域，理论家所关注的通常不是技术的作用，而是文化的力量或创意的魔力。文化的力量视文化为产业经济的生产资料，创意的魔力视创意为商业模式的思维创新，而技术只是利用生产资料和实现利润最大化的现成手段或工具。换言之，文化产业研究所关注的是文化产品生产和传播的效率，而非文化产品所建立的精神世界。然而，正是文化产业文本所建立的世界——无论我们称之为精神世界、文化世界或技术世界——直接影响着人类的精神生活和价值取向，并随着价值取向的改变而不断生发出新的物质需求，从而对现代人的生活方式乃至人类文明的进程产生了影响。

自20世纪40年代起，西方学者对文化产业从不同的视角进行了深入细致的观察与思考，形成了著名的法兰克福学派文化工业批判理论、伯明翰学派文化研究理论及以鲍德里亚（Jean Baudrillard，1929—2007）为代表的后现代消费文化理论等思想成果。在这些理论家中，不少人不仅是哲学家、社会学家或文化学者，而且直接投身于文化产业实践中。虽然他们的理论视角不同，身处时代不同，分析逻辑迥异，但对文化产业现象基本特征的揭示时至今日依然是有效的。

第一节 理论视角：从生产者、消费者到符号秩序

1. 文化工业：合理化的大众控制形式

法兰克福学派是由哲学家、社会科学学者、文化批评家等组成的一个学术社群，是20世纪以卢卡奇（Szegedi Lukács György Bernát，1885—1971）为代表的西方马克思主义理论的继承者。法兰克福学派被当作文化产业基础理论的源头，他们首先使用了"文化工业"（cultural industry）的概念，对文化产业的基本特征及现代社会之技术理性统治的本质进行了深刻剖析，从而使文化工业批判理论成为文化分析的一个理论基点，并经由结构主义、符号学等影响了后现代消费文化理论。

在"文化工业"的概念提出之前，作为法兰克福大学社会研究所核心成员的瓦尔特·本雅明（Walter Benjamin，1892—1940），在《机械复制时代的艺术作品》(1936年）一文中对大众文化进行了评述，以"可复制性"区分了文化产业文本与传统艺术作品。本雅明指出，尽管艺术作品"在原则上总是可复制的"，但机械复制的后果是："即使在最完美的艺术复制品中也会缺少一种成分：艺术品的即时即地性。"① 即时即地性构成艺术作品的原真性（Echtheit），机械复制使艺术品丧失了作品应该具备的原真性。传统艺术作品侧重于膜拜价值，是专属于特定的时间、特定的空间和特殊的传统的，因而具有独一无二、不可取代、原创的意义；而文化产品侧重于展示价值，因其商品属性必然要求实现大批量的复制和广泛的传播。这里的机械复制不限于基于现代技术的复制手段，古希腊也存在机械复制，例如，铸造和冲压是古希腊人已经知道和使用的复制技术，而木刻、石版印刷、摄影和录音等都是机械复制。

本雅明用光韵（Aura）一词来说明艺术作品的即时即地性、膜拜价值和审美上的距离感等，认为文化产业文本生产之所以有别于传统艺术作品创作，在于机械复制过程无法产生或保持光韵。以电影为例："演员是在机械面前自我表演，而不是在观众面前为人表演。"② 在机械面前的表演允许一次又一次地重复直到导演满意为止，在观众面前表演却不允许任何的失误或犯错。换言之，在机械面前的表演不得不以放弃光韵为条件，因为光韵无法摹仿，所以，电影只能"在摄影棚之外对'名人'的人工制造来补偿光韵的消失。由电影资本支撑的明星崇拜保存了那种'名流的魅力'，而这种魅力向来只在于其商品特质的骗人玩意儿中"③。在此，本雅明指出了文本的另一个特征：娱乐性或消遣性。电影虽然常被称为电影艺术，但它首先是为大众提供娱乐或消遣的消费方式，虽然"观众采取了一种鉴赏态度……观众成了一位

---

① 本雅明：《机械复制时代的艺术作品》，王才勇译，北京：中国城市出版社，2001年，第84页。
② 同上书，第103页。
③ 同上书，第108页。

主考官，但这是一位心不在焉的主考官"①。尽管本雅明对艺术领域的商品化和肤浅化提出了批评，但其立场并非悲观主义的，他对机械复制所带来的大众化、民主化反而给予了肯定。在这一点上，本雅明不同于霍克海默（M. Max Horkheimer，1895—1973）、阿多诺（Theodor Adorno，1903—1969），后二者将文化工业判定为"合理化的大众控制形式"，是"作为大众欺骗的启蒙"。

霍克海默、阿多诺在他们合著的《启蒙辩证法》一书中，通过对美国文化工业的批判做出一个基本判断：文化工业是意识形态，它是在自由资本主义转向垄断资本主义的过程中诞生的，有着商品化、技术化和标准化三大特征。经过这一转向，作为一个阶级登上历史舞台的资产阶级不再存在，垄断体系被资本掌控，资本权力成为唯一存在者，理性成为纯粹工具而失去了制约的维度。于是，在生产层面，文化工业通过对生活的复制和摹仿，"从电影改编成的小说，到最后制作成的音响效果。所有这一切，都是投资资本取得的成就，资本已经变成了绝对的主人"②。在消费层面，"文化工业对消费者的影响是通过娱乐建立起来的……文化工业的权力是建立在认同被制造出来的需求的基础上，而不是简单地建立在对立的基础上，即使这种对立是彻底掌握权力与彻底丧失无力之间的对立。晚期资本主义的娱乐是劳动的延伸。人们追求它是为了从机械劳动中解脱出来，养精蓄锐以便再次投入劳动"③。在此，他们强调娱乐的需求是生产者刻意制造出来的。在资本主义社会（而不是资产阶级社会）中，资本不是顺应需求而是引领需求，且这样的需求是经过精心计算的虚假的需求，成就的是虚假的个体性。因此，"整个文化工业把人类塑造成能够在每个产品中都可以进行不断再生产的类型"④。资本家通过对娱乐需求的制造，满足人们对劳动异化的逃避，从而不断刺激感官欲望，文化产业因此成为维护资

---

① 本雅明：《机械复制时代的艺术作品》，王才勇译，第128页。
② 霍克海默、阿道尔诺：《启蒙辩证法——哲学断片》，渠敬东、曹卫东译，上海：上海人民出版社，2006年，第111页。
③ 同上书，第123页。
④ 同上书，第114页。

本和统治权力的工具。

《启蒙辩证法》以较大的篇幅梳理了广告与文化产业的关系，认为文化工业究其本质是广告，文化工业因此成为"其他工业的工业"，成为"合理化的大众控制形式"。这一判断的根据在于："广告和文化工业在技术上和经济上融合起来了。"① 身处第二次世界大战期间的两位思想家已经预见到电视工业的未来，而电视的确从诞生之日起即确定了以广告作为基本营业收入的经营策略。因此，"电视迟早要产生巨大的影响，它会使审美迅速陷入极端贫困的状态，以至于在将来……所有艺术都会融入在一件作品之中……资本已经变成了绝对的主人，被深深地印在了在生产线上劳作的被剥夺者的心灵之中；无论制片人选择了什么样的情节，每部影片的内容都不过如此"②。这里指出了文化产业带来的个性化的虚幻。由于标准化是文化产业的基本特征之一，所以，"在文化工业中，个性就是一个幻象……虚假的个性就是流行：从即兴演奏的标准爵士乐，到用鬈发遮住眼睛，并以此来展现自己原创力的特立独行的电影明星等，皆是如此……个性化的每一次进步，都是以牺牲个性为代价的"③。

值得指出的是，文化工业不等同于大众文化。大众文化既可以是无法满足高雅之标准而对立于精英文化的文本与实践，也可以是被很多人所热爱与喜好的文化，大众文化的消费者可以根据自己的趣味、喜好作出取舍。然而，文化工业是从上到下强加给大众的文化消费，文化工业的意识形态"替代了大众的意识乃至无意识，容不得任何出格的、不同的、反对的思想方式。故而文化工业是用谬误替代真理，用虚假的需要和解决办法替代真实的需要和解决办法。就这样它俘获了大众的心灵和意识"④。因此，在渗透着权力结构的文化工业面前，大众是无能为力的，文化工业毫无疑问是削平个性、腐蚀大众意识的东西。

在法兰克福学派的其他成员中，被誉为新左派哲学家的赫伯特·

---

① 霍克海默、阿道尔诺：《启蒙辩证法——哲学断片》，渠敬东、曹卫东译，第148页。
② 同上书，第111页。
③ 同上书，第140—141页。
④ 陆扬、王毅：《文化研究导论》，上海：复旦大学出版社，2015年，第109页。

马尔库塞（Herbert Marcuse，1898—1979）深受黑格尔（Georg Wilhelm Friedrich Hegel，1770—1831）、胡塞尔（Edmund Gustav Albrecht Husserl，1859—1938）、海德格尔（Martin Heidegger，1889—1976）和弗洛伊德（Sigmund Freud，1856—1939）的影响，主张把弗洛伊德主义和马克思主义结合起来，认为资本主义社会是一个单向度的社会，资本主义社会的人已转变为"单向度的人"。但人类完全有可能建立一种非压抑性的文明和自由的社会，解放之路在于解放爱欲、重建新感性的心理革命，审美与艺术将在其中发挥重要作用。马尔库塞写道，这个社会是一个"以技术而不是以恐怖"进行统治的社会，其特点是富裕而具有操纵性。马尔库塞所谓的单向度，意指失去了否定性、批判性和超越性而仅剩下肯定性维度，单向度的人就是在发达的工业社会中被消费欲望所支配、异化因而失去个性和反抗能力的人。通过广告、大众传媒以及操纵性的社会科学和心理学，社会需要被培植成个人需要，意识形态被吸收到现实之中，整个文化被同化到技术组织中而成为单向度的文化，社会成员的话语成为被控制和操纵的单向度的话语。

尤尔根·哈贝马斯（Jürgen Habermas，1929— ）是法兰克福学派第二代中坚人物，他的交往行为理论认为，西方理性化进程主要表现为技术理性的发展和在各个生活领域的全面渗透，然而，技术理性无法解决生活世界的价值观问题，因此，要通过交往行为的理性化进程解决现代性带来的诸多危机。哈贝马斯认为，人类世界有主观世界、客观世界及社会世界三种类型，其中，社会世界包括制度世界和生活世界。制度世界是那些制度化、组织化以及科层制化的世界，即现代国家机关和社会市场体系；生活世界是能够开展言语沟通、追求话语共识的尚未主题化的源初世界，包括进行话语共识的公共领域以及维持私人利益的私人领域。

2. 文化主义：社会意义的生产与再生产

文化主义关心文化与社会的关系，在 20 世纪中后期发展为对大众文化、体制与社会实践的总体研究，强调文化是普通人的文化，强调文化的日常生活性，注重人的经验、人的作用及文化意义生产的积极性。文化主义反对利维斯主义的精英文化路线，反对经济决定论，肯定大众文化对创造社会意义及身份认同的积极作用。

成立于1964年的伯明翰大学当代文化研究中心拉开了文化主义的文化研究（cultural studies）的序幕，由此形成的伯明翰学派为研究资本主义社会的当代生活及文化现象提供了新的理论思路，也为世界范围的文化研究提供了全新的研究模式。这一学派的研究内容涉及大众文化及与大众文化密切相关的大众日常生活，分析对象包括电视、电影、广播、报刊、广告、畅销书、儿童漫画、流行歌曲、室内装修乃至休闲方式等，大众传播媒介是其研究的焦点。

雷蒙·威廉斯（Raymond Williams，1921—1988）在文化理论、文化史、电视、出版、电台、广告等领域的研究方面都做出了贡献，坚信文化是普通人在与日常生活的文本与实践的互动中获取的"活的经验"，主张将文化工业生产的商品与人们从这些商品中生产的文化区分开来[1]。斯图尔特·霍尔（Stuart Hall，1932—2014）的贡献是将文化看作"一个过程、一组实践"，文化产品之文化是"意义的生产、流通和消费的过程"[2]，通过这一过程为现代人提供一种特殊的生活方式。

霍尔将信息传播分解为意义的生产、流通、使用和再生产四个环节。通过对"编码/解码"理论的阐述，否定了阿多诺视域中的受众只是被动接受者的角色定位，将话语、符号、权力、社会关系等概念引入传播研究的视野。意义生产环节是对信息的编码，受到一系列复杂因素的影响，如制度结构，流通方式，从业者的技术、职业道德、知识结构以及历史地理的影响，因此，编码环节必然是由编码者为信息赋予意义。在阿多诺的视野中，编码者背后的操控者是资本家和统治者。然而霍尔认为，信息一经传送，编码者便对传送的信息失去了控

---

[1] 约翰·斯道雷：《文化理论与大众文化导论》，常江译，北京：北京大学出版社，2010年，第54—59页。
[2] 斯图尔特·霍尔：《表征：文化表征与意指实践》，徐亮、陆兴华译，北京：商务印书馆，2013年，第3页。

制力，处于使用和再生产环节的受众对信息意义的解读是根据自身的语意环境来领会信息的意义。这样的领会可能是多义的，不一定符合信息编码者最初的赋义，从而构成了意义再生产。以电视为例，第一阶段是电视话语意义的生产，是电视专业工作者对原材料的加工，即编码阶段，占主导地位的是编码者对世界的看法；第二阶段是成品阶段，电视产品变成一个开放的、多义的话语系统，但电视图像越自然就越有伪装性，因为图片和形象的意识形态性比语言更难察觉，因此，意义并非完全由文化代码预设，意义在系统中也受到接受代码的影响，各人得到的意义因此并不相同；第三阶段是观众解码，占主导地位的是观众的世界观和意识形态。观众必须具备译码能力，才能从文本的多义性中获得意义。所以，信息的发出并不能保证意义的到达，意义不是由传播者传递的，而是由接受者再生产的[①]。

曾在当代文化研究中心工作的费斯克（John Fiske, 1939— ）也被视为伯明翰学派的成员之一，其文化消费理论相对霍尔更加肯定受众的主动性、文化的辨识力和创造力，体现出文化研究的后现代转向趋势。费斯克倡导积极快乐和随意休闲的大众文化理论，推崇日常狂欢的大众消费精神，试图超越大众文化研究中的精英主义和悲观主义的对立。费斯克将大众文化视为在社会体制内部创造和流通意义、快感、身份认同的一种积极的过程，而非一种纯粹的消费行为。他还分析了文本与大众解读实践之间、文本与大众日常生活之间的关系，认为一个文本只有进入社会和文化关系中，其意义潜能才能被激活[②]。费斯克提出两种经济概念：金融经济和文化经济，其根据是政治经济学的商品交换价值和使用价值理论。以电视产业为例，作为商品的电视节目，生产和发行于金融经济与文化经济两种平行且共时的经济系统中，其中，金融经济注重交换价值，流通的是金钱；文化经济注重使用价值，流通的是意义、快感和社会认同。电视商品作为文化商品，其交换并不只是将生产的电视节目卖给电视台，还要将电视观众作为商品

---

① 参陆扬、王毅：《文化研究导论》，第 187—191 页。
② 陈立旭：《大众文化的研究转向：费斯克理论之考察》，《文化艺术研究》2009 年第 5 期。

卖给广告商，广告商因此成为消费者，广告的播放时间则成为电视台的产品。广告商表面上购买的是播放时间，实际上购买的是观众。此为电视产业的金融经济。电视台实际上并没有将节目"卖"给观众，观众只在节目播放的时间段内经由形象、思想和符号而获得心理满足、快感以及对现实的幻想。因此，电视节目只是提供了文化资源，消费才是意义的生产，即每一个消费行为成为文化的生产行为。换言之，观众不复是被出卖的商品，而成为意义的生产者。此为电视产业的文化经济[①]。如果说现代性的时代是生产的时代，后现代性的时代是消费的时代，那么费斯克的文化消费理论便体现了文化主义的文化研究与后现代消费主义的联姻。

3. 后现代消费文化：不相信元叙事

让·鲍德里亚是在消费社会理论方面卓有建树的法国哲学家、社会理论家。他在《消费社会》(1970)中写道："今天在我们的周围，存在着一种由不断增长的物、服务和物质财富所构成的惊人的消费和丰盛现象。富裕的人们不再像过去那样受到人的包围，而是受到物的包围……我们处在消费控制着整个生活的这样一种境地。"[②] 消费替代了生产，消费变成了文化，大众在无穷无尽、连篇累牍的符号、影像的万花筒面前被搞得神魂颠倒，找不出其中任何固定的意义联系。

针对这一状况，法国哲学家利奥塔（Jean Lyotard, 1924—1998）指出："我们的研究主要对象是高科技社会中的知识状况，我决定用'后现代'来描述这一状况……19世纪后，我们的文化经历了一系列的嬗变：科学、文学、艺术的语言游戏规则全变了，'后现代'一词，恰好标示出当今文化的方位和状况。"[③] 利奥塔将后现代性定义为对"元叙事"的不信任，而将现代性界定为任何依赖"元话语"使自身合法化的学科，认为后现代大众文化是一种松弛懈怠的文化，后现代主义

---

① 参陆扬、王毅：《文化研究导论》，第350—352页。
② 鲍德里亚：《消费社会》，刘成富、全志刚译，南京：南京大学出版社，2014年，第1、5页。
③ 转引自陆扬、王毅：《文化研究导论》，第233页。

并未给人带来更大的自由，而是"加重了人们对技术科学的发展能够为人类社会带来什么后果、能否使人类社会保持稳定的忧虑"①。

利奥塔指出了后现代社会的一个重要特征，即绝对价值标准的崩溃，后现代主义的诞生令文化价值问题原有的确定性出现了紊乱。不确定性正是后现代社会的具体表现，导致了模糊性、间断性、弥散性、多元性和游戏性等一系列解构而不是建构的特征。以文化研究为例，用费斯克的话来说，文化研究中的文化一词"侧重的既不是审美也不是人文的含义，而是政治的含义。文化不再被视为伟大艺术中形式和美的审美理想……文化不是人类精神的审美产品，用来抵挡如潮汹涌的工业物质主义的粗鄙污秽，而是工业社会内部的一种生活方式，它包含了此种社会经验的所有意义"②。因此，作为文化研究对象的现代社会生活，已经与中世纪或更早时代的社会不同了，导致文化研究不再膜拜"固定价值的永恒文本"。

当价值不再固定永恒时，谁有权力来阐释价值和决定意义呢？在伯明翰学派看来，是大众文化的消费者；在詹姆逊（Fredric R. Jameson, 1934— ）看来，是提供音像、电影、时装、电视剧等商品的跨国资本；在鲍德里亚看来，是由符号构建的"符号秩序"。鲍德里亚用符号系统解释当代社会，他在《仿真与拟像》一文中总结了符号秩序的四阶段论：（1）它是对某种基本真实的反映；（2）它遮蔽和篡改某种基本真实；（3）它掩盖某种基本真实的不在场；（4）它与任何真实都没有联系。鲍德里亚认为，符号所掩盖的不是真实的东西，而是真实东西的"不在场"。客体与符号、事物与观念之间的区分方式不再有效了，此前对真实的体验和真实的基础均告消失了。通过拟像生产出来的真实是"超真实"，而不是现成之物。因此，由生产、工业资本主义以及符号的政治经济学所支配的现代性已经结束，由新技术、文化和社会形式、拟像所构成的后现代性已经来临。这是一个从冶金术社会向符号制造术、从物的消费到符号消费的过程，其特征是符号拥有了

---

① 参陈嘉明：《现代性与后现代性十五讲》，北京：北京大学出版社，2006年，第213—214页。
② 转引自陆扬、王毅：《文化研究导论》，第234—235页。

自己的生命，而且主宰了社会。在这个社会里，是符号而不是生产成为消费的客体，这是一个由计算机、信息处理、媒体、自动控制系统等按拟像符码和模型而形成的社会①。鲍德里亚写道："我们的超级中心就是我们的先贤祠，我们的阎王殿"②，于是，消费崇拜成为现代社会的意识形态。这种消费伦理取代了处于竞争阶段的资本主义的利他主义的个人主义价值体系，产生出消费主义的个人主义③。

消费社会的文化意味着什么呢？鲍德里亚认为，虽然文化已经成为"超级中心"的一个组成部分，但这不是文化的堕落，不是商品在糟蹋文化，而是商品"被文化"了。换言之，琳琅满目的服饰、餐饮和各式各样的小商品都披上了文化的色彩，变成了一种全新生活方式的有机组成部分④。

虽然鲍德里亚的盛名几乎与后现代性同步崛起，但他反对学界赐予他"后现代性大祭师"的称谓。在鲍德里亚看来，作为一种表达方式或言词方式，后现代性并没有实质内容，甚至不是一个概念，因为我们无法对目前发生的一切确切定义。不过，鲍德里亚宣称自己是后现代性二次革命的一部分，这一革命的目的在于对意义进行解构。"指涉物既已死亡，相应地任何依靠意义活着的人都会因为意义而死亡。"鲍德里亚坦言："我就是一个虚无主义者"，是一个采取"理论暴力"的虚无主义者⑤。

在后现代理论大师中，詹姆逊是最早将后现代学说介绍到中国的西方学者。不同于利奥塔把后现代看作后工业社会的特征，詹姆逊认为资本主义文化经历了国家资本主义、垄断资本主义和晚期资本主义三个阶段，对应于艺术的现实主义、现代主义和后现代主义三个时期，因此，后现代是一个与晚期资本主义阶段相对应的历史时期。詹姆逊认为，现代性的一个不可回避的方面是现代化问题，它总是与科技相

---

① 参单世联编：《文化产业研究读本（西方卷）》，上海：上海人民出版社，2011年，第344—345页。
② 鲍德里亚：《消费社会》，刘成富、全志刚译，第7页。
③ 参陈嘉明：《现代性与后现代性十五讲》，第334页。
④ 参陆扬、王毅：《文化研究导论》，第270页。
⑤ 参陈嘉明：《现代性与后现代性十五讲》，第341页。

关，因此，最终是与进步相联系的。在晚期资本主义阶段，全球化带来了经济与社会现代化的标准化，具体表现为一种"普遍的市场秩序"的殖民化①。现代性的过程是一个趋向同一性的过程，它以资本主义的市场秩序为旨归。后现代性有两大成就：一是农业的工业化消灭了传统的农民；二是无意识的殖民化和商业化形成了大众文化。与利奥塔"向总体性开战"、倡导"差异性思维"不同，詹姆逊明确主张"总体性思维"，把全球化看作"一个涵盖了政治、经济、文化和社会等方面的总体性概念"②。詹姆逊明确反对费斯克的文化消费理论。费斯克把文化解读为"反抗束缚的手段"，詹姆逊则认为费斯克的文化概念模糊不清，脱离了社会生活，这种反抗纯属想象；费斯克认为大众文化可以颠覆既定的权力结构，詹姆逊则反对把权力结构放在中心地位，认为坚持研究权力是旨在取代对生产方式的分析。在詹姆逊看来，文化产品的消费行为是一种空洞的行为，故不宜于对消费行为作细致深入的分析。值得分析的是什么？是冲突、异化和再统一③。

4. 文化资本：从社会学到经济学

鲍德里亚以虚无主义姿态对消费社会作出的"模型比真实更为真实"的判断，遭到美国批判理论家道格拉斯·凯尔纳（Douglas Kellner, 1943— ）的质疑，认为鲍德里亚夸大了现代与后现代的断层。他说："我宁可把鲍德里亚的著作读作科幻小说，它通过夸张现时的趋势来预示将来，从而事先警告假若现实的趋势发展下去，会是何种局面。"现实虽然未必如鲍德里亚所想象的那样建立了符号秩序，但科幻电影在数字技术的帮助下已经做到了模型比真实更为真实的效果。21世纪的消费文化未必让各式各样的商品都披上文化的色彩，但文化资本已成为文化经济的关键变量。

---

① 王逢振编：《詹姆逊文集》第 4 卷《现代性、后现代性和全球化》，北京：中国人民大学出版社，2004 年，第 6—11 页。
② 参陈嘉明：《现代性与后现代性十五讲》，第 261—275 页。
③ 参陆扬、王毅：《文化研究导论》，第 258—259、269 页。

文化与资本是后现代语境中的两个关键词，将它们结合在一起的是法国社会学家皮埃尔·布尔迪厄（Pierre Bourdieu，1930—2002）。他力图超越科学与其对象之间的对立，认为必须克服主体与客体、文化与社会、结构与行为等理论对立面，并有效地把现象学和结构主义的探索融入一种认识论的模式中。布尔迪厄认为，无论是客观论还是主观论，都不可能真正理解社会生活。只有当分析超越了传统的对立关系及二分法，超越了由此造成的视野的局限性之后，理论的发展才会成为可能。

文化资本（cultural capital）是布尔迪厄社会学理论体系的核心概念，是指从家庭背景、学校教育和社会交往中获得的人际交往技巧、习性、态度、趣味、资源、语言风格、教育素质、品位、生活方式以及由此而来的文化地位配置等。布尔迪厄认为，资本表现为三种基本形态：一是经济资本，可以立即且直接转换成金钱，它以财产权的形式被制度化；二是文化资本，在某些条件下能转换成经济资本，它以教育资格的形式被制度化；三是社会资本，它是由社会义务组成的，以某种高贵的头衔的形式被制度化[1]。因此，布尔迪厄的资本概念与制度化紧密关联，制度化代表了某种权力结构，文化资本包含了对自己的未来和对他人的未来施加控制的能力，因而是一种权力形式。一方面，社会是由资本的不同分配构成的；另一方面，个人又要竭力扩大他们的资本。个人能够积累的资本界定了他们的社会轨迹，即资本界定了生活的可能性或机遇。布尔迪厄集中研究了文化资本、社会资本和经济资本之间的区分和相互作用。经济资本是资本的最有效形式，表现了资本主义的特性；这种资本可以以普通的、匿名的、适合各种用途的、可转换成金钱的形式，从一代人传递给下一代人。然而，并不是一个人拥有了经济资本就必然拥有文化资本，作为个人资产的文化资本也不能随心所欲地还原为经济资本，不同形态的资本需要依靠制度化的权力关系实现其可转换性。

---

[1] 布尔迪厄：《文化资本与社会炼金术》，包亚明译，上海：上海人民出版社，1997年，第192页。

居于资本的可转换性理论，社会学的文化资本概念后来被戴维·思罗斯比（David Throsby, 1939—　）转换成经济学概念，应用到文化经济学的分析模型中。思罗斯比提出了一种创新性的描述文化现象的方式，将"有形"或"无形"的文化现象解释为价值的永续存储手段以及个人利益与社会利益的提供者，为从经济方面和文化方面分析文化商品、文化服务和文化行为提供了一个共同的基础。在他看来，经济学的文化资本是一种不同于当代经济分析所界定的物质资本、人力资本、自然资本的第四种类型的资本概念。这一概念除了可能拥有的全部经济价值之外，还体现、储存并提供文化价值。文化资本与自然资本有许多相似之处，因为自然资源与文化资源一样都是人类所接受的馈赠："自然资源来自大自然的赐予，而文化资本源自人类的创意活动；自然生态系统维护着自然平衡，文化生态系统则维护着人类文明。"[1] 因此，多样性不仅对自然界有极为重要的意义，在文化系统里发挥着更为重要的作用。

与仅将传统经济学帽子套在文化现象之上的文化经济学研究不同，思罗斯比从文化产品的经济价值和文化价值两个维度的缠绕关系出发，构建了一套独特的文化经济学价值理论。他指出："在整个西方世界，大学和学院里所传授的经济学大多关注生产、消费和交换的效率，而对于经济系统运行中的公平与公正问题关注甚少。"[2] 因此，在思考文化产业时，必须找到有用的替代传统经济学的方法。思罗斯比对文化概念的阐述深受伯明翰学派的影响，并在此基础上提出了文化的两重含义：在第一重含义里，文化用来描述一整套为某一群体所共有或共享的态度、信仰、传统、习俗、价值观和惯例；在第二重含义里，文化用来表示与人类生活中的智力、道德和艺术方面相关的人类活动与活动成果。后者有三个特征：（1）涉及某种形式的创意；（2）涉及象征意义的产生和传递；（3）体现某种形式的知识产权。创意、意义和知识产权三个关键词因此成为思罗斯比所构建的创意生产模型中的变量因

---

[1] 戴维·思罗斯比：《经济学与文化》，王志标、张峥嵘译，北京：中国人民大学出版社，2011年，第1页。
[2] 同上书，第4页。

素。思罗斯比认为,文化领域的价值来源与经济领域中的价值来源是不同的,用以评价文化价值的尺度与方法必须取自文化领域。思罗斯比承认,文化是一种有争议的现象,而非一个和谐的共同体。在经济学的视角下,文化是一个动态的过程,而且是一个"蕴藏着权力关系的不稳定系统"[①]。在思罗斯比看来,"如果经济学家宣称,经济学可以将文化价值完全包括在内,且经济评估方法能够把握文化价值的所有相关方面,那么他们就是在自欺欺人"[②]。

从文化工业批判、文化主义研究、后现代消费文化理论,一直到文化经济学,展示出西方文化产业基础理论范式演变的概貌,表明20世纪的文化产业就是通过生产者、消费者和被传递的符号三者主体角色的转变而改变着现代社会的权力结构。然而,这些解释无不奠立于现代形而上学之主客二分的思想基础上,不仅相互之间充满争议,而且并未揭示文化产业如其所是地是什么。法兰克福学派居于对文化工业生产方式及其背后资本力量的揭示,认为大众作为被欺骗的对象而被标准化生产的文化产品标准化了,文化工业只是为消费者提供了虚假的需要和虚假的个性化;伯明翰学派改变了精英主义的文化认知模式,将文化看作意义的生产和流通的过程,消费者能够依靠自己的解码能力而成为意义再生产的主体;后现代的文化学者不再膜拜固定价值的永恒文本,"媒介成为一个比真实更为真实的真实"[③],导致包围在我们身边的符号成为生产和消费的主体,乃至替代了生活世界的意义和价值。

进入21世纪,文化产业研究的主流转变为文化资本如何转换为金融资本的研究,文化成为经济学模型中的一个变量,对文化的研究变成对创意的研究。既然经济学的方法不能评估文化价值的所有方面,必然要求我们以不同的思维态度来重新审视文化产业现象。

---

① 戴维·思罗斯比:《经济学与文化》,王志标、张峥嵘译,第7页。
② 同上书,第37页。
③ 陆扬、王毅:《文化研究导论》,第267页。

第二节　思维态度：面向事情本身

如果说文化工业批判聚焦于文化生产，文化研究侧重于意义再生产，那么消费文化理论关注的就是文化传播，但三者实际上都没有将文化产业作为一个意义整体来阐述。就文化产业现象学而言，需要将文化产业作为一个整体的现象来思考，以全新的思维态度找出真正的权力所在。

马丁·海德格尔在《形而上学导论》一书中指出："哲学活动就是对异乎寻常的东西作超乎寻常的发问"①；他在《我如何走向现象学》中指出，现象学是"思的可能性，呼应着有待思索之事的吁请"②。问与思贯穿了海德格尔哲学生涯的全过程。虽然海德格尔不曾就文化工业展开过专题性论述，但其处身的时代正是现代技术、现代艺术和大众文化的转型发展关键期，不论其前期的"此在存在论"，还是后期的"艺术之思""技术之思"或"本有之思"，都倾注着对人类历史命运的深刻思考。文化产业作为与文化、艺术和技术紧密关联的产业，提供的是满足精神需求的产品，唯有海德格尔的哲学思想涵盖了其中的各个方面，故海德格尔现象学为展开对文化产业现象的追问提供了一条宽阔的思想道路。

何为现象学？按照胡塞尔的解释："现象学，它标志着一门科学，一种诸科学学科之间的联系；但现象学同时并且首先标志着一种方法和思维态度：典型的哲学的思维态度和典型哲学的方法"③。这里的"哲学的思维态度"是与"自然的思维态度"相对的一种思维态度，而典型哲学的方法就是现象学的方法，其核心是"本质直观"。作为胡塞尔的学生，海德格尔也对现象学作出了解释："凡是如存在者就其本身所显现的那样展示存在者，我们都称之为现象学。"进而说明："以现

---

① 海德格尔：《形而上学导论》，熊伟、王庆节译，北京：商务印书馆，2014年，第15页。
② 参陈嘉映：《海德格尔哲学概论》，北京：商务印书馆，2014年，第377页。
③ 胡塞尔：《现象学的观念》，倪梁康译，上海：上海译文出版社，1986年，第24页。

象的照面方式给予的以及可用这种方式解说的，称为现象的……而所有属于展示方式与解说方式的东西，所有构成这种研究所要求的概念方式的东西，则都叫作现象学的。"①

无论是胡塞尔、海德格尔还是现象学运动的其他成员，其哲思的共同原则都是"面向事情本身"，就是要让意识切中事物本身，改变自然的思维态度以突破以往的理论和思想惯性所造成的思维定势，直接面向生活世界，面向人的生活本身和生存本身。胡塞尔指出："生活世界的问题不是局部的问题，宁可说是哲学的普遍问题"②。生活世界思想就是要"站在现象学的思想严格性立场上对于时代所提出的危机问题的解答"③。如果说现象学是关于现象的学问，而现象的世界就是生活世界，现象学就是直接面向生活世界的学问。

现象学的影响持久而有力，不仅影响了一大批欧洲大陆哲学家，也影响了人文学科和社会科学的各个方面，如神学、社会学、政治学、艺术、艺术思想、建筑学、历史学、文学和文学批评等领域。这种力量源自现象学的两大特征：一是直接性，二是神秘性。直接性指观念世界不再必须通过知识来把握，而可以通过非知识的途径从生活世界和经验中进行本质直观。西方哲学从古至今都认为，对本质的研究要通过抽象、思辨的方法来展开，因此，"本质可以直观"就为现象学带来了神秘性或幽暗性。从笛卡尔（René Descartes，1596—1650）开始，自然的思维态度为了让一切关系变得明明白白，使理性思维变成了理性的计算；然而，神秘性是人和世界的本相，因而是生活世界的意义所在，故现象学的直接性与神秘性恰恰成就了哲学对生活世界之幽暗和神秘的守护，是对现代科学、技术和工业对人类生活的褫夺的一种抵抗。

现象学所说的本质不同于柏拉图主义的本质，不是一种可以在实

---

① 海德格尔：《存在与时间》，陈嘉映、王庆节译，北京：生活·读书·新知三联书店，2014年，第1、43页。
② 胡塞尔：《欧洲科学的危机与超越论的现象学》，王炳文译，北京：商务印刷馆，2001年，第15—16页。
③ 张祥龙：《从现象学到孔夫子》，北京：商务印书馆，2011年，第34页。

体意义上被普遍化的东西，也不能被还原为现成实在的对象，而是最关键的、最独特的、当场被构成而又具有普遍意义的那个东西。诚如张祥龙所言："本质的东西永远是浸透在现象里、活在现象情景里的。"因此，现象学"是通过直观分析来突破传统的个别与一般的那种硬性区别，实现出一个更活泼、更带有生活本身的思想性的研究方法和思维天地来。现象学不只是描述事实，而是要通过描述事实或事态，来暴露出这些事实是怎么构成的，或者依据这些事实再去暴露更高层次尤其是更深层次上的构成"①。此外，"无论是胡塞尔的生活世界，还是海德格尔的此在分析，都是以关怀人类生存、合理安顿人与世界的关系为根本动机的"②，这也是文化产业现象学研究的意义所在。

1. 本质直观

胡塞尔哲学思想经历了描述现象学、先验现象学和发生现象学三个阶段，贯穿其中的是意向性学说和本质直观思想。在胡塞尔之前，西方哲学试图通过知识来把握观念世界，形成了一套理性的、计算性的思维逻辑。意向性理论认为存在一种非知识的直接把握观念世界的可能性，可以通过面向事情本身来直观本质。这一本质直观思想突破了传统西方哲学中个别与一般、现象与本质的割裂，成为"唯一一种贯穿在胡塞尔整个哲学生涯中的方法"③，也是现象学运动因此成为有别于任何其他哲学思潮的思想方法。

面向事情本身，意味着一种哲学的思维态度，是要抛弃那种盲目地、想当然地预设了某些东西的存在的"自然的思维态度"。胡塞尔指出："自然的思维态度尚不关心认识批判。在自然的思维态度中，我们的直观和思维面对着事物，这些事物被给予我们，并且是自明地被

---

① 张祥龙：《现象学导论七讲：从原著阐发原意》，北京：中国人民大学出版社，2010年，第19、22页。
② 王俊：《从现象学到生活艺术哲学》，《浙江大学学报（人文社会科学版）》2018年第1期。
③ 倪梁康：《现象学及其效应：胡塞尔与当代德国哲学》，北京：生活・读书・新知三联书店，1994年，第75页。

给予"①。

然而，自然的思维态度并不解决"科学认识如何可能"的问题，要解决这一问题，必须寻找一个全新的出发点或全新的方法。这个方法就是本质直观，就是从个别中寻找一般，进而从现象世界把捉本质。按照胡塞尔的描述，"现象学可以说是一切近代哲学的隐秘的憧憬"②。这一隐秘的憧憬或渴望就是要解决个别与一般、现象与本质的关系问题，因此，是西方哲学的核心问题。唯理论认为，一般或本质处于"完全的光明"一侧，现象世界则处于光明与黑暗之间。为了处理个别与一般的真实关系，唯理论只能依靠抽象从众多个别中抽象出共同点，从而把握本质或普遍性。然而，如果不是已经知道了那个共同点，抽象出共同点的根据何在？在柏拉图（Plato, 427 B. C. —347 B. C.）那里，观念的获取依靠"回忆"，个别与一般的关系依靠"分有"，实际上并未贯通个别与一般的关系。于是，笛卡尔要通过怀疑一切来寻找一个可靠的起点，"我思"就成为这个起点，"自我"则成为个体与一般的结合体。如果"自我"是一个个体，"我思"因其无可怀疑性就代表了普遍性。当笛卡尔将"我思"之外的一切都当成怀疑的对象时，在制造对象的同时也失去了具备确定性的对象。就深受经验主义影响的休谟（David Hume, 1711—1776）而言，由于经验论者认为知识的起点在现象，所以也看不到个别与一般的沟通，看不到现象中已经包含了本质。

直到康德（Immanuel Kant, 1724—1804）的"哥白尼式的革命"，通过先验范畴与形式直观才构成了认识对象的本质构架，概念范畴与直观形式结合起来共同运作、共同作用，构造出我们认识的现象世界。只是康德的直观形式与概念范畴能够结合，依靠的是先验想象力，个别与一般在先验想象力中似乎已经贯通，但本质的东西还规范着现象的东西，依然不是直接从现象中把捉本质。西方哲学这一纠结了两千

---

① 胡塞尔：《现象学的观念》，倪梁康译，第19页。
② 胡塞尔：《纯粹现象学通论：纯粹现象学和现象学哲学的观念》第1卷，李幼蒸译，北京：中国人民大学出版社，2013年，第112页。

多年的问题在胡塞尔那里取得突破，本质直观就是要在个别中看到一般，在现象中把捉本质。

因此，本质直观"不是指在对一个感性客体的某个非独立因素进行突出提取这种意义上的抽象，而是一种观念化的抽象，在这种抽象中，不是一个非独立的因素，而是它的'观念'，它的一般之物被意识到，它成为现时的被给予。"① 早期的胡塞尔认为，原则上可以通过唯一的一次直观把握住本质，本质认识或普遍有效性的把握既可以是"一下子"进行的，也可以是"根据多个这样的观念化行为完成的"。在《观念Ⅰ》中，胡塞尔认为"本质看也是直观，正如本质对象也是一种对象一样"②，意味着通过目光的转向，人们可以从一种直观过渡到另一种直观。1927年，胡塞尔在《现象学的心理学》中修正了原先的观点，提出了本质直观的变更法，本质直观因此成为"从各种变项中抽出常项的过程"③。

胡塞尔在《经验与判断》中给出本质直观的三个步骤：(1) 在自由变更的多样性中排除偶然性；(2) 在持续的相合中把握统一性；(3) 在对全等、同一之物的直观中获得"爱多斯"。在"自由变更"的多样性中，意识活动对对象的自身之物进行构造，最后"必然有一个常项为必然的一般形式保留下来……呈现出自身是一个绝对同一的内涵，一个不变的，使所有变项得以一致的某物，一个一般本质"。因此，本质直观始终是"一个纯粹内在的一般性意识根据被观察的和自身给予的个别性构造自身"，即一般之物的自身被给予。本质直观意向行为所构造出来的意向对象不是物理对象，也不是感觉材料的杂多，只是经过了感觉材料的激活之后，它所构造出来的就是一个本质。

胡塞尔在《观念Ⅱ》中写道："一个意识的意向客体决不意味着被把握的客体……我们无非只能以把握的方式来朝向一个事物。"因此，本质直观所看到的东西不只取决于摄入眼帘的图像，而是意识行为所

---

① 胡塞尔：《逻辑研究》第二卷第二部分，倪梁康译，上海：上海译文出版社，1999年，第162页。
② 胡塞尔：《纯粹现象学通论：纯粹现象学和现象学哲学的观念》第1卷，李幼蒸译，第11页。
③ 倪梁康：《现象学及其效应：胡塞尔与当代德国哲学》，第74页。

意指的东西。胡塞尔指出:"这个一般本质便是爱多斯,是柏拉图意义上的理念,然而是在纯粹的、摆脱了所有形而上学解释的意义上的理念。"① 总之,本质直观不是一种简单的直接观看,而是经过了"现象学还原"(通过悬搁使得一切被认识者只作为显现者显现出来)之后,在通过想象变更并对杂多观念的不断排除中,纯粹对象的自身被给予性的一般被构造、被认识。

这种自身被给予性究竟如何构成?本质直观何以可能?胡塞尔在《小观念》中描述了如何能直接看到普遍的和一般的红,他用意向性结构理论予以阐释。"我的认识为什么是可能的,因为它里面包含了被给予性,被给予性意味着我的认识行为本身能提交某种东西,它在参与着被认识者的构成。"② 直观既包括直接知觉,还包括想象,是一种能够把握本源的东西的意识行为,是对事物的直接的把握方式,只不过这一方式包含着一个非常复杂的结构。这个结构里面包含感觉材料,感觉材料里有原本的意识活动进行的被动综合所产生的东西,它并不只包含外在的当下反映进来的东西。所以,胡塞尔强调"自身",这个被给予最终应该理解为"自身"的被给予。

要进一步澄清本质直观何以可能,还须对胡塞尔的发生现象学有所了解,包括内时间意识的构成问题、焦点和晕圈、境域或者边缘域、被动发生、被动综合或被动构成等理论。就此而言,所谓普遍性的获得是一种"发生",一种在进程中或境域中的生成。因此被给予性来自多个方面:感觉材料、时间向度同时向过去和未来的整合、空间向度朝向诸面展开,它意味着一种在我的体验意识与我的体验视域的相互关系的构成和给予。正是诸方面因素的综合,我观察一个东西的时候,经过了我的某种主动或被动地改造和非常原本的综合,同时构造了一个东西,投射成为一般的意识对象。

晚年胡塞尔提出的生活世界理论,进一步回答了本质直观何以可能的问题。生活世界是非主题化的、非客观化的、直观的世界,相当

---

① 以上引文见胡塞尔:《现象学的方法》,倪梁康译,上海:上海译文出版社,1994年,第223、217、49、130—131、217页。
② 转引自张祥龙:《现象学导论七讲:从原著阐发原意》,第40页。

于日常生活世界或生活周围世界。"日常生活世界是这样一个概念,它在精神领域中占据着独一无二的位置。我们生活在自己的具体的周围世界之中,而且我们的一切关注和努力都指向这个世界,指向纯然发生的这个精神序列中的一个事件。"① 由于生活世界强调的是前理论化的维度,所以,在这一点上体现出海德格尔的思想与胡塞尔是一脉相承的。"他们都认为在观念化和主客体分化之前,或者我们能够述谓之前,有一个视域型的人的生存世界,在这样一个世界里头,主体和客体还没有真正分开……都认为这样一个生活世界,或者人的原本的生活体验,就是意义之源。"②

海德格尔不赞成先验的主体性,认为生活世界或人的生存经验的源头不在自我,因此,他使用了一个更具境域性意蕴的德文单词Dasein(此在),以避免自我跌入主体性思维误区。在海德格尔看来,此在是"一个纯粹实际生活着的人",但不是主体;此在与世界的关系是"在世界之中存在"。

2. 在世界之中存在

海德格尔现象学的出发点是追问"存在"(sein)和"存在的意义",采用形式显示(Formale Anzeige)的方法来寻找通往存在的道路。按照彼得·特拉夫尼的阐释,这条道路"归根到底是一种对实际生活的分析"③。海德格尔将存在与时间相提并论,表明存在总是与历史相关联。他在不同时期的著述中都强调时间性,不但把此在解释为时间性,而且强调必须从时间性出发"解说时间之为存在领会的视野"④,认为此在存在的意义就是时间性⑤,历史性则是此在本身的时间

---

① 张廷国:《当代西方人学方法论的奠基:论胡塞尔的"生活世界"概念》,《科学·经济·社会》1997年第3期。
② 张祥龙:《现象学导论七讲:从原著阐发原意》,第189—190页。
③ 彼得·特拉夫尼:《海德格尔导论》,张振华、杨小刚译,上海:同济大学出版社,2012年,"导言"第8页。
④ 海德格尔:《存在与时间》,陈嘉映、王庆节译,第21页。
⑤ 陈嘉映:《海德格尔哲学概论》,第110页。

性的存在方式①。因此，对文化产业现象的追问无法回避对文化产业历史的考察，唯有回到文化产业生成的源头考察文化产业生成的土壤，才能对文化产业现象的意义和现实影响廓清其本质。尤其在20世纪30年代之后，海德格尔在一系列演讲中提出了"本有"（Ereignis）概念，指出存在乃是本有，历史在海德格尔的本有之思中成为更加显赫的因素。他指出，每一时代的事件的发生都不可能从天而降，每一个事件都来自"世界"，因而需要通过在历史中"对其来源进行沉思方能得到理解"②。

海德格尔所说的世界与胡塞尔的生活世界虽然都属于"前理论化的维度"，但胡塞尔的发生现象学尚未很好地回答主体性与生活世界是一种什么关系，没能透彻地解决涌动的境域与具体思维、把握和表达之前的关系，海德格尔则通过对此在的诠释基本解决了这一问题，认为"人的生活经验是人的一切哲学思维、理论思维的唯一的出发点，你不从这儿出发，你就是从半截出发，你就是已经套在一个理论框架里头，你就不配哲学的美名，更不配现象学"。在海德格尔看来，生命、存在、生活世界或体验领域等都属于前理论的东西，而经验科学或形式科学属于理论的东西。理论的东西讨论的是对象性的、客体化的东西，而前理论讨论非对象性、非实体性和行动性的领域。前理论的领域是变动不居的，是现象学的东西，而把握、体验和言说这些领域的方法是形式显示。形式显示"是海德格尔在《存在与时间》之前的现象学哲思的最富特色和创意的成分……它也标志着海德格尔全部思想的现象学特质"。

形式显示之形式不是那种相对于质料而言的形式，而是一种起源于关联意义的形式因素。海德格尔指出，现象是由内容意义、关联意义和实行意义三个意义方向构成的整体，现象学是对这一意义整体的阐明。"在这里，所谓内容意义是指在现象中被经验的'什么'（Was），关联意义是指现象被经验的'如何'（Wie），而实行意义则是指关联意义得到实行或者完成的'如何'（Wie）。"形式显示不是要提供一个固

---

① 海德格尔:《存在与时间》，陈嘉映、王庆节译，第23页。
② 彼得·特拉夫尼:《海德格尔导论》，张振华、杨小刚译，"导言"第9页。

定的一般命题，而是要"从不确定的、但以某种方式可以理解的显示内容出发把理解带向正确的视野"。换言之，"形式显示是要避免客观化或对象化的哲学思维，并不是要作出'什么'（Was）或'内容'的对象性规定，而是要显示出实事（现象）的如何，即现象的关联意义和实行意义"①。

因此，海德格尔的《存在与时间》是围绕着关系来展开的，包括此在与世界的关系、此在与他人的关系以及此在与自身的关系。作为人之存在，此在总是"在世界之中存在"（In-der-Welt-sein）。虽然我们属于世界，但世界并不是供我们直接观察的对象，世界只是因此在而在。作为存在者的人之特殊性，只在于唯有"人"才能操心于"存在本身"，唯有人具备"存在之领会"的能力，唯有人能够去追问存在者的存在。因此，没有人就没有世界，此在是在世界之中存在的存在者，而不是在世界之内存在的存在者。

尽管胡塞尔强调一种无前提的思维方式，要放弃以往的思维惯性造成的那种思维定势，放弃一切未经思想批判考察的自明之见，但这种放弃依然源自笛卡尔式的怀疑精神。因此，虽然胡塞尔的本质直观论突破了个别与一般的二元化区别，却保留了先验主体性与意向对象的分立；虽然先验主体性不同于经验主体性，但这种主体性思想显然继承了笛卡尔形而上学的思维逻辑。与胡塞尔不同，海德格尔不认为"人或生活世界，可以用主体性这个词来合适地说明"，他用此在来说明这一问题，就是为避免将人作为一个主体来看待。此在"意指着'人'，但这个'人'是一个纯粹实际生活着的人，它不是主体，而是一种境域化的、完全投入实际生活经验的那样一个人"②。

在海德格尔看来，"此在的存在是操心，操心包括实际性（被抛）、生存（筹划）与沉沦"。然而，此在在日常生活中是以"常人"（das Man）的存在方式露面的，"常人"的状态显示了此在与世界的日常关系。海德格尔写道："常人到处都在场"，只是当需要挺身决策的时候，

---

① 以上引文见孙周兴：《后哲学的哲学问题》，北京：商务印书馆，2009年，第243、244—245、253页。
② 张祥龙：《现象学导论七讲：从原著阐发原意》，第191、235页。

这个"常人"却不知去向了。因此，虽然"每个人都是他人，而没有一个人是他人本身"，所谓的"常人"还不如称其为"无此人"。但在与他人的一切的共处中，此在却又"总已经听任这个无此人摆布了"。这种情形被海德格尔称为此在的最切近的"常驻状态"，是一种"作为共在的存在方式"。这种存在方式代表了日常此在与他人的关系。然而，常人作为操劳于日常事务的此在，表明此在有着一种消散于日常生活中的倾向。这种倾向揭示出另一个问题：此在总在逃避自身，并且总是"在本真的能够自己存在这回事面前逃避"①。这里说的是此在与自身的关系。

"常人"逃避到哪里去了？一种可能是："逃避到工作与消遣的世界中"②。海德格尔认为，这种逃避是对娱乐社会心甘情愿的屈服。联系文化产业现象来说，正是文本构建的娱乐世界为此在逃避自身的倾向提供了逃匿之所。由于文化产业建立的世界是一个提供快乐或消遣的世界，因此，成为"常人"趋之若鹜的世界。海德格尔将这种逃避方式称为沉沦，而沉沦的原因是被称为"畏"的处身情态。

由于人是具有此在性质的存在者，是"除了其他可能的存在方式以外还能够对存在发问的存在者"，因此，至少在能够发问这一层面将此在与其他世内存在者区别开来了。海德格尔指出，此在的基础结构是"在世界之中"，在世界之中存在，在存在中有所领会，并且有所领会地对此在的存在有所作为。因此，操劳就成为此在在世界之中可能的存在方式，"此在的向世之存在本质上就是操劳"。然而，此在作为"在之中"（In-Sein）的存在者，与世界不是一种偶然的关系，不是碰巧走入了世界，而是"如其所在"地就在世界之中。换言之，此在与世界不是主体与客体的关系，毋宁说世界是此在本身的一种存在方式。

"世界就是此在作为存在者向来已曾在的'何所在'，是此在无论怎样转身而去，但纵到海角天涯也还不过是向之归来的'何所向'。"于是，在世界之中存在意味着："寻视而非专题地消散于那组建着用具

---

① 以上引文见海德格尔：《存在与时间》，陈嘉映、王庆节译，第149、213、325页。
② 彼得·特拉夫尼：《海德格尔导论》，张振华、杨小刚译，第40页。

整体的上手状态的指引之中。"然而，在对世界的熟悉中，"此在可能失落自身于世内照面的东西，可能神魂颠倒于这些东西"。这些照面的东西都是在世界之内的存在者，它们是被使用的东西或被制造的东西，而不是对世界的理论认识的对象，是日常的此在投入操劳之际才能通达的存在者。

这样的存在者被海德格尔称为"用具"，如果某一"用具"非常称手，这一"用具"的存在方式就被称为"上手状态"。世内存在者的总和并不是世界，世界本身不是世内存在者。"唯当'有'世界，世内存在者才能来照面，才能显现为就它的存在得到揭示的存在者。"那么，世界是如何"展开"或如何处于"敞开状态"的？在海德格尔看来，只要此在存在，就已经让存在者作为上到手头的东西来照面，此在以自我指引的样式先行领会自身，在其中领会到自身的何所在和存在者向之照面的何所向。"作为让存在者以因缘存在方式来照面的何所向，自我指引着的领会的何所在，就是世界现象。"① 此在就在这些过程中对自己的"在世"有所领会，而让此在有所领会的那种被赋予的含义的关联整体被海德格尔称为意蕴，那是构成世界结构的东西。

3. 世界、大地与游戏

海德格尔后期思想包含两个重要概念：一是现代技术，认为技术的本质是"集-置"（Ge-stell），而集-置的本质是危险，危险与救渡并存；二是由"天地神人"构成的四重整体世界，认为天、地、神、人是相互依存、相互支撑的关系，而不是相互对立的关系。两者都是现代人如何在一个日益技术化的世界中生存、生活的重大问题。

虽然世界的内涵在海德格尔不同时期的论述中并不相同，但世界必定是此在切近照面的日常周围世界。唯有如此，才能符合"在世界之中存在"的此在之本质，才能维护人作为世界的守护者的身份。海

---

① 以上引文见海德格尔：《存在与时间》，陈嘉映、王庆节译，第9、67、85、89、101页。

德格尔曾言:"我们的生活就是我们的世界"①,意味着海德格尔言称的世界总是与生活相对应。换言之,世界就是生活世界。这里的生活不是身体的生活,而是精神的生活,"生活发生于意义或意蕴的运作空间之中"。与生活概念相对应的世界包括周围世界(Umwelt)、共同世界(Mitwelt)和自身世界(Selbstwelt),分别代表此在与世界、此在与他人及此在与自身的关系。我们可能"生活在许多相互会集交涉的世界中,它们以可能的方式最终构成一个统一的世界"②,生活就是一种实际的生存。

在1938年的演讲文《世界图像的时代》中,海德格尔指出:"世界在这里乃是表示存在者整体的名称"③,意味着世界图像的世界既包括宇宙、自然,也包括历史及历史的根据。由于世界图像只存在于存在者之被表象状态中,因此,只有在意识的表象状态中才能寻求和发现存在者之存在。换言之,世界只能作为对象在表象者的表象状态中被把握和领会,于是,世界成为表象者的表象状态中的一幅图像,即世界图像,表象者通过世界图像来认识世界、领会世界。海德格尔得出结论:"世界成为世界图像"乃是现代社会的基本特征,与"人成为主体"一起构成现代的本质。

在《艺术作品的本源》(1935/1936年)中,海德格尔提出一个与世界相对的概念——大地,他指出:"世界是自行公开的敞开状态,即在一个历史性民族的命运中单朴而本质性的决断的宽阔道路的自行公开的敞开状态(Offenheit);大地是那永远自行锁闭者和如此这般的庇护者的无所促迫的涌现。世界和大地本质上彼此有别,但相依为命。世界建基于大地,大地穿过世界而涌现出来。"④ 这里的"自行锁闭者"可以理解为存在的意义。首先,存在的意义与作为生活的世界的敞开性相比,无疑是处于锁闭状态的,即处于遮蔽状态中。大地的锁闭性与世界的敞开性构成一对矛盾,从而产生冲突和争执。其次,大地还

---

① 转引自彼得·特拉夫尼《海德格尔导论》,张振华、杨小刚译,第4页。
② 彼得·特拉夫尼:《海德格尔导论》,张振华,杨小刚译,第5页。
③ 海德格尔:《林中路》,孙周兴译,上海:上海译文出版社,2014年,第32页。
④ 同上书,第84页。

第一章　绪　论

有生长的含义，生长出来的东西"都是从黑暗中出来进入光明，从遮蔽处显现出来，在敞开状态中展现自身"①。由于黑暗与遮蔽都有某种锁闭的意蕴，因此，从黑暗或遮蔽中生发出来的就是"涌现"，涌现出来的就是存在的意义，而艺术作品的诞生就是一种涌现的表现形式。再次，诚如"我们的生活就是我们的世界"，如果艺术作品是在与大地的争执中产生的涌现而绽放的世界，大地就是世界根植于其上的地方。唯有大地这一坚实的根基，世界才能成为有根的世界，在这一层面上，大地扮演了庇护者的角色。海德格尔认为涌现只有在世界与大地的争执中才能发生，并且将世界与大地的争执所产生的涌现称为"澄明与遮蔽的争执（Streit）"。经此"争执"，存在者整体被带入无蔽状态就是"真理的发生"。因此，就艺术而言，世界与大地的争执是艺术作品必然拥有且必须保持的成分。如果失去了争执，作品将成为空洞、平庸的作品，也就不成其为作品；正是在争执中，艺术作品的真理和美才能显现出来。

在1950年题为"物"的演讲稿中，世界的内涵再次转变，不仅不同于《存在与时间》中此在的世界，而且不同于《艺术作品的本源》中与大地相对的世界，世界被规定为一个由"天地神人"所居有的"四重整体"的映射游戏。"天地神人"即天空、大地、诸神和终有一死者，相当于世界的四极或四方，"这四方从自身而来统一起来，出于统一的四重整体的纯一性而共属一体"②。如果说在世界之中存在的此在还有着些许主体性的嫌疑，在"四重整体"的世界中，此在作为终有一死者不再是世界的主宰者或征服者，而是与"天地神"三方和谐共存、相互守持的平等的游戏者。

1959年，海德格尔基于对生活在一个总体技术化的世界的人类命运的担忧提出思考："人是否以及如何能像在家里一样安居世界之中？"③ 他将"摆置"（stellen）的聚集称为"集-置"，认为技术的本质

---

① 彼得·特拉夫尼：《海德格尔导论》，张振华、杨小刚译，第88页。
② 海德格尔：《物》，孙周兴译，载孙周兴选编：《海德格尔选集》下，上海：上海三联书店，1996年，第1179页。
③ 转引自彼得·特拉夫尼：《海德格尔导论》，张振华、杨小刚译，第89页。

是集-置，集-置的本质是危险。不过，就集-置本身而言，它并不是某种技术因素①，因为集-置的效应"不仅仅是在人之中发生的，而且并非主要通过人而发生的"。问题在于："技术不可能是人类的单纯能力。人不再是技术的操控者，而成为被技术所操控的东西。"② 换言之，现代技术的作用已经从单纯的制造或复制的工具演变为"置造"或"摆置"的操控者，现代技术通过对人与物的操控而实现集-置，现代人因此成为技术集-置的"存料"或"存料-部件"。

在《技术的追问》中，海德格尔反复引用荷尔德林的诗句："但哪里有危险，哪里也生救渡。"③ 这并不意味着有了危险必然产生救渡，真正的含义是危险与救渡共在。因此，海德格尔对技术本质的判断，隐含着人类历史命运的一种深刻的矛盾和张力，这一张力所表现出来的就是现代虚无主义伴随现代技术进程在各个层面的孳生蔓延，海德格尔的技术之思就是对克服虚无主义的一种努力。晚年的海德格尔已经深刻体验到此在的周围世界被现代技术"周围化了"的趋势，这种趋势导致周围世界变成一个与此在逐渐疏远的世界。

早在海德格尔之前，尼采（Friedrich Wilhelm Nietzsche, 1844—1900）已经将现代形而上学的本质判定为虚无主义，认为虚无主义伴随着形而上学历史的整个发展过程，因此，对虚无主义的克服就是对现代形而上学的克服。海德格尔称尼采是最后一位形而上学家，并且将尼采思想确定为形而上学的终结。虽然尼采揭示了形而上学虚无主义的本质，但尼采本人试图通过"重估一切价值"来构建一个新的超感性世界，依然没有超越形而上学，反而促成了虚无主义的完成。晚年的海德格尔刻意让此在的地位边缘化，是对主客二元对立的形而上学的彻底摒弃，世界被解释为由"天地神人"四方共同居有的"四重整体"或映射游戏。

虽然海德格尔试图以艺术作为救渡的力量来抵消集-置带来的危险，但是随着现代技术的进步与文化产业的发展，海德格尔心目中的

---

① 海德格尔：《技术的追问》，孙周兴译，载孙周兴选编：《海德格尔选集》下，第938、941页。
② 彼得·特拉夫尼：《海德格尔导论》，张振华、杨小刚译，第129页。
③ 海德格尔：《技术的追问》，孙周兴译，载孙周兴选编：《海德格尔选集》下，第953页。

"艺术的世界"已经转变为技术宰制的"文化的世界",现代虚无主义伴随这一过程走向了极致。

第三节　概念界定：文化产业是什么

1. 文化产业概念的多元解读

迄今为止,有关文化产业概念的内涵、外延及称谓等充满争议,诸如文化产业、创意产业、文化创意产业、内容产业、版权产业、传媒产业等各种称谓不断在学术论文、产业政策或行业报告中交替出现。实际上,这些不同的称谓只是对文化产业内涵不同的理解或侧重,外延却大同小异。其中,版权产业和传媒产业是从西方大众文化研究中派生出来的概念,内容产业、创意产业等称谓来自个别国家或地区的产业发展政策理念。

例如,创意产业就是英国政党政治博弈的产物。在托尼·布莱尔出任首相之前,英国工党已经连续四次在大选中失败,失败的原因被归结为工党党章中的"生产资料公有制"条款。1995年,工党将党章中的"社会主义"(Socialism)术语修改为"社会-主义"(Social-ism),宣称要追求一条经济发展和社会公平可以共存的"第三条道路"。在这条道路上,既不是自由放任也非由国家干涉主义主宰一切,而是要在一个"社会-主义"的社会中,承认个人应当在社会中相互独立,倡导社会公正,凝聚每个市民的平等价值和平等机会,实现"人人都能参与""人人可以当股东"的目标[①]。1997年,工党获得大选胜利,布莱尔政府为兑现承诺推出了创意产业政策,强调的正是个人的独创因素、人人参与且人人可以当老板的工党理念。在英国政府创意产业特别工作组的纲领文件中,创意产业的内涵被规定为:"那些出自个人的创造技能和智慧,通过对知识产权的开发,生产可创造潜在财富和就业机

---

① 参钱乘旦、许洁明:《英国通史》,上海:上海社会科学院出版社,2012年,第346—347页。

会的活动。"①

这一界定既没有强调意义或价值的生产，也没有自限于精神需求的服务，而是凸显了个人创造力和版权意识，其根本目标是创造就业机会。因此，在澳大利亚学者约翰·哈特利（John Hartley）看来，创意产业"是一个历史性的概念，而不是一个绝对的理论概念"，是政治家和政策制定者借以推动就业与提升GDP的一个倡议②。后来，新加坡、澳大利亚、新西兰和其他英联邦地区都采用了创意产业的提法，中国则将这一概念的内涵吸收到"大众创业、万众创新"的政策理念中。从英国政府所界定的创意产业部门来看，其领域与通常的文化产业分类基本重合，包括广告、建筑、艺术品、工艺品、设计、流行设计与时尚、电影、休闲软件与游戏、音乐、表演艺术、出版、计算机服务、广播电视十三个行业。因此，英国人虽然没有在创意产业内涵中凸显文化，但其外延依然集中在文化、艺术或休闲等领域。2001年，约翰·哈特利在昆士兰科技大学成立了世界上第一所创意产业学院，整合了表演艺术与创意艺术、媒体与传播、设计等学科专业，此后在创意艺术与文化工业两个概念结合的基础上为创意产业提出了系统化的解释。当这一概念进入我国台湾地区后，相关部门为兼顾创意理念与文化价值，提出文化创意产业的概念。

因此，文化产业的称谓之争就是文化属性与经济属性之争。诚如向勇所言，文化产业所具有的"天然的二元性"——文化与经济的价值融合与冲突，使文化产业研究究竟应该作为人文学科还是社会科学也已成为问题③。换言之，文化产业的"二元性"让"文化产业是什么"成为一个晦暗不明的问题，导致无论是针对公司行为的研究、围绕符号创作的探索，还是产业政策的制订等，都缺乏一个科学的前提或可靠的根基。

---

① 参见英国创意产业特别工作组（Creative Industries Task Force）的纲领文件：*Creative Industries Mapping Document*，1998、2001。
② 约翰·哈特利：《创意产业读本》，曹书乐、包建女、李慧译，北京：清华大学出版社，2007年，第4页。
③ 向勇：《文化产业导论》，北京：北京大学出版社，2015年，第408页。

第一章　绪　论

　　国内学者在 21 世纪初从不同的理论视角为文化产业概念界定作出了不懈努力。江蓝生认为："文化产业是按照工业标准生产、再生产、存储以及分配文化产品和服务的一系列活动。"[①] 这一定义凸显了文化产业的工业化、标准化生产方式，从而区别于古代手工作坊式的文化用品生产。谢名家认为："文化产业是以人类劳动力为基础的精神生产力发展的形态"[②]；叶朗认为："文化产业是由市场化的行为主体实施的以满足人们的精神文化消费需求而提供文化产品或文化服务的大规模商业活动的集合"[③]；胡惠林认为："文化产业是一个以精神产品的生产、交换和消费为主要特征的产业系统"[④]；张晓明认为："文化产业可以定义为生产文化意义内容的产业"[⑤]。这些界定都强调文化产业的文化属性，是以意义内容的生产服务于人们的精神需求，从而区别于满足物质需求的传统制造业。花建认为："文化产业是以生产和经营文化产品与文化服务为主要业务，以创造利润为核心，以文化企业为骨干，以文化价值转变为商业价值的协作关系为纽带，所组成的社会生产的基本组织结构。"[⑥] 这一观点凸显了文化价值与经济价值的转换，文化成为创造利润的生产资料。

　　在国外，文化产业概念同样存在文化属性与经济属性之间的纠结或摇摆。美国学者艾伦·斯科特（Allen J. Scott）认为，文化产业是"基于娱乐、教育、信息等目的的服务产出和基于消费者特殊嗜好、自我肯定和社会展示等目的的人造产品的集合"[⑦]；日本学者日下公人认为，文化产业是"人类在有一定的经济基础后发生追求生活享受和幸

[①] 江蓝生等：《2001～2002：中国文化产业蓝皮书》，北京：社会科学文献出版社，2002 年，第 2—3 页。
[②] 谢名家：《文化产业的时代审视》，北京：人民出版社，2002 年，第 6 页。
[③] 转引自毕小青等：《文化产业竞争力研究的进展、问题与展望》，《技术经济与管理研究》2009 年第 5 期。
[④] 胡惠林：《文化产业发展与国家文化安全》，广州：广东人民出版社，2005 年，第 124 页。
[⑤] 张晓鸣：《当代文化产业及加入 WTO 对中国文化产业的影响》，《中国文化产业评论》2003 年第 1 卷。
[⑥] 转引自叶朗：《中国文化产业年度发展报告（2003）》，长沙：湖南人民出版社，2003 年，第 25 页。
[⑦] 转引自 T. B. Lawrence, N. Phillips, "Understanding the Cultural Industries", *Joumal of Management Inquiry*, No. 4, Vol. 11, 2002, pp. 430–441.

福的经济行为,文化产业的目的是创造一种文化符号,然后销售这种文化和文化符号"[1];英国学者贾斯廷·奥康纳(Justin O'connor)认为,文化产业是"以经营符号性商品为主的那些活动,这些商品的基本经济价值源自它们的文化价值"[2];大卫·赫斯蒙德夫(David Hesmondhalgh)认为,文化产业指"与社会意义的生产最直接相关的机构"[3];戴维·思罗斯比认为,文化产业是"在生产过程中包含创造性、凝结一定程度的知识产权并传递象征性意义的知识文化产品与服务"[4]。

联合国教科文组织将文化产业界定为:"按照工业标准生产、再生产、储存以及分配文化产品和服务的一系列活动。"[5] 换言之,只有符合系列化、标准化、生产过程分工精细化和消费的大众化等特征才能称为文化产业,从而将舞台演出、造型艺术以及古代的文化用品生产等排除在文化产业之外。

进入 21 世纪,各个国家或地区都根据自身的经济发展需求对文化产业的内涵和外延作出了规定。例如,文化产业在美国主要指版权产业;在法国指具有"可大量复制"特征的传统文化事业;在日本指与文化相关联的产业,强调内容的精神属性;在韩国指与文化生产、文化消费相关的产业。

根据我国国家统计局发布的《文化及相关产业分类(2018)》,文化产业指"为社会公众提供文化产品和文化相关产品的生产活动的集合",其核心是为直接满足人们的精神需要而进行的创作、制造、传播、展示等文化产品的生产活动,相关领域包括为实现文化产品的生产活动所需的辅助生产和中介服务、文化装备生产和文化消费终端生

---

[1] 转引自邓安球:《文化产业发展理论研究:兼论湖南文化产业发展》,江西财经大学硕士学位论文,2009 年。
[2] 转引自林拓、李惠斌、薛晓源:《世界文化产业发展前沿报告(2003—2004)》,北京:社会科学文献出版社,2004 年,第 11—12 页。
[3] David Hesmondhalgh, *The Cultural Industries* (3rd edition), SAGE Publications Ltd., 2013, p. 16.
[4] 戴维·思罗斯比:《经济学与文化》,王志标、张峥嵘译,第 122 页。
[5] 转引自林拓、李惠斌、薛晓源:《世界文化产业发展前沿报告(2003—2004)》,第 12 页。

产等活动。核心领域包括六个方面：（1）新闻信息服务，包括报纸、广播、电视、互联网等；（2）内容创作服务，包括图书、期刊、音像、数字等出版物、广播影视节目制作、创作表演、数字内容、内容保存、工艺美术品制造、艺术陶瓷制造等；（3）创意设计服务，包括广告、建筑设计、工业设计、专业设计等；（4）文化传播渠道服务，包括出版发行、广播电视节目传输、广播影视发行放映、艺术表演、互联网文化娱乐平台、艺术品拍卖及代理等；（5）文化投资运营服务，包括文化投资与资产管理、文化产业园区管理等；（6）文化娱乐休闲服务，包括歌舞厅、游艺厅、网吧、游乐园、景区游览、休闲观光等[①]。如果对这些名目繁多的产品按功能特征进行分类，可以归纳为大众传播、文化艺术、视觉设计和休闲娱乐四种样式，文化及相关产品都至少关联于四种样式中的一种。我们将这些产品的集合称为文本（Texts），而以作品（Works）指称绘画、雕塑、诗歌、戏剧等传统艺术作品的集合。

2. 文化产业现象的二元属性

现象学视角对文化产业的追问，目的是探索文化产业如何存在及其存在的意义，而非一般意义上的本质探求。根据海德格尔的解释，那种通过类概念和普遍概念表象出来的本质只能称为"非本质性的本质"而非"本质性的本质"[②]。换言之，我们要追问的不是文化产业是否或如何把文化资本转化为金融资本，而是作为现象的文化产业"如其所是地是什么"，即文化产业的本相或本然的呈现。从文化产业基础理论研究成果来看，由于奠基于西方形而上学传统基础之上的社会科学无法摆脱"非本质性的本质"的概念束缚，文化产业的二元性特征让"文化产业是什么"的问题始终处于一种难以调和的矛盾中，导致不同专业领域的学者在文化属性和经济属性方面仁智各见。因此，与作为社会科学的文化产业研究不同，文化产业现象学不是要抽象或概

---

① 参见中华人民共和国国家统计局：《文化及相关产业分类（2018）》，http://www.stats.gov.cn/tjsj/201805/t20180509_1598314.html。
② 海德格尔：《林中路》，孙周兴译，上海：上海译文出版社，2014年，第34页。

括文化产业的一般特征或规律,而是要跳出探究共相的本质主义思维逻辑,打破传统理论框架束缚,通过面向事情本身来揭示文化产业的本相。

虽然文化产业作为一个术语在21世纪才进入中国人的视野,但20世纪无疑是西方文化产业蓬勃生长的黄金时代。20世纪西方文化产业不仅有图书、报刊、广告、工艺美术等行业在机械与电子技术进步的推动下获得前所未有的发展,还有电影、广播、电视和互联网等诸文化产业新媒介的诞生,形成了诸如设计、娱乐、休闲、游戏等丰富多彩的文化产业样式群。在这一百年中,文化产业的影响不仅为信息传播、知识普及、大众娱乐和社会发展作出了巨大贡献,而且渗透到经济、政治、军事和日常生活等各个方面,文化产品在事实上已经成为此在的"上手事物"①,重构了现代人的周围世界,或者说生活世界已经被文化产品"周围化"了。因此,对文化产业的本相的追问,就是对文化产业现象的追问,是对文化产业现象对现代人生活世界周围化影响的追问,而非一种拘囿于文化产品的生产、流通和消费等个别环节所呈现的现相的考察。

现象学的"现象"(Phenomenon)并非某一事物所显现的外观或表象,其真正的含义可以追溯到古希腊文 φαινόμενον,指的是"存在者自身",是存在者"如此这般就其本身显示自身的东西",这种显示自身的东西将自身大白于世并置于光明中。与现象不同,现相是"在经验直观中显现的东西",指的是康德所说的"经验直观的对象"或"经验直观的客体"②。虽然现相也是一种呈现或显现,但其呈现的东西通常不构成呈现者的本真状态,或者在呈现过程中对本身有所遮蔽,其呈现的根据必然是现象。因此,面向事情本身不是对现相的考察,而是对现象的本质直观。

1882年,当尼采以简短格言结集出版《快乐的科学》,首次发出"上帝死了"的警世之语和"永恒轮回"的哲学假说之时,法国科学家

---

① 根据海德格尔的解释,世内事物有上手状态和现成状态两种存在者状态。上手状态指首先来照面的存在者状态,现成状态指把存在者当作独立摆在那里的东西来研究。
② 海德格尔:《存在与时间》,陈嘉映、王庆节译,第34—37页。

艾蒂安-朱尔·马雷（Étienne-Jules Marey，1830—1904）发明了一种可以记录连贯动作的摄影装置，在人类历史上第一次以动态图像记录下空中飞鸟的飞翔过程。1885年，卢米埃兄弟在巴黎大咖啡馆（Grand Café）放映《水浇园丁》等十部电影短片，为文化产业电子时代的袍笏登场拉开了序幕。此后，在一系列技术发明推动下，诸如电影、广播、电视、流行音乐、主题公园、电子游戏和互联网信息服务等各种新的信息媒介、艺术形式和娱乐样式相继面世。历经百年变迁，文化产业在20世纪末形成一个全球性的庞大产业群。在美国，文化产品超过所有的传统经济产业，成为最大宗的输出品；在英国，文化产业增长速度达全球之冠，成为知识经济的支柱；在中国，电影银幕数已位居全球第一，电视剧产量全球第一，图书出版量全球第一，游戏玩家数全球第一。然而，当文化工业作为一个术语在20世纪末伴随《启蒙辩证法》中译本面世而出现在中国人的视野时，我们对作为经济形态的文化产业还相当陌生，不仅没有切身体验到文化产业潜藏的巨大经济价值，也难以理解阿多诺所作出的判断：文化产业何以还承担了为身心俱衰的现代人提供官能上、精神上的刺激剂和麻醉剂的"使命"。

美国的文化产业正是在法兰克福学派对文化工业发起强烈批判前后的数十年间飞速成长，大众文化与消费文化很快从美国蔓延至全球各地，而欧洲的精英主义文化却从此走上衰败的道路。20世纪80年代，当文化产业被法国人以复数的cultural industries加以肯定时，精英文化与大众文化已经在西方失去明晰分际，文化产业的影响也超出大众文化的范畴，不仅几乎统揽了西方人文化生活的全部，而且在事实上成长为"其他工业的工业"。除了电影、电视、广播、音像制品、动漫游戏等娱乐样式外，诸如音乐、美术、舞蹈、戏曲等艺术形式也在市场化、商业化的道路上愈行愈远，图书馆、博物馆、美术馆等公共文化设施开始了服务形式的数字化、网络化改造进程，休闲、旅游、阅读、写作等私人领域逐渐失去个体的自主性而难以撇清与资本及技术的关系……此在的周围世界因此转变为由文化产业所营造的图像世界，成为在资本权力掌控下的流行文化的世界。

伴随着消费主义的渲染，各种享乐主义、物质主义、相对主义的价值观迅速孳生蔓延，艺术、技术、信息、符号以及意义似乎都已成为获取利润的工具或手段。正因如此，直到21世纪才奋起追赶的中国文化产业自始就在理论和实践中遇到了重重困难和矛盾。尽管国产影片、动画和电视剧的产量节节攀升，但走出去的道路荆天棘地，好莱坞大片依然在国内院线所向披靡，而少年儿童的文化滋养依然贫瘠；冠之以历史文化遗产名号的古街、古镇虽然在大江南北星罗棋布，但与自然的亲近与审美的光韵却消失殆尽……在一度热映或热播的影视作品中，电影《小时代》（2013—2015）继承美剧《绯闻女孩》一类青春偶像剧的表现手法，以豪华、奢侈的物质场面和扁平化、符号化的人物形象以及无厘头的故事情节，编织了一个个物质化的梦幻世界。这些文本的成功，与其说生产者学会了适应新的观众需要和新的媒介规律，不如说物质主义思潮拥有坚实的社会基础。这显然不是当代中国社会所独有的现象。一方面，整个20世纪是西方文化产业发展的黄金时代；另一方面，虚无主义思潮在这一百年中迅速蔓延至全球各地，其中的关联性值得探索和思考。实际上，就在美国作家弗·菲茨杰拉德（Francis Scott Fitzgerald，1896—1940）以小说《了不起的盖茨比》（1925），描写"迷惘的一代"的时候[1]，英格兰作家阿道司·赫胥黎（Aldous Leonard Huxley，1894—1963）也预示了一个《美丽新世界》（1931）"对快乐的盲目追逐所控制"的未来[2]；从爵士时代到摇滚时代，再到以电脑和移动终端为媒介的数字时代，《了不起的盖茨比》被好莱坞五次搬上银幕绝非偶然。

这些事实表明，文化产业并非一个单纯由金融资本推动的经济现象，至少在虚无主义的土壤中获取了丰富的营养和成长的动力。但是，当文化产品宣导的价值观通过资本运作、明星崇拜、媒体渲染和粉丝经济等被贴上时代的标签后，海德格尔所言称的"常人"（das Man）便在现实社会中"展开了他的真正的独裁"，呈现给我们的是："竟至

---

[1] 弗·菲茨杰拉德，美国作家。1925年，《了不起的盖茨比》问世，同名电影分别于1926、1949、1974、2000、2013年上映。
[2] 阿道司·赫胥黎，英国作家，其出版于1932年的小说《美丽新世界》与乔治·奥威尔的《1984》、扎米亚京的《我们》并称为"反乌托邦"三书。

'常人'怎样从大众抽身，我们也就怎样抽身；'常人'对什么东西愤怒，我们就对什么东西愤怒。"① 这里的 das Man 也有译为"大家"的。"大家"如何，我就如何。然而，这个"大家"是由文化产业现象培育出来的，是在文化产业文本建立的共同世界中孕育出来的。换言之，文化产业文本并不如人们所说的那样是对生活的复制和摹仿，并不只是一种对现实的被动反映，而常常是对时代潮流的主动引领。这种发展规模、发展速度和社会效应，是其他传统工业经济所无法比拟的。

海德格尔在《存在与时间》的开篇引用了柏拉图《智者篇》中的一段文字："当你们用到'是'或'存在'这样的词，显然你们早就很熟悉这些词的意思，不过，虽然我们也曾以为自己是懂得的，现在却感到困惑不安。"② 虽然文化产业对我们来讲耳熟能详，并且以为自己是懂的，然而，细细思量，我们对文化产业现象的意义或许只有一些似是而非的理解。尤其对处于追赶期的中国文化产业而言，地方政府在 GDP 主义引导下对文化产业的社会效应往往暧昧待之，学术研究囿于专业精细化分工也无暇审视文化产业对人类的生存方式产生的巨大影响。从各地产业实践来看，一个明显的问题是，文化的概念被误解或扭曲，文化与生活方式之间的关系被割裂；另一个隐藏的问题是，技术的作用被忽视或误会，技术依然被当作中性的工具或手段来看待；再一个更严重的问题是，文化产品对人类的共同世界和自身世界的影响被刻意忽略。因此，追问文化产业是什么，就是要追问文化产业的文化与日常生活世界的关系，追问文化的世界与技术的世界的关系，追问消费者在文本所构筑的世界中如何领会世界、塑造自身。

这一追问的核心是文化产业如其所是地是什么。有一种解释认为文化产业是"无中生有"，这里的"有"一定是经济价值与文化价值兼而有之，问题在于这里的"无"的根据何在。譬如，由于迪士尼世界是一个由想象和虚构生发出来的世界，所以，迪士尼的世界是"无

---

① 海德格尔：《存在与时间》，陈嘉映、王庆节译，第47页。
② 同上书，第1页。

中生有"的。虚构必然来自想象，想象的根据何在？如果想象的根据在于"无"，所谓的"无"意味着什么？如果"无"代表"虚无"或"非存在"，如何能运用逻辑思维或科学方法对"无"进行有意义的考察和思考？如果无法用科学的方法进行实际的考察，诸如文化产业经济学、文化产业管理学或文化产业创意学等一系列科学研究的根据何在？

因此，一旦我们真的陷入对"无"的思考，是否意味着文化产业的理论研究和产业实践都只能摒弃逻辑、放弃信仰？如是，我们是否已经违背了理性和科学的原则？或者我们对文化产业现象的追问是否在起点上就已跌入虚无主义的泥淖？好在我们对文化产业现象的研究不必从无开始。文化工业批判理论对"文化生产"的关注，文化研究理论对"意义再生产"的阐述，以及后现代消费文化理论对"符号秩序"的宣示，不仅深刻揭示了文化产业现象的基本特征，也清楚呈现出了其本真结构。

3. 文化产业现象的本真结构

面对琳琅满目的文化产业样式，试图发现它们的共相是困难的。或许我们只能如此回答：它们都生产文化产品。因此，文化是所有文化产品的共相。问题在于，这一回答虽然以文化为此类产品提供了规定性，但文化本身却是一个莫衷一是、包罗万象的概念。在与周围世界照面时，我们经常遇到诸如餐饮文化、住宅文化或工商文化等用法。例如，就日常居住的房屋而言，我们每天生活其中，房屋为我们提供了饮食、读书、休息和娱乐等精神生活和物质生活的庇护之所，这样的房屋不可谓不是我们日常首要的文化空间，然而为什么无人将此房屋及其周围的庭院一概称为文化产品？不会将建筑公司称为文化企业？因此，如果文化产业的文化只是一个定语，它在文化产业中必然有其特殊的意指。

这一特殊意指何在？可以从形式各异的文化产业定义所包含的关键词获得一些先行领会。譬如，张晓明所言"意义内容"，叶朗所说

"精神文化消费",胡惠林的"精神产品",斯科特的"娱乐、教育、信息",日下公人的"享受、幸福、符号",贾斯廷的"符号性商品",思罗斯比的"象征性意义",赫斯蒙德夫的"社会意义"……从中可以提取出精神、意义、娱乐、教育、信息、享受、幸福、符号、象征等概念术语。且不论这些概念是不是上述学者对文化含义的诠释,但已经显示出一个共同特征:不管文化产品是否拥有物质形态,文化产业所生产的产品或提供的服务都是满足精神需求的东西,文化产业为现代人提供的是精神食粮。这种精神食粮带来的精神满足不是通过产品的物质性、工具性、适用性或耐用性等获取,而是通过产品所传达的信息,对其中蕴含的象征或意义的领会而获得。因此,无论人们将文化产业生产的文本称为精神、意义、幸福或知识,其形式都可以归结为由携带着象征意义的符号所集置的信息。于是,无论文化产业的功能样式如何,文化产业文本必然是包含着某种信息的产品。文化产品通过某种方式生产、存储与传播信息,消费者通过对产品的消费或体验,接受信息并解码信息所蕴含的意义。据此,我们将信息的"生产—传播—接受"的过程先行把握为文化产业现象的结构。只是这一结构形式是否普适于文化产业诸样式,依然存疑。

就大众传播而言,图书出版、广播、电视等样式的信息传播和接受的特征是显而易见的。虽然纸质印刷品的传播渠道在过去主要由书店、报亭或邮局来承担,但每一本书籍、每一张报纸或每一本期刊本身都是信息传播的媒介。在影像、电子技术普及之后,摄影、电影通过相纸或影院将胶片记录的图像传送给接受者,广播电台将电波承载的声音通过收音机向听众放送。

就文化艺术而言,以传统工艺品为例,诸如陶器、瓷器、漆器、玉器、绣品等按通常的理解只是满足日常生活的器具或日常把玩的器物,虽然与信息传播看似相去甚远,但我们无法否定它们在造型、纹样、色彩乃至材料中蕴含着某种象征意义。虽然这种意义的植入只是为了区别于普通日用器具,通常是一件审美外衣,却无法否定消费者在购买和使用过程中能够体验到手工艺人倾注其中的思想,多少获得某种意义的领会或愉悦的感觉。例如,在中世纪的"罗马式"(Romanesque)① 教堂中，内部的壁画和雕刻除了作为装饰之用外，其主要功能在于"传达圣训"，其题材大多为"最后的审判""基督显圣""基督升天"等；再如，中国刺绣的题材往往是花鸟虫鱼、传统纹饰或民俗风情，所呈现的是传统中国人的生活情趣、生活方式或历史故事。工艺美术品行业尽管在形式上不同于大众传播，但通常蕴含着情节叙事，因此，必然包括信息的生产，而器物本身承载了信息传播功能，消费者在使用或把玩的过程中不但能获得审美快感，也能获得意义的指引与接受。

就视觉设计而言，平面广告总是通过触目的艺术设计来吸引眼球，将商品信息送入消费者的感觉器官，而建筑设计让建筑符号的造型通过空间渠道传播信息，因此，设计学教科书将设计师界定为信息发送者，而设计品的服务对象是信息接受者。

就休闲娱乐而言，主题公园通过物质化形态向游园者传播神话故事、历史知识或科学幻想；电视节目、文艺演出或网络游戏等所传递的新闻、故事、意义或快乐等都是信息。

因此，文化产业核心领域所生产和传播的都是信息，或至少包含着信息。虽然信息不必然包含意义，但文化产品一定包含信息。

从消费需求的角度来审视，只要作为此在的人生活在世界之中，其存在方式就是为周围世界操劳，从出生到死亡总在自觉或不自觉地接收信息，接受指引。周围世界是一个被信息环绕的世界，操劳的过程是接收信息和接受指引的过程。在数字文化环境中，以移动应用、社交媒体、视频网站和网络游戏等为例，其信息的"生产—传播—接受"的结构特征愈加显扬昭著。

从文本生产的角度来审视，文化企业为了生产、经营的可持续性和利润获取的最大化，必然追求受众群体的最大化。消费者不论实际的精神需求是什么，都只能从信息中寻找意义、快乐或幸福，所以，生产者必然要在文化产品中植入信息，并且努力让文本信息通过合适

---

① "罗马式"指的是运用古罗马的设计手法所创造的艺术风格，主要用来形容欧洲哥特式风格盛行以前的11—12世纪的建筑风格。

的传播渠道送达最广泛的信息接受者。因此，无论从功能样式、消费需求和生产目的等哪一方面来观察，信息的生产、传播和接受必然是文化产业现象的基本环节。

从理论层面看来，这一结论也符合马克思主义的政治经济学原理，生产、分配、交换和消费构成一个总体的各个环节。谢名家发表于1995年的论文《关于发展文化产业的哲学思考》，就是通过对生产手段、流通途径、交换方式和消费对象等方面的观察，将文化产业界定为："通过工业化、信息化和商品化方式所进行的精神产品和文化服务的生产、再生产、交换和传播。"[①] 伯明翰学派文化研究也是以马克思主义为基础的研究范式，所以，霍尔基于政治经济学的"生产/再生产"理论提出了"编码/解码"学说，将文化解释为"意义的生产、流通和消费的过程"。

质言之，信息的"生产—传播—接受"的结构形式适合于文化产业核心领域各种样式的类型，是文化产业现象的本真结构。然而，文化产业样式已经在20世纪经历了翻天覆地的变化，形成了不同的信息指引方式，以及书面阅读、图像观赏和信息浏览三种信息接受模式，而与此相应的文化产业生产与传播技术也经历了印刷、电子与数字三个技术阶段。我们将依据"形式显示"的现象学方法，通过对文化产业生产环节及其历史变迁的描述，就内容意义方向阐述文化产业现象中被经验的是"什么"，以此说明此在与世界之关系；通过对传播环节的描述，就关联意义方向阐述文化产业现象被经验得"如何"，说明文化产业建立的共同世界对此在与他人之关系的影响；通过对接受环节的描述，就实行意义方向阐述内容意义和关联意义得到实行或完成得"如何"，说明此在因信息指引方式变迁带来的时间与空间秩序的改变，如何影响了此在对世界的领会，从而塑造了不同的自身世界。然后，通过分析这三个环节对文化产业现象整体的效应，解释文化产业现象、现代技术与现代虚无主义之间的内在关联。

---

① 谢名家：《关于发展文化产业的哲学思考》，《广东社会科学》1995年第5期。

第二章

文本生产：周围世界的变迁

> 什么"过去"了？无非是那个它们曾在其内照面的世界……那个世界不再存在。①

---

① 海德格尔：《存在与时间》，陈嘉映、王庆节译，北京：生活·读书·新知三联书店，2014年，第430页。

海德格尔在《存在与时间》中所言称的周围世界是"日常此在的最切近的世界"①，是人的日常生存活动形成的世界。没有此在"在之中"，就没有此在的周围世界。因此，周围世界不是在世界之内存在的现成之物的总和，毋宁说它是我们的日常生活方式。日常生活是对周围世界的操劳，而周围世界就是我们的生活世界。

古代社会虽然战争不断、朝代更迭、信息不畅，但古代人的生活世界是一个自然而然的周围世界。诚如《庄子·让王》云："冬日衣皮毛，夏日衣葛絺；春耕种，形足以劳动；秋收敛，身足以休食；日出而作，日入而息，逍遥于天地之间而心意自得。"当人类文明迈入现代社会，尤其在第二次世界大战之后，自然科学的进步和现代技术的应用让人类的居住不再受暑热冬寒的困扰，交通不再受山川湖海的阻隔，食品不再受四季轮回的制约，历史上的人类似乎从来没有像今天这般丰衣足食，也没有像今天这般依赖于机械化的代步工具、工业化的粮食生产与数字化的人际交流。虽然自然科学以追求确定性为旨归，日常生活经由这一追求而变得日益流光溢彩、云起雪飞、席丰履厚，但现代人对未来的不确定性的感受却日益加深了。产生这种感受的根源，在于我们已经生活在一个变动不居的周围世界中。周围世界因"此在在之中"而成为世界，这种变动不居的感受一定源自对世界的领会发生了改变。换言之，所接受的信息或接受信息的方式发生了改变。与古代社会不同，现代人获取信息的渠道越来越多，既有书籍、报纸、杂志，还有广播、电视、网络，但面对面的口口相传日益稀少；获取的信息越来越多，每天在各类媒介中传播的信息已经远远超过过去数千年经由文字存储的信息总量，只是被传播的信息绝大多数不再是哲学家的思想，不再是科学家的发现，而是由符号创作者所生产的符号。

人类社会的这一进程开始于何时？文化产业所生产的文本与千百年来的传统艺术作品有着怎样的分别？我们将通过对文化产业文本性质的考察，追溯文化产业现象的历史起源及其变迁过程，在内容意义

---

① 海德格尔：《存在与时间》，陈嘉映、王庆节译，第78页。

方向对文化产业现象作形式显示分析。这一分析的目的不是要对文化产品生产环节作理论性的把握，而是要借由这一方法，揭示文化产业现象与周围世界的因缘关联。

按照形式显示方法，文化产业现象是由内容意义、关联意义和实行意义三个意义方向构成的整体。由于生产、传播或接受的内容首先源自文化产业生产环节所生产的文本，因此，文化产业文本在文化产业现象的内容意义方向决定了被经验的"什么"。虽然这一经验的"什么"还要经历传播环节的中介，但正是那些琳琅满目的文本所蕴含的信息，将现代人的周围世界妆扮成五彩缤纷的世界，而信息生产方式的迭代带来了生活方式的日新月异。

第一节　从艺术的世界到文化的世界

1. 文本与作品

现实中，我们经常会遇到难以判断某一产品或项目是否属于文化产品的困惑：作为社交应用软件的微信（WeChat）是否属于文化产品？作为日用器具的紫砂茶壶是不是文化产品？网络小说是文化产品还是艺术作品？如果说文本是文化产业所生产的商品，是不是文化企业所生产的所有产品都是文本？非文化企业的产品一定不是文本？如果把文化产业看作无边界的产业，文化产业分类统计的根据何在？这些困惑最终归结为一个问题：文本是什么？

我们已经将文化产品的功能样式归纳为四种类型：大众传播、文化艺术、视觉设计和休闲娱乐，并按照赫斯蒙德夫在《文化产业》一书中的用法，将这些类型的产品集合称为文本。换言之，文化产业文本指的是文化产业核心领域所生产的文化产品，是服务于精神领域的最终产品，而不包括文化产业辅助领域生产的文化装备、信息终端等产品。赫斯蒙德夫在罗列文本种类时虽明确列出了广播节目、影片、唱片、书籍、漫画、影像、杂志、报纸等产品样式，却没有提及油画、雕塑、诗歌、戏剧等传统艺术作品。是什么原因导致赫斯蒙德夫对传统艺术作品的忽略？抑或在他看来，传统艺术作品与文化产业文本属于两类性质不同的东西，文化产业所生产和传播的只能是文本而不是作品？文化产业文本与传统艺术作品的分际何在？

按照赫斯蒙德夫的解释："文化产业及其生产的文本是复杂的、矛盾的、充满争议的"，原因在于文本必须具备"以多种方式被阐释的能力"①。这里的"多种方式"可能是指文化产业样式的复杂性，也可能是指文化经济学、管理学或创意学等学科对文化产业文本的不同解释。然而，不论"多种方式"所指为何，文本与作品的下述两点区分是明确的。

首先是受众数量的不同。文化产业文本追求受众数量，巨大的受众数量必然带来需求的多样性，从而带来文本的复杂性。艺术作品不追求受众的数量，机械复制会让作品的光韵丧失，因此，往往作为私人藏品而束之高阁，社会影响相对局限于精英阶层。

其次是生产方式的不同。为实现受众数量的最大化目标，文本生产要有信息的采集、筛选、编辑、生产和传播等环节的精细分工或工艺流程。艺术作品创作往往是个体劳动，制作一般采用非工业化或半工业化的方式。譬如，虽然电影、电视剧、流行音乐等文本时常被称为文化艺术，但这些文本通常是集体创作的结晶，采用标准化、系统化、机械复制、专业分工的生产方式。

我们不妨假设文本与作品是两种不同的"物"，可以通过海德格尔关于"物"的三种分类——艺术作品、器具和纯然的物——来考察文本与作品的区别。由于我们在博物馆、美术馆或其他公共场所见到的艺术作品与日常事物一样是自然现存的东西，是我们"在感性的感官中通过感觉可以感知的东西"②，因此，艺术作品也被海德格尔视为"物"的一种类型，只不过不会将艺术作品当作器具或纯然的物来看待。纯然的物是指那些未经人工制作或生产的东西，即自然的存在者；

---

① David Hesmondhalgh, *The Cultural Industries* (3rd edition), SAGE Publications Ltd., 2013, pp. 3、5、50.
② 海德格尔：《林中路》，孙周兴译，上海：上海译文出版社，2014年，第9、12页。

器具是指为了使用和需要所特别制造出来的东西,即人工制造物,是"制作过程"的产品。由于人工制作物为使用和需要而制作,故"有用性"是器具的基本特征。器具因其"制作性"而区别于"非制作性"的纯然的物,因其"有用性"而区别于"自足性"的艺术作品。由于我们已经假设了文本与作品属于不同的物,按照这一分类,文化产业文本作为被生产出来的产品,即"制作过程"生产的有用性产品,既不是艺术作品,也不是纯然的物,而只能归入器具一类,成为介于艺术作品与纯然的物之间的一种物。

在将文化产品的集合称为文本时,赫斯蒙德夫还将文本的生产者命名为符号创作者(symbol creator),似乎表明文本的生产者(符号创作者)与艺术作品的创作者(艺术家)乃两种不同的职业类型。我们在文化产业实践中发现,文化产品的符号创作者的确不必然是艺术家,常常是策划师、规划师、设计师、工程师、程序员、艺术工作者、网络写手、企业家或者由这些不同领域的专业工作者所组建的团队。譬如,今日头条 APP 就是一款由软件工程师创意生产的文化产品,而一般电子消费类文化产品常常是由工业设计师、平面设计师、人机工程学专家、电子工程师和软件设计师等组成的团队的集体智慧的结晶。一方面,艺术家创作的作品和符号创作者生产的文本都是可以通过感官在感觉中被感知的物,或者通常被认为是某种具有"形式-质料"结构的审美对象,总之,都是某种"非无"的东西或某种"存在者";另一方面,诚如海德格尔所言:"作品就是比喻","作品就是符号"①,艺术家似乎也应归入符号创作者之列。如此,作品与文本之间的区别就变得晦暗不明了。

海德格尔在《艺术作品的本源》中为我们提示了一条解惑的思想路径,他指出:"使艺术家成为艺术家的是作品,因为一部作品给作者带来了声誉……艺术家和作品都通过一个第一位的第三者而存在。这个第三者才使艺术家和艺术作品获得各自的名称。那就是艺术。"② 换

---

① 海德格尔:《林中路》,孙周兴译,第1页。
② 同上书,第4页。

言之，要厘清什么是作品，就是要厘清艺术是什么，必须从艺术的本质那里去认识何为作品。循此逻辑，我们可以说，使符号创作者成为符号创作者的就是文本，正是文化产业生产的文本为符号创作者带来了"粉丝"（fans），从而带来利润。相应地，使符号创作者和文化产业文本获得各自名称的第一位的第三者就是文化。如果文化产业文本不同于传统艺术作品，这种不同就必然源自文化与艺术的区别。

2. 文化与艺术

文化（culture）是一个有着复杂内涵和外延的概念，在不同的历史时期、不同的国家或民族、不同的研究范式或语境中有着不同的含义，文化产品中的"文化"也必然有着不同于文化一般含义的特殊意指，并非对文化含义的任意一种解读都适用于文化产业。如果不对这一特殊意指加以澄清，不但文化产业理论研究容易困囿于宽泛或狭隘的概念框架而误入歧途，而且产业实践也会陷入"真文化"或"伪文化"的无谓争议而作茧自缚。

在古代中国人看来，文化就是"人文化成"。《周易》"贲"卦"象传"曰："贲，亨，柔来而文刚，故亨；分刚上而文柔，故小利有攸往，天文也；文明以止，人文也。观乎天文，以察时变；观乎人文，以化成天下。"由于人处于天、地之间，故必然是"天文""地文"的刚柔交错而成就文明以止的人类文化形态。分开来看，文即纹，并不是现代人所理解的文字或文章，而是水陆之上的草木纹理或日月星辰的刚柔交错，因此，文化的最初含义必然包含精神层面之外的阐释；化即变，变化进而演绎为教化，观察日月星辰的交错，能察知四时运转的寒暑更替；观察人类文明礼仪的各有其分，可以教化天下树立道德规范秩序。因此，《周礼·大宗伯》曰："以礼乐合天地之化。"这依然是现代中国人对文化含义的主流认知。

在古希腊语中没有与 culture 对应的单词，这导致后来的欧洲人对文化的含义提出了各种各样的解释。在 18 世纪启蒙运动时期，德国思想家、诗人赫尔德（Johann Gottfried Herder, 1744—1803）认为，文化有三个基本特征：它首先是一种社会生活模式；其次代表着一个民族的精华；再次是有着明确的边界从而区别于其他区域的文化。根据这一判断，英国诗人艾略特（Eliot, 1888—1965）在《关于文化定义的笔记》中，将文化称为涵盖"一个民族的全部生活方式，从出生到走进坟墓，从清早到夜晚，甚至在睡梦中"。19世纪，英国诗人马修·阿诺德（Matthew Arnold, 1822—1888）称文化为"最好之物"，并且包含四层含义：获知最好之物的能力、最好之物本身、将最好之物运用于精神与灵魂以及对最好之物的追求[①]。

在20世纪大众文化兴起之时，美国人类学家阿尔弗雷德·克洛依伯（Alfred Kroeber）和克莱德·克拉克洪（Clyde Kluckhohn）在《文化：概念和定义批判分析》（1952）一书中，列举了164条不同的文化定义并总结为九种基本概念：其一是哲学的概念，文化相等于哲学，强调文化对心灵的培育，将文化同个人心智的发育相联系，从而关乎知识、智慧和理解力的获得，文化因此成为个人修身的一个过程；其二是艺术的概念，包括音乐、戏剧、歌剧、舞蹈、诗歌、小说、绘画、雕塑、建筑、编织、制陶等，强调文化的创造性，只是艺术本身是一个含糊的概念，而且在不同文明和不同民族的语境中有着不同的阐释；其三是教育的概念，通过知识和智慧的积累照亮了心灵和精神；其四是心理的概念，相当于阿诺德的观点，文化是求知的完美，文化因此有一种激情，一种追求甜美和光明的激情，是通过艺术和教育途径臻于人格的完美；其五是历史的概念，广而言之是过去遗产的全部积累，狭义而言是表征了时代的见证而被今人所高度重视的那些遗产；其六是人类学的概念，认为文化是错综复杂的总体，包括知识、信仰、艺术、道德、法律、习俗和人作为社会成员所获得的任何其他能力和习惯；其七是社会学的概念，指作为一个民族社会遗产的手工制品、货物、技术过程、观念、习惯和价值，强调社会共享的价值观念和行为特征；其八是与社会学相关的领域，包括种族、伦理、阶级、性别、

---

① 参约翰·斯道雷：《文化理论与大众文化导论》，常江译，北京：北京大学出版社，2010年，第22页。

身份、语言和交流等；其九是生态学和生物学的概念，视文化为人类和自然环境之间的一种互补的象征关系，一个对话交流的过程①。

西方人随着时代或境域的变迁一直在丰富着文化概念的内涵，以致很难用简单抽象的语言为文化确立一个为各方都能接受的定义。海德格尔在《世界图像的时代》一文中将人类的"一切行为和活动"都视作文化，认为文化是"通过维护人类的至高财富来实现最高价值"②，并且通过这种维护来照料自身。我们暂且不论海德格尔所言称的文化要维护的是何种"最高价值"，也不去分辨文化产业之文化属于上述文化概念中的哪一类型，还是先从词源上来了解 culture 在西方语言中的源初含义。

与英文 culture 最接近的词源是拉丁语的 cultura，其源初意涵是"耕种、种植或照料"。毋庸置疑，耕种或照料都是人类的行为或活动，是人所经历的一种特殊的过程，因此，"文化"一词"在所有早期的用法里，是一个表示'过程'（process）的名词，意指对某物的照料，基本上是对某种农作物或动物的照料"③。这一照料经过从 16 世纪初到 19 世纪初长达三百多年的历史变迁，从照料植物的耕作、照料动物的成长演变为照料人类的心灵，最后延伸到照料"人类发展的历程"。换言之，文化的意涵从最初的特殊的过程变成后来的普遍的过程。

雷蒙·威廉斯（Raymond Williams，1921—1988）在《文化》一书中，通过对 culture 从 18 世纪中叶到 20 世纪中叶的词义演变过程的追溯，以及对该词在德文、北欧语言与斯拉夫等语系中的人类学用法及相关衍生词的全面检视，将文化的定义划分为三种类型：

其一，用来描述 18 世纪以来思想、精神与美学发展的一般过程。这一类型代表人类自我的完善状态，是一种"理想的文化"。如心灵的普遍状态或习惯、知识发展的普遍状态、各种艺术的普遍状态等。

其二，用来表示某一人群或某一时期的特殊生活方式，是一种

---

① 参陆扬、王毅：《文化研究导论》，上海：复旦大学出版社，2015 年，第 4—9 页。
② 海德格尔：《林中路》，孙周兴译，第 71、95 页。
③ 雷蒙·威廉斯：《关键词：文化与社会的词汇》，刘建基译，北京：生活·读书·新知三联书店，2005 年，第 102、106 页。

"社会性的文化"。生活方式是由物质、知识和精神等多个层面构造而成的,作为一种日常经验过程的生活方式,也必然包含知识和艺术的创造活动,包含着特定的意义和价值的传达。

其三,用来描述知性或想象的作品与活动,主要指人类的思想和经验得以保存的各种具体形式,即记录的方式,如艺术作品、哲学著作、历史书籍等[1]。

迄今为止,威廉斯的这一划分依然是西方学术界对文化一词最为全面且最具说服力的解读。在第一类定义中,所谓"人类自我的完善状态",并不是文化产业在文本生产环节以标准化、系统化、劳动分工的生产方式可以生产的内容,而只能体现在符号创作者和信息接受者的文化修为或理解能力中;在第三类定义中,艺术作品与哲学著作、历史书籍等学术成就一起成为一种记录的方式。无疑,文化产品的生产目的是创造利润,而不是记录思想与经验;哲学家或许可以将自己的哲学著述视为艺术之作,但一定不会把自己当成符号创作者,通常不会将学术思想当作待价而沽的文化商品,而与某一部电影影片、某一件工艺品或某一首流行歌曲相提并论,何况哲学家的哲学著作与艺术家的艺术作品都不太可能成为大众化的消费品。因此,文化产业的"文化"只能属于文化定义的第二种类型,即某一人群或某一时期的特殊生活方式。文化产业通过文本信息的生产与传播,创造某种特殊的或崭新的生活方式,从而影响此在的周围世界。

当文化产业在 20 世纪进入发展的黄金时代后,虽然作为大众文化的电影影片、电视剧或流行音乐等文化产品,已经被评论家冠之以媒介艺术或艺术作品的头衔,却没有人会将法国艺术家马塞尔·杜尚(Marcel Duchamp,1887—1968)的《泉》[2] 称为文本,不会将这一艺术作品看作"为使用和需要所特别制造出来的东西"。因此,作品与文本在现代人的心目中依然存在着某种界限。只是这种界限究竟何在并

---

[1] Raymond Williams, *Culture*, London: Fontana, 1981, p. 11.
[2] 马塞尔·杜尚的《泉》第一版制作于 1917 年,送交纽约中央美术馆"独立艺术家展",被展览评委会拒绝。第二版制作于 1951 年,是一只现成的釉面陶瓷洁具,以黑色油漆标以"R. Mutt"签名和日期,现藏于费城美术博物馆。

不容易厘清，也不为大众文化消费者所在意，而符号创作者也乐于以艺术家自居，从而让二者的界限更加模糊不清。

如前所述，我们已经将文化产业现象的结构表述为一种过程，即信息的生产、传播和接受的过程，按此逻辑，我们也可将艺术现象的结构形式表达为"作者—作品—读者"。在艺术现象的结构中，传播环节似乎不见了，其实是艺术作品本身承担了信息传播的职能。换言之，传统艺术作品并不要求大众传播媒体为其承担传播职责。因此，虽然作品与文本都要传递信息，但传递的方式和目的却大相异趣。首先，文本作为一种在市场销售的商品，必须为当下的人们接受，否则，就无法获取消费者的青睐，而作品不必然为当下的人们接受，许多优秀作品在很久以后甚至在艺术家去世之后才获得理解和欣赏；其次，文本信息的接受者往往是大众群体，并不要求受众具备艺术鉴赏能力，而艺术作品的读者一般是小众群体，通常属于精英或贵族阶层；再次，艺术作品通常不是大众随时随地可以触摸的东西。正如我们虽然可以随时到商店购买一只小便池，但我们只有在费城美术博物馆才能直面杜尚的那件作品。

虽然本来只是一件日用器具的《泉》被永久置放在博物馆，并永久载入了世界艺术史，但文本不是以进入美术馆或博物馆为生产的目的，被传播的文本——影片、电视剧、流行音乐、真人秀节目等——都无法避免在不久之后"下线"或"下架"的命运。例如，20世纪60年代兴起于英国的波普设计（Pop Design）运动的基本理念是"设计是暂时的"，有些情况下是"一次性"的。在这一理念指导下所设计的产品并不保证持久的质量，而只是要满足大众对廉价的追求。

波普设计这一面向大众的设计运动很快从英国蔓延到欧美各地，形成一种影响深远的艺术思潮，认为艺术不应该只供少数人享用，而应该进入每一个普通大众的生活。或许正因为传统艺术的那种高风峻节或高情逸兴，那种严肃、冷漠、单一的面貌不再适应在第二次世界大战后成长起来的年轻一代的审美情趣，从而呈现出远离于此在周围世界的样态，因此在西方文化产业如火如荼的20世纪80年代，欧美艺术界、艺术史研究学界和哲学界提出了振聋发聩的"艺术终结"或

"艺术史终结"的论题①。艺术终结论虽然超出我们的研究范围,却表明当代艺术确实已经出现了非比寻常的变化。或许,当代艺术的变化所呈现的正是康德视域中"自由的艺术"已经冲破了传统艺术理论框架的束缚,"美的艺术"为"快适的艺术"所侵蚀,并且在与现代技术为基础的大众传播媒介的合流中获得了绝对的自由?如果20世纪大众文化的强势作为已经让传统艺术"消失"或"终结"了,消失或终结了的就不应该是艺术的本质,而不过是所谓的媒介艺术遮蔽了艺术如其所是的光韵。就此而言,为了厘清文化与艺术的分际,所要探问的正是艺术的"是"。

艺术是什么?从表面看来,艺术首先是作为艺术品才能存在,因此,艺术是人的创造;其次,艺术也是一种制作活动,因此,艺术家必须拥有技艺;再次,艺术品服务于人的精神需求,因此,艺术不同于服务于生活日用的器具。然而,我们由此并不能确定艺术的本质。

艺术的本质在西方美学史的不同阶段有模仿说、表现说、形式说等不同的看法。模仿说源自古希腊的美学思想,认为艺术是现实世界的模仿或再现。由于柏拉图认为现实世界是对理念世界的模仿,所以,艺术就是模仿的模仿,艺术是"不真实"的。亚里士多德(Aristotle,384 B.C.—322 B.C.)也主张模仿说,但认为艺术表现了普遍性,因此,艺术比历史更"真实"。"艺术即模仿"在18世纪末、19世纪初受到浪漫主义思潮的冲击,华兹华斯(William Wordsworth,1770—1850)在《抒情歌谣集》中提出"诗是强烈情感的自然流露"的命题,被看作是"表现说"取代"模仿说"的标志②。表现说认为艺术不是模仿外在的客观世界,而是情感或主观心灵寻求表现的冲动,是自我的表现。20世纪初,克莱夫·贝尔(Clive Bell,1881—1964)根据对19世纪末后期印象派绘画所作的研究,提出绘画的本质不在于对自然、现实的

---

① 艺术终结在黑格尔的《美学讲演录》中已提出,只不过黑格尔是从其理论体系推导出来的,因此遭到漠视。20世纪的"艺术终结论"在50年代出现,如艺术史专家汉斯·塞德迈尔的著作《关于艺术的终结》。80年代阿瑟·丹托发表的艺术史终结的论述与汉斯·贝尔廷的著作《艺术史终结了吗?》,不再是理论推导,而是一种对现实的解释。
② 杨向荣:《西方美学与艺术哲学基本问题》,北京:中国社会科学出版社,2013年,第2页。

再现性模仿，而在于线条和色彩的排列组合（即形式）能激起人们的审美情感，这些审美感人的形式就是"有意味的形式"，"有意味的形式就是一切视觉艺术的共同性质"①。

同一时期杜尚的艺术实践不但否定了克莱夫·贝尔的学说，而且让我们产生了这样一种感受：似乎不再可能在传统艺术理论框架中获得艺术之本质的标准答案了。杜尚的那件作品似乎既不是对现实的模仿，也不是心灵的表现，更不是我们理解的"有意味的形式"；既不是快适的艺术，也不是美的艺术。这一情形印证了海德格尔的判断：正如"纯然的物"不能理解为缺少了"有用性"和"制作过程"的器具一样，所谓的艺术作品并不是一个器具，不是"一个此外还配置有某种附着于其上的审美价值的器具"。

按照海德格尔的解释，"在艺术作品中，存在者之真理自行设置入作品了。艺术就是真理自行设置入作品中"。因此，艺术就是真理的生成和发生。海德格尔写道："从现存事物和惯常事物那里是从来看不到真理的……真理是通过诗意创造而发生的。"这里的"诗意"就是海德格尔认为的艺术。因此，既然艺术不是"现实的模仿和反映"，艺术作品就决不是"对那些时时现存手边的个别存在者的再现，恰恰相反，它是对物的普遍本质的再现"。换言之，艺术不是来自作为"物"或"对象"的存在者，只能源出于发生真理的"非存在"或"无"之所在。

按照我们的日常认知，艺术作品不就是那些摆放或悬挂在艺术展厅中供人鉴赏，或者在拍卖行供人操劳的对象吗？在海德格尔看来，这种作为对象的存在并不构成"作品之为作品"的存在。艺术作品既不是对现成事物的摹仿，也不是在某种器具上配置了审美价值；既不是用来供人鉴赏和陶冶性情的，也不是用来消遣娱乐的。质言之，作品不是对象。一旦作品成为对象，本雅明所说的光韵将消失。一旦失去了原真性，作品将不成其为作品，这样的作品只能称为文本。

海德格尔在《艺术作品的本源》中，通过对一座希腊神庙的描述和说明，发现神庙作品不但"阒然无声地开启着世界"，且又同时把世

---

① 克莱夫·贝尔：《艺术》，周金环、马钟元译，北京：中国文联出版公司，1984年，第4页。

界"置回到大地之中"①,就此推论出"作品之为作品"的两个基本特征:其一,作品开启了世界;其二,作品制造了大地。这里的"世界"是一种与人有着某种纠缠关系的境域,而不是一种客观的对象性的东西。海德格尔写道:"世界绝不是立身于我们面前、能够让我们细细打量的对象。只要诞生与死亡、祝福与诅咒的轨道不断地使我们进入存在,世界就始终是非对象性的东西,而我们人始终隶属于它。"② 这一艺术作品开启的世界与此在"在之中"的世界有着异曲同工之妙。在《存在与时间》中,海德格尔主要是在作为此在的存在方式的意义上来阐释世界,是一种存在论维度上的世界。此在的世界既不是存在者的整体的概念,也不是对象性的概念,世界只因此在而在。

与发表《艺术作品的本源》同一时期,海德格尔正在弗莱堡大学讲授《形而上学导论》课程,他明确指出:"世界指的是什么?世界总是精神性的世界。动物没有世界,也没有周围世界的环境。"③ 换言之,尽管艺术作品在表面看来是一种可以由视觉、听觉或触觉等感知得到的物,但艺术作品开启的世界不是一种作为主体的对立物的客体,而是一种敞开了的精神性领域。质言之,艺术作品所开启的世界不是客观现成之物,而是非对象性的一种境域。

既然艺术作品的世界是非对象性的,艺术作品所"制造的大地"也就不可能是作为对象而被制造出来的,而是"作品把自身置回到大地中",大地是作品可以返身隐匿的庇护之所。这里的"制造"是指"作品把大地本身挪入一个世界的敞开领域中,并使之保持于其中。作品让大地是大地"④。海德格尔在《林中路》(1960)中,为前一个"大地"做了一个边注:Ereignis(本有)⑤,意味着作品所制造的大地"从本有而来",而本有就是敞开领域的"涌现"之源或事件的"发生"之所,是一种出乎其外又入乎其中的境域,正如植物的种子冲破土壤的

---

① 以上引文见海德格尔:《林中路》,孙周兴译,第20、22—23、55、26页。
② 同上书,第28页。
③ 海德格尔:《形而上学导论》,熊伟、王庆节译,北京:商务印书馆,2014年,第45页。
④ 海德格尔:《林中路》,孙周兴译,第30、40、63—65页。
⑤ 这是一个德文单词,孙周兴译之为"本有"或"大道",陈嘉映译之为"归本生发",详见第五章。

覆盖而显露嫩绿的幼苗，又如夜空的星星穿透黑暗而闪耀晶莹的光芒，都是经"澄明"与"遮蔽"的争执而绽放出了美丽。

因此，作为发生之所的大地必然是一个锁闭的领域。倘若不是锁闭，就不存在"涌现""发生""出-入"的可能。艺术作品之为艺术作品就是因为冲破了大地的锁闭，点亮了自行遮蔽着的存在，带来一个意象世界。海德格尔写道："如此这般形成的光亮，把它的闪耀嵌入作品之中。这种被嵌入作品之中的闪耀（Scheinen）就是美。美是作为无蔽的真理的一种现身方式。"

诚然，海德格尔所说的真理并非我们通常所理解的知识与事实的符合，而是"存在者之为存在者的无蔽状态"。由于"真理自行设置入作品"所显现出来的无蔽状态就是艺术的美，所以，"美属于真理的自行发生"。"决不能根据被看作自为的美来理解艺术，同样也不能从体验出发来理解艺术。"换言之，我们既不能从康德的"无目的的合目的性"的美来理解艺术，也不能从感觉器官所体验到的快感或美感来理解艺术。

海德格尔艺术之思的年代正值欧美电影工业蓬勃发展、广播电台疯狂增长、爵士乐风靡于西方社会的历史阶段。仅就海德格尔身处的德国而言，在1933—1945年间拍摄的影片就多达1097部，海德格尔不可能感受不到电影这种被冠之以新的艺术形式的所谓媒介艺术的影响。在传统领域，经历了世界大战和经济大萧条的双重冲击之后，各种前卫艺术以及反叛性的展览也在不断颠覆着人们对传统艺术的认识。然而，在海德格尔的思想视野里，艺术是一种不同于媒介艺术或大众文化的"伟大的艺术"。

"伟大的艺术"是黑格尔的用语。在《艺术作品的本源》后记中，海德格尔引用了黑格尔《美学》中的一段文字，表现出这位20世纪的伟大思想家对正在逝去的"伟大的艺术"的深刻眷念："从这一切方面看，就它的最高的职能来说，艺术对于我们现代人已经是过去的事了。"① 虽然没有使用"文化工业"术语，也没有对媒介艺术作专题阐

---

① 以上引文见海德格尔：《林中路》，孙周兴译，第40、63—65、24页。

述，但海德格尔在其著述和演讲中多次谈到了电影和无线电广播，多次提到了"艺术行业"，对传统艺术作品成为"艺术行业的对象"提出了尖锐批评："不管这些作品的名望和感染力还是多么巨大，不管它们被保护得多么完好，人们对它们的解释是多么准确，它们被移置到一个博物馆里，它们也就远离了其自身的世界。"① 换言之，当作品成为艺术行业的对象时，作品必然失去其"即时即地性"，作品所开启的世界便远离了提供庇护之所的大地。失去了大地庇护的作品，因远离了敞开与锁闭的冲突而颓落，放弃了澄明与遮蔽之争执的艺术作品就成为脱离作品自身的对象。作为"物"而被感知的作品即使被鉴赏家、批评家或资本家抬高到极致，也只能作为一种对象而存在，而不再构成作品之为作品的存在。

3. 文本的对象性特征

回头审视文化产业文本，所谓的对象性正是本雅明所指称的"机械可复制性"的前提，也是阿多诺所言"商品化、技术化和标准化"的基础，是文本区别于艺术作品的根本特征。与传统的绘画、诗歌、雕塑、戏剧等艺术作品不同，诸如电影影片、电视连续剧、动漫游戏、工艺品、报纸杂志以及流行音乐等文本，因文化产业之固有的经济属性，因其背后必然的资本权力，自始就是作为商品来开发、生产、销售和传播的对象。正是这种对象性的特征，各种形态的文本才可以成为生产线上被生产或复制的对象，才能通过流通渠道向大众传播信息，才能成为大众可以购买的商品。因此，就消费者而言，文本是购买的对象、消遣的对象、娱乐的对象或炫耀的对象；就传播者而言，文本是供媒介传输播送的信息符号和市场流通的商品；就生产者而言，文本是在生产线上组装的产品或在仓库中等待销售的成品。总之，对象性是文本可复制性、可传播性、可消费性、可娱乐性、可体验性的前提，文本之为文本，因其对象性而区别于艺术作品。

---

① 海德格尔：《林中路》，孙周兴译，第63—64页。

从哲学视角看来，自笛卡尔将"我思"之外的一切存在者当作被怀疑的表象的对象那一刻起，对象性便构成了现代社会一切科学研究和企业行为的形而上学基础，决定了在现代社会中即便是传统艺术作品也将无可避免地遭遇被当作审美的对象、体验的对象和销售的对象的命运。因此，艺术正是在这一时期进入了美学的视界成为体验的对象，成为与现代形而上学历史进程同步产生的一个显赫现象。一旦艺术作品作为商品而成为销售的对象，作品的价值就变成了文本的价值，艺术作品就成为一种以经济价值尺度来衡量的"器具"。

这里并非否定当代艺术作品的艺术价值。实际上，当代艺术家并没有放弃作为"真理的发生"的艺术本质的追求，各种新的艺术潮流不断涌现正是这种追求努力的结果；对象性特征的揭示也非否定文化产业文本一般拥有的审美价值，主流社会早已认可了爵士乐歌手或影视导演的艺术家身份。这里所要表达的是，文本的对象性特征——作为一种与现代社会的现代性相吻合的特征——使得文化产业成为一种只能存在于现代社会的现象（关于这一点，后面还将作进一步的论证和解释）。目前而言，海德格尔的艺术之思已经帮助我们揭示出区分"文本之为文本""作品之为作品"的界限。

尽管文化产品只是一种商品销售的对象，不是海德格尔所言"伟大的艺术"，但消费者还是期望可以从文本建立的周围世界获得审美体验或艺术滋养，即便是作为一种纯粹的消磨时间的方式，依然抱有对愉悦、轻松、惬意甚至崇高的欲求。因此，无论符号创作者是不是艺术家，总是会尽其所能地为文本配置审美价值，这是所谓的"商品的文化化"的意涵所在，也是符号创作者时常以艺术家自律的原因。这种审美价值的配置实现了文化产业文本的艺术性包装，构成了"文本之为文本"的适用性条件。

不过，艺术性包装只是为文本增添了形而上学的美学教条，文本的对象性特征不会因此而改变，被配置上审美价值的文本依然是奠立于有用性、适用性等现实性基础之上的拥有"制作过程"的器具。以现代设计为例，虽然在设计原则上主张功能性与审美性的统一，但产品的功能和用途在设计实践中必然是第一位的，产品的审美性并不能牺牲其功能性。再以历史题材的电视剧为例,作为一种通过电视传播的文本对象,其有用性在于吸引眼球的能力,重要的不是故事的真实性,而在于情节的娱乐性。因此,即使有的文化产业样式被冠上了艺术之名,但文本总归是作为对象的商品,而不可能成其为非对象性的作品。质言之,文化产业的文本是文化而不是艺术,它们必然服务于商家的逐利行为,必然要臣服于市场机制,而不必服务于"真理的发生"。

诚然,在文化产业实践中,不论是大众文化还是媒介艺术,不论是新的艺术流派的诞生还是新的艺术形式的创造,不能否认许多符号创作者行走在追求真理的道路上,许多艺术家(包括阿多诺那样的哲学家)直接投身到文本生产的工业机制中;从爵士乐到摇滚乐,从卓别林(Charles Chaplin, 1889—1977)电影对社会底层人物的真实描绘到贾樟柯影像对现实表象的穿刺,很难说不是一种激情的涌动或澎湃的争执。但是当创作成果变身为商品之后,当我们将它们作为一种消费的对象来购买的时候,当它们在经历了无数次的机械复制之后,作品本身的涌动和争执便被好看、好听、好玩等感性体验所遮蔽了,作品之为作品的存在被消费者遗忘或遗弃了!于是,绘画作品成了建筑空间的装饰之物,音乐作品成了日常生活的背景音响,卓别林的表演也只剩下了"微微一笑"。而小众化的艺术电影正因为受众群体之小,导致信息的"生产—传播—接受"这一本真结构链条的破裂(接受者群体的弱小无法获得大众传播媒介的支持),符号创作者之小众化的艺术追求就丧失了文化产业的经济属性,从而只是艺术事业,而不是文化产业了。

因此,文化产品的对象性特征导致文化产品的审美性只能表现在感官刺激的层面,文本建立的世界就只能是看的对象、听的对象或玩的对象:因为好看,周围世界流光溢彩;因为好听,周围世界云起雪飞;因为好玩,周围世界席丰履厚……文化产业文本的丰富性在感官上改变了人们对周围世界的知觉体验,引领人们像欣赏奇珍异宝一样好奇地打量这个琳琅满目的世界,仿佛文本为人类生活建立了一个不同于以往的新世界。随着现代技术的不断进步,文本的样式和种类从印刷、电子到数字的形式不断演绎，周围世界在文本的"装饰"或"重构"下变得色彩更丰富、声音更悦耳、故事更生动、器具更精致、生活更有趣……

由于好看、好听或好玩必然经由知觉而进入意识，所以，文化产业文本确实为失去了上帝指引的现代人开辟了一个席丰履厚的精神领域。尽管这一领域不同于艺术作品开启的世界，而往往是一些通过想象、装饰甚至说谎等手段虚构的图像世界，但是，现代人确实经由这个绘声绘色的周围世界获得了温暖或慰藉，享受到了快乐或满足。人们对电影、电视、游戏或社交媒体等文化产业样式及其文本所呈现的各种革故鼎新的生活方式趋之若鹜，煞费苦心地在现实行为中加以模仿，日常生活世界因此处于不断的变化之中。这种改变并非始于20世纪，而是在笛卡尔将一切存在者"我思"为表象的对象之前，在德国金银匠古登堡（Johannes Gutenberg，约1394—1468）生活的15世纪，文化产业现象的种子就已经破土发芽了。

第二节　从勤勉特质到工业主义制度

如果文化产业只是现代社会的产物，是否意味着那些存放在现代博物馆内的古董或古代社会制作的文化用品都不能称为文化产业之文本？假如古董不属于文本，是不是与前文对文化所作的判定——文化产业之文化意指某一人群或某一特定历史时期特殊的生活方式——相矛盾呢？事实上，博物馆已经成为文化产业竞争的一个重要阵地，例如，故宫博物院、卢浮宫博物馆、大英博物馆、大都会博物馆等已经成为"文创产品新浪潮"的引领者。那些躺在博物馆中的玉器、陶器、青铜器、漆器、瓷器等藏品所"曾经"的时代，究竟与文化产业有着怎样的关系？

博物馆通常是征集、收藏、保护、研究和传播自然和人类文化遗产的场所，存放其中的历朝历代艺术珍品和文化物品代表着其产生年代的艺术成就或生活方式。因此，就这些古董的产生年代而言，它们

第二章　文本生产：周围世界的变迁

中有的是那个年代的艺术作品（包括神器或礼器），有的是那个时代的人们的日用器具，无论作为艺术作品还是日用器具，并不能武断地称之为文化产业生产的文本。尽管这些物品（如果作为神器或礼器）在其原本存放的场所可能拥有的宗教或膜拜价值已经失去，用海德格尔的话来说已经"远离了其自身的世界"，但我们并不能就此否定它们依然保留了曾经的那个时代的"世界""大地"的痕迹，它们或许已经失去了本雅明所说的"即时即地性"，却依然保留了原真性或唯一性，它们是展示人类文明进程、传承历史文化的重要载体，是现代人窥探"曾经"的那个世界和"曾在"的那片大地的依据。

然而，这些珍品（包括曾经的那个时代的人们的日用器具）所蕴含的那种唯一性和原真性的信息，并不是由博物馆的符号创作者创作、生产出来的产品。如果作为文化产业，就在"生产—传播—接受"的结构形式中缺失了一个基本环节——信息的生产，因此，这些典藏品就不能称为文化产业生产的文本。不过，一旦符号创作者采用技术手段复制了它们，或者从它们身上获得了某种灵感而开发出形形色色的衍生品，从而满足了文化产业"生产—传播—接受"的本真结构形式，成为可以传播、销售和消费的对象，这些复制品或衍生品就成为文化产业文本，并成为传播古代生活方式信息的媒介。于是，作为藏品的古董的文化价值被分离成藏品实物和藏品信息两个部分，藏品实物虽然不能进入市场流通，但藏品信息可以成为交换和流通的文化资本。

如果我们能够穿越时空到达这些物品产生的年代，譬如回到一只陶罐、一只瓷碗或一把茶壶生产制作的年代，这些陶罐、瓷碗或茶壶是否可以称为那个年代的文化产品呢？如果可以，岂非意味着文化产业的历史与人类文明史一样久远？按照我们对文本与作品的解释，假如这些陶罐、瓷碗或茶壶属于那个年代的艺术作品，就理所当然地不应归入文本之列。由于这些器具并非"纯然的物"，它们中的大多数只能是日常生活用品或装饰用品，既不是为了传递信息，也不是为了好听、好看、好玩以满足精神需求之目的，而是作为生活用具，即"为生存之必需而制作"的东西。虽然这些用品是由"制作过程"生产出来的有用性器具，但就其有用性而言，因其在于满足物质需求而非精神需求，依然不能称为文本。换言之，假如我们以宽泛的方式来解释文化的意涵，例如，按照海德格尔所言称的那样，将人类的"一切行为和活动"都视为文化，一切与人类生活相关的物品都将可能成为文化产品，从而陷入一切都是文本的尴尬境地。

虽然我们不能否定文化用品古已有之，但还是要为文化产业设定一个边界。这个边界不仅取决于如何理解文化产业之文化，还取决于如何解释文化产业之产业。譬如图书古已有之：中国古代有竹简、帛书，古埃及有莎草纸书，中世纪欧洲有羊皮纸书；中国先秦的诸子百家和古希腊的诗人、哲人都为人类留下了不计其数的经典著述。在春秋战国，社会上已经出现了私人著书、编书和藏书的情况；在东汉，造纸术的发明与使用促进了文献资料的增长，随之产生了书籍贸易；在五代，雕版印刷已经普及，政府开始主办出版事业……那么，是否说明图书出版业在两千多年前已经存在，从而文化产业拥有千年以上的发展历程呢？如果这种说法是成立的，五千年前的良渚玉琮、玉璧、玉梳等作为文化活动的产物，是不是也可算作文化产业文本呢？目前存世最早的雕版印刷品是868年印刷的《金刚经》（现藏大英图书馆），雕版印刷难道不是机械复制的生产方式吗？再如，广告的历史至少可以追溯到宋代，在张择端的《清明上河图》中，样式各异的广告幌子、广告招牌、灯箱广告、大型广告装饰等不下几十个；欧阳修在《归田录》中记载，京师食店"皆大书牌榜于通衢"。是否可以认为文化产业在中国历史上由来已久？是否意味着文化产业是比许多在西方资本主义社会形成的工业经济更为古老的一种产业形态？

1. 产业的词源解释

《韩非子·解老》曰："上内不用刑罚，而外不事利其产业，则民蕃息。"这里的产业指财产。《史记·苏秦列传》云："周人之俗，治产业，力工商，逐什二以为务。"这里的产业指集聚财产的事业。在当代中国人的日常使用中，"产业"一词依然保留了这些最初的含义，即财产或集聚财产的事业。

在经济学中，产业已成为指称现代工业生产部门的专用名词，因此，在文化产业理论界，文化产业之产业一般是按照工业或工业生产部门来理解的。不过，当阿多诺创造"cultural industry"的时候，其文化工业批判理论所批判的并非文化生产的工业部门，而是文化成为资本与权力所操控的对象这一特定的资本主义社会现象。西方语言中的industry在不同语境中的解释并不相同。例如，"产业革命""产业工人"中的"产业"在过去特指采矿业、制造业等工业生产部门，在当代则泛指国民经济中的各行各业。根据雷蒙·威廉斯在《关键词》中的描述，与英语industry最接近的词源为法文单词industrie，该词在流变过程中携带了两层含义：

第一层含义，industry在16世纪主要指"人类勤勉之特质"。这一特质被欧洲学者托马斯·埃利奥特（Thomas Elyot，1490—1546）在其著作《统治者》（1531）中解释为"敏锐的知觉、崭新的创意与适时的忠告"。16世纪出现的另一个形容词industrial被用来区分"栽种的"果树和"天然成长的"（natural）果树，也就是人工制造与自然生长的区别。

第二层含义，industry在18世纪演变为"生产或交易的一种或一套机制"。亚当·斯密（Adam Smith，1723—1790）在《国富论》（1776）中有这样的用法："……用来维系工业（industry）的资金。"随着英国工业革命的兴起，在"一种或一套机制"含义的基础上形成了工业主义（industrialism）和工业革命（industrial revolution）两个衍生词。工业主义指"一种新兴的社会秩序——立基于系统性的、机械式的生产"，有时将工业主义作为资本主义的委婉用词；工业革命的最初意涵是生产技术的改变，意味着一系列的技术发明（尤指蒸汽机）带来新的社会秩序。因此，从19世纪初开始，industry的使用已经与有组织的机械生产和一系列的技术发明等概念结合在一起，意指有组织的机械生产机制。

在第二次世界大战之后，"industry再度延用'勤勉'的意涵，泛指具有系统的努力成果"[①]，出现了如holiday industry、leisure

---

① 参雷蒙·威廉斯：《关键词：文化与社会的词汇》，刘建基译，第237、239、240、241页。

industry、entertainment industry 等用法。这些用法与 cultural industry 几乎在同一时期出现，但这些领域在我们的日常认知中都属于非工业性质的服务行业，与通常所用工业（第二层含义）一词的意涵相去甚远。当阿多诺在 20 世纪 40 年代首次使用 cultural industry 时，他本人正在普林斯顿广播电台兼职，电台工作人员与产业工人的区别有着明显的界限，阿多诺对文化生产与传统制造业生产机制之间的不同应该是十分清楚的。因此，阿多诺所指的文化工业或许同时包含"产业"一词的两层含义，或者更接近于产业的源初含义。阿多诺显然在置身于文化工业的过程中看到了"人类勤勉之特质"经由标准化的工业生产方式已经异化为一种"合理化的大众控制形式"，看到了通过文化产品的标准化、广告化和娱乐化等过程所带来的现代性问题。到 20 世纪 90 年代，当英国人将创意产业（creative industry）定义为"通过对知识产权的开发，生产可创造潜在财富和就业机会的活动"的时候，其中的"产业"所指的也不是"一套工业化的生产交易机制"，而是个人的创造力、知识产权、就业机会，显然更接近于"敏锐的知觉、崭新的创意与适时的忠告"这一源初含义。在进入 21 世纪之后，赫斯蒙德夫的《文化产业》一书直接将文化产业界定为"与社会意义的生产最直接相关的机构"，产业概念明确指向了工业生产部门。因此，"产业"一词的两种含义——"勤勉之特质"与"工业主义制度"——实际上并存于文化产业理论界。

2. 产业作为勤勉之特质

毋庸置疑，产业的源初含义是符号创作者应当具备的一种基本素养（敏锐的知觉、崭新的创意与适时的忠告），也可以说是文化产业区别于传统工业的一种基本特性。文化产业研究者虽然未必采用创意产业那样的称谓，但无不重视创意在产业实践中的地位，甚至有人将创意规定为文化产业的本质，只有以敏锐的知觉提供崭新的创意，才能持续不断地吸引消费者的眼球。就美国而言，好莱坞自 20 世纪 20 年代起实施的"制作—发行—放映"的垂直整合与 30 年代起实施的制片厂制度，严格而言与工业主义的"机械式的生产"差别巨大，毋宁说是融合了"勤勉之特质"与"工业主义制度"的生产方式。就中国而言，如果仅仅按照源初含义的解释，我们就很难否定文化产业现象在古代中国社会的存在，至少无法否定雕版印刷和广告幌子是古代中国人所拥有的一种"敏锐的知觉"；20世纪的中国电影虽然在生产与发行的各个阶段有别于好莱坞机制，但贯穿其中的是"用心的栽种"而非"天然的成长"，中国电影人在20世纪以勤勉的工作机制取得了系统的努力成果。

就此而言，文化产业现象在中国并不是21世纪的产物，而是贯穿于整个20世纪。1905年12月28日，第一部由中国人拍摄的电影《定军山》在北京上映，与卢米埃兄弟1895年12月28日在巴黎大咖啡馆放映《水浇园丁》相隔仅十年。我们无法判定该片导演任庆泰是否刻意选择了这一日期，但从电影展示的主题以及起用著名京剧老生谭鑫培（1847—1917）参与表演来看，中国电影从诞生那一刻起，就着眼于艺术化的追求了。此后，经过20多年的发展，中国境内出现了100多家电影制作公司、30多家电影发行公司，至1930年，全国已有电影院233座。

1949年后，电影与各种传播媒体成为文化事业的一部分，谢晋在1965年导演的《舞台姐妹》被美国同行评价为"具有一种好莱坞的品质"，表现出一种"把娱乐性、高制作水准、多样的题材以及意识形态教育等结合起来的创作意图"。20世纪80年代，尽管当时的电影创作手段和发行机制不能与好莱坞相提并论，但电影已然成为普通中国人最重要的娱乐形式之一。上海电影制片厂摄制的风光抒情故事片《庐山恋》在中国电影史上有着独特的地位，片中女主角的洋装很快引领了那个时代的青春时尚；戏曲电影《白蛇传》发行了500多个拷贝，观影人次高达7亿之多。这一时期的第五代导演已经摒弃了类型化的人物表现方式，采用"更复杂的叙事、暧昧的象征和生动而富于启发性的影像"，张艺谋"以华丽的风格对女性的情欲和所受压迫"进行的探索，让中国影片走进西方艺术影院；90年代崭露头角的第六代导演更多地成为追求自己的电影观念的独立导演，将关注的焦点转向年轻人和社会问题。因此，尽管当时的中国电影并非"以创造利润为核心"，但电影界的符号创作者在影片创作和生产过程中都保持了"敏锐的知觉、崭新的创意与适时的忠告"① 的特质。

在电影之外，随着盒式录音带、录像带、录音机和录像机的大量涌入，国内出现了专业的音像制品出版社，以音像业为代表的大众文化消费在80年代已经遍布各大城市。1979年，上海出现了第一条国内企业电视广告（参桂补酒）和第一条外国企业广告（雷达表）；1984年，上海出现第一家营业性卡拉OK歌厅，建立了最早的文化演出公司；1986年，崔健的摇滚乐风靡大江南北；1989年，深圳湾建立了中国最早的文化主题公园；90年代，中央电视台开办《正大综艺》节目，电视剧《渴望》《编辑部的故事》成为这个年代标志性的文化事件②。至此，中国人的文化生活已经朝着美国式的大众文化转向，无论是电影、电视、广播还是杂志等，都开始吸收和运用西方的创作理念和生产方式了。诚然，相对同期西方社会的大众文化而言，国内的文化产品和文化生活依然贫瘠，尤其在题材、娱乐性和叙事方式上还远远逊色于西方文化产品。不过，如果仅从"产业"一词的源初含义来理解，中国文化产业不仅始终在场，而且通过自己的勤勉、智慧与信念取得了不俗的成就，丰富了那个时代中国人的精神世界。诚然，那个年代的大多数符号创作者还没有将文化产品当成一种商品对象来看待，至少还没有把商业利润凌驾于文化价值与艺术追求之上；政府还没有将文化产品的生产和传播纳入国民经济的工业部门，还没有意识到"快乐"或"消遣"也是商品。

因此，当文化产业在20世纪末作为一个术语进入中国人的视野时，人们将其称为新兴产业，并不在于这是一个新鲜的名词，而是已经在第二层含义上理解产业了。于是，在工业主义指引下，对人类的"关心和照料"必然朝着对资本的"关心和照料"转变，通过生产快乐、提供娱乐、消解八小时工作带来的身心疲乏以获取丰厚利润，就成为

---

① 以上引文参见大卫·波德维尔、克里斯汀·汤普森：《世界电影史》（第二版），范倍译，北京：北京大学出版社，2014年，第333、525、854—855页。
② 尹继佐：《2000年：上海文化发展蓝皮书》，上海：上海社会科学院出版社，2000年，第87、92、105—107、111页；文化部文化科技司武汉大学国家文化创新研究中心：《中国文化创新报告（2011）》，北京：社会科学文献出版社，2011年，第112页。

文化产业诸样式的共同目标。消解工作带来的疲乏，意味着"八小时之内交给工厂，八小时之外交给媒体"，而能够让大众心甘情愿地将"八小时之外"的时间奉献出去的产品就是"快乐"。因此，即便在现代设计领域，快乐或消遣同样是不可或缺的元素，设计师也要通过改良消费品的外观来满足现代人日益精微的享受性需求；就电子或网络游戏而言，好玩必定是设计的前提。能够满足此类需求的产品，其创作和生产就更加离不开敏锐的知觉与崭新的创意了。但是，如果没有一套以现代技术为基础的工业主义生产制度，文化产品就很难达到赏心悦目的效果，也难以实现大批量的复制和大众化的传播。

3. 产业作为工业主义制度

产业的第二层含义是工业主义机制，一种"立基于系统性的、机械式的"生产方式，一种以营利为目的、奠基于现代技术的同类属性的经济活动的集合或系统。据此，文化产业应符合如下特征：现代技术的应用以及由此带来的工业化、系统化、标准化和劳动分工精细化的机械复制生产方式。按此标准，文化产业只能是在进入现代社会之后、建立于现代技术基础之上的一种经济形态，电影则是这一经济形态的典型代表，现代技术应用、标准化复制和系统化营运在电影工业中都得到了充分呈现。

电影诞生的过程及最初用途与艺术并无关联，而是一种纯粹的技术创新应用。从 1824 年彼得·马克·罗格特（Peter Mark Roget, 1779—1869）提出视觉暂留现象起，经历了长达 70 年的技术累积，电影最终成为用于吸引眼球的娱乐样式。1832 年，受视觉暂留现象启发，比利时物理学家约瑟夫·普拉托（Joseph Antoine Ferdinand Plateau, 1801—1883）和奥地利几何学家西蒙·史坦弗（Simon Stampfer, 1790—1864）各自发明了一种被称为费纳奇镜的简易动画装置[①]，这种

---

① 中国宋代出现的"马骑灯"所展示的"马骑人物，旋转如飞"的效果与此原理相同。不同的是，"马骑灯"通过热气流令轮轴自动旋转。

被中国人称为"西洋镜"的装置成为电影的雏形。然而，那个时候要获得一张静态图片需要长达 8 小时的曝光时间，瞬间曝光技术直至 1878 年才得到解决。1889 年，乔治·伊斯曼（George Eastman，1854—1923）发明了赛璐珞胶片，被应用到拍摄和放映装置中，使得较长序列的影像拍摄和放映得以实现。最后又借鉴缝纫机的间歇运动机构原理，电影所需的基础技术条件才算齐备。同年，爱迪生（Thomas Alva Edison，1847—1931）的助手迪克森（Villiam Kennedy Laurie Dickson，1860—1935）将伊斯曼胶片切成一英寸（约 35 毫米）宽的带子，并在每一格胶片的两边各钻四个齿孔，以便齿轮将胶片拖过摄影机和活动电影放映机，然后在新泽西建立了小型摄影棚，第一家活动电影放映室于 1894 年在纽约开张。不过，迪克森当时还没想到把电影投射到银幕上，每一台放映机只能供单人观看。

因此，电影诞生过程的每一个环节都是技术进步的成果，而 20 世纪出现的文化产业——诸如广播、电视、音像制品和网络信息服务等，都与电影一样经历了类似的技术积累和应用创新过程。对无线电广播产生决定性作用的技术是 1904 年发明的二极管（单向或整流作用）和 1906 年发明的三极管（开关或放大作用）。1906 年，德国德律风根公司实验无线电电话成功；1907 年，德弗雷斯特（Lee deForest，1873—1961）在纽约进行了音乐和语言的无线电实验广播；1918 年，发明了超外差电路，可防止两个频率相近的信号在接收机中发生干扰；1920 年，美国匹兹堡市私人经营的 KDKA 广播电台取得政府发放的营业执照，成为全球第一家正式广播的私营商业广播电台。

电视的诞生始于 1897 年德国物理学家卡尔·费迪南德·布劳恩（Karl Ferdinand Braun，1850—1918）制造的第一个阴极射线管示波器；1923 年，俄裔美国科学家兹沃里金（Vladimir Kosma Zworykin，1889—1982）首次采用全面性的电子电视发收系统，成为现代电视技术的先驱；1928 年，美国纽约 31 家广播电台进行了世界上第一次电视广播试验；1929 年，美国科学家伊夫斯（Herbert E. Ives，1882—1953）在纽约和华盛顿之间播送 50 行的彩色电视图像，发明了彩色电视机；1939 年，美国开始播出固定的电视节目，人类生活从此与电视

第二章 文本生产：周围世界的变迁

产生了深刻而紧密的联系。20世纪的技术创新速度远超19世纪，美国以及欧洲的文化产业在新技术（包括电子通信、机械加工工艺、半导体材料、计算机软件与硬件、图像识别与处理等）的推动下走入全新的发展阶段。

在电影诞生的最初十年中，美国在经济上还不是全球最重要的国家，电影公司只能专注于国内市场，好莱坞直到20世纪10年代才逐渐成为美国重要的电影制片中心。第一次世界大战给欧洲尤其是法国电影带来毁灭性的打击，为好莱坞的电影工作室或企业带来海外市场的发展机遇。待战争结束之时，欧洲人发现自己的电影已经无法与好莱坞抗衡。不过，此时的人们并没有把电影当成一种艺术形式来看待，电影只是一种新鲜的技术应用，一种有趣的娱乐方式，一种可以赚钱的服务行业。

在被称为"美国新时代"的20世纪20年代，从欧洲战场上回到家乡的美国年轻人已经拥有了一种新的生活态度，电影、无线电广播与汽车等已经成为新的消费需求，各种艺术潮流（如立体主义、未来主义、俄耳甫斯主义、达达主义、表现主义、超现实主义等）蜂拥而起，尤其是爵士乐伴随私人广播电台在各地的开播而获得广泛的受众，这一"新时代"也被称为"历史上最为多彩的时代"。美国的艺术家们敏锐地感知到电影这一新媒介对艺术表现和思想传播的价值，迅速占领了这一全新的宣泄阵地。从此，普通的美国人和欧洲人对科技的进步和崭新的生活方式流水朝宗，"炫耀性消费"① 很快成为时代潮流，无线电广播则成为商品推销的主要阵地。

正是从无线电广播开始，文化产业的发展模式发生了转向，文化企业从传统的内容生产型开始转向传播媒介型，经营模式从销售娱乐信息产品转向销售商品信息广告。无线电广播和大众报纸的营利收入不再单一地来自内容产品的销售，而是主要来自广告位或广告时段的

---

① 炫耀性消费（conspicuous consumption）是美国经济学家凡勃仑（Thorstein B. Veblen，1857—1929）在其代表作《有闲阶级论》（1899）中提出的消费理念。炫耀性消费的特征表现在两个方面：一是纯粹的消费；二是消费的心理依附性。这一理念在提出之初广受批评，但在20世纪80年代之后广受关注和重视。

销售，直接导致"快乐"或"消遣"成了为吸引广告客户眼球而使用的手段。第二次世界大战后，随着电视的普及、流行音乐的兴起、音像制品的泛滥和互联网的诞生，版权成为一个被广泛关注的重要概念，这一概念的兴起就源自文本的可复制性特征，文化产业的生产方式已经演变为一种大规模的、标准化的、系统化的乃至廉价的文本复制方式，技术的进步让盗版现象成为一个全球性的社会问题，让美国文化企业的垄断地位和经济收益遭受严重威胁，文化产业因此在美国又被称为版权产业。在这一过程中，通过版权制度的建立，文本的生产变成了可以被拥有版权的企业垄断的机械复制生产方式，美国文化产业的全球霸主地位因这一制度的建立得以确立。这一发展过程虽然遭到阿多诺们的尖锐批判，但文本生产的工业化、标准化和系统化的生产体系得到了完善和巩固，大众文化与商业文化成功融合，最终变身为全球性流行文化，成为大众消费的自觉选择，文化产业的合法性因信息接受者的普遍接受而获得确立。

　　从好莱坞电影的发展过程可以看到，尽管文化产业生产方式奠立于现代技术基础，力图采用一套工业主义生产机制，但成长过程离不开那套独创的"制作—发行—放映"制度。就其内涵而言，这一制度实际上是将"勤勉之特质"与"工业主义制度"两层含义有机地融合在一起。换言之，文化产业中的"产业"其实是其两层含义的叠加和融合，既保存了原始的"勤勉之特质"，是利用"敏锐的知觉、崭新的创意与适时的忠告"获取财富的事业；又采纳了机械复制的生产方式、现代社会的工业主义制度，充分利用了"有组织的机械生产"和"一系列的技术发明"，实现了产品的大规模复制和广泛传播。因此，文化产业是"勤勉+技术"的产物，是作为生活方式的"文化"与产生于现代社会的"技术"相融合的结果。只不过这里的"勤勉"不仅包括敏锐、知觉、创意、忠告、创新等各种创造力因素，也包含哲学、艺术、社会学或人类学的文化概念，更多地体现了感性的成分；这里的"技术"已经不是古希腊的"技艺"，而是包括资本主义的生产、组织和管理制度等在内的现代技术，可以看作理性的成分。质言之，产业的第一层含义使得文化产业区别于一般物质生产形态的工业经济；产业的第二层含义使得文化产业区别于手工作坊式的文化用品生产。

4. 西方文化产业的起点

在电影、广播、电视和音像制品等文本样式繁荣昌盛的同时，以图书、报纸、杂志为主体的纸质出版业也在技术进步与市场需求的双重推动下进入发展的巅峰阶段。以美国为例，1901年年度出版图书不过8000种，到1972年已达3.8万种，1987年超过了5.6万种；2005年仅图书一项的销售额就高达242.6亿美元。美国出版的期刊种类在20世纪80年代达到4400种，诸如《时代》《新闻周刊》《生活》《读者文摘》《幸福》《麦考尔》《好家政》《全国地理杂志》等在宣扬美国生活方式方面发挥了重要作用，创刊于1922年的《读者文摘》（*Reader's Digest*）① 的发行量在其黄金时代达到1700万份。美国的日报总发行量在1984年创造了历史最高纪录63340万份，杂志总发行量在2000年达到历史最高纪录3.79亿份。作为纸质媒介的图书、杂志和报纸并不是20世纪的产物，在电影诞生之前的几百年中，它们一直是西方社会普通民众获取信息、认识世界的主要媒介。因此，电影、广播和电视的诞生过程远未触及文化产业现象生成的源头。

从信息传播的角度看来，电影以及后来的广播、电视、网络和移动智能终端都可视为纸质媒介的延伸，其文本所传播的信息实际上并未跳出以文字和图像为符号主体的样式框架。只是新的技术应用带来了信息媒介的迭代，声音、色彩和运动等元素的加入增加了信息符号类型的复杂性，导致文本样式日益丰富，被传播的信息量急遽膨胀。时至今日，我们依然能在文化产业诸样式中找到电影诞生前各类文化产品的旧影陈迹。譬如，从动漫游戏可以回溯到早期纸质印刷的漫画书或连环画，从平面设计可以追溯到早期书籍中的花体字母设计和花样插图设计，而Twitter之140个字符的字数限制是对旧时电报报文的

---

① 美国的《读者文摘》杂志创办于1922年，在20世纪70年代进入其发展的黄金时代，但在2005年后呈现连年亏损的态势，2009年8月向法院申请破产保护。

一种文化记忆,Facebook群组、QQ群或微信群等社交应用都是对往日欧洲上流社会客厅沙龙文化或咖啡店文化的摹仿,BBS论坛或新浪微博等样式则是古代广场演讲文化的一种再现,抖音平台相当于将旧时上海的"大世界"搬到移动智能终端,各种网络自媒体让每一位沉浸其中的现代人成就了儿时的"记者梦"……

因此,当代文化产业的文本样式看似种类繁多,目不暇接,实际上不过是传统文化生活方式或纸质印刷产品的一连串技术升级或样式迭代。无论从机械复制的特征概念出发,还是作为勤勉努力的成果,抑或"立基于系统性的、机械式的生产"的产业定义,我们不难发现,以报纸、杂志和各类纸质印刷品为主体的文化产业在电影诞生之前已经存在了数百年,而其起点可追溯到古登堡采用金属活字印刷《圣经》文本这一历史事件的发生。

古登堡的金属活字印刷术并不是简单地以金属活字替代宋代毕昇(约970—1051)的胶泥活字,而是对印刷工艺各个环节进行了系统性改进,形成了包括铸字盒、冲压字模、铸字用铅锡合金、印刷机、印刷油墨、印刷用纸以及生产工艺等在内的一整套印刷技术与工艺。正是因为发明了一种适于制造活字的铅锡合金和能够方便倒出活字字模的铸模,从而实现了字模的标准化制作和可重复性使用,为此后欧洲各地的图书出版业的标准化、机械化、系统化的生产方式奠定了基础;又因发明了能够快速干燥的印刷油墨以及一种利用旋转加压原理的印刷机,从而提高了印刷的质量和效率;由于采用了排版工、校对工、印刷工、装订工的劳动分工制度,让印刷业改变了传统的手工作坊生产方式,实现了工人从"利用工具"到"服侍机器"的转型。刘易斯·芒福德(Lewis Mumford,1895—1990)在《技术与文明》(1934)一书中描述了当时的情形:"在15世纪末期,纽伦堡的一家大型印刷厂就有多达24台印刷机,雇佣了上百名工人,有排字工、印刷工、校对人员和装订工"[①]。

[①] 刘易斯·芒福德:《技术与文明》,陈允明、王克仁、李华山译,北京:中国建筑工业出版社,2009年,第124页。

第二章 文本生产：周围世界的变迁

因此，古登堡的贡献不仅在于纸质印刷技术的改善，更重要的是结束了由个体工匠控制整个生产过程的历史，建立了现代社会的劳动分工制度——生产过程的精细化分工——这一鲜明的资本主义生产方式。就规模而言，到 1500 年，当时的欧洲人口总数不过几千万，但采用古登堡印刷技术和劳动分工生产方式的上千家印刷厂已经分布数百个欧洲城市，印刷的书籍已经超过上千万册，内容包括法律、农业、政治、勘探、冶金、植物学、语言学、小儿科、行为礼仪等各个领域，也包括通俗类文学、游记、色情、怪异等各种体裁的大众出版物。从此，以前普通欧洲人无法获取的各种信息因印刷技术的普及而得到了广泛传播[①]。

金属活字印刷术的应用和普及，导致在欧洲社会传播的信息量远远超过古代人的口头传播或手工抄写的书籍传播，彻底改变了欧洲社会的文化生态。20 世纪 90 年代初，当有人宣称计算机已经将人类带入信息时代时，美国著名媒体文化研究者和批评家尼尔·波兹曼（Neil Postman，1931—2003）[②] 认为这是一种误解，在他看来，"实际上，早在 16 世纪初期，印刷术就已经开启了信息时代"[③]。到 17 世纪，欧洲诞生了现代意义上的报纸。根据大英百科全书的记载，最早出现的欧洲报纸有荷兰的《新闻报》（*Nieuwe Tijdinghen*，1609 年）、德国的《通告报》（*Relationoder Zeitung*，1609 年）、英国的《每周新闻》（*Weekly News*，1621 年）以及法国的《报纸》（*La Gazette*，1631 年）等。

这一信息时代的开启不仅带来了科学与文艺革命，而且揭开了现代欧洲历史的序幕。正是信息与知识的广泛传播，带动了思想的解放和世界的改变，导致欧洲的宗教、哲学和自然科学等领域在 16、17 世纪发生了一系列改变欧洲文化、人类思想和社会发展进程的重大事件。

---

① 郑寅达：《德国史》，北京：人民出版社，2014 年，第 88—89 页。
② 尼尔·波兹曼的代表作品有《童年的消逝》（1982）、《娱乐至死》（1985）、《技术垄断》（1992），被称为"媒介批评三部曲"。
③ 尼尔·波兹曼：《技术垄断：文明向技术投降》，蔡金栋、梁薇译，北京：机械工业出版社，2013 年，第 56 页。

在宗教界，马丁·路德（Matin Luther，1483—1546）在1517年贴出《九十五条论纲》揭露罗马教廷的罪恶，在1530年提出建立基督新教的主张；在科学界，哥白尼（Nikolaj Kopernik，1473—1543）在1533年提出"日心体系"，颠覆了受到教会支持的以托勒密（Claudius Ptolemy，约90—168）模型为基础的"地心体系"；在哲学界，笛卡尔因"我思故我在"而成为现代哲学之父，斯宾诺莎（Baruch de Spinoza，1632—1677）成为对《圣经》发起历史性批判的第一人，莱布尼茨（Gottfried Wilhelm Leibniz，1646—1716）把我们生活其中的世界看作"一切可能世界中最好的世界"。

古登堡的金属活字印刷机所完成的第一笔订单是180本《圣经》，至今尚有48本"古登堡圣经"存世，是西方第一部完整的印刷书籍。自那一刻起，资本的力量就开始展示其威力，而这种力量以后将伴随文化产业现象的整个过程。当第一批《圣经》文本印刷完毕，当初借钱给古登堡研究印刷技术的债主便登门讨债来了。双方对簿公堂，古登堡输掉了官司，而原告拿走了大部分机器设备①。不过，正是从《圣经》被批量印刷之日起，《圣经》在事实上成为欧洲人贩卖的对象、阅读的对象和思考的对象，文化产业之文本的对象性特征从此被确定了下来。

这一特征的确立意味着基督教的上帝进入欧洲人的表象状态而成为表象的对象，欧洲人从此之后将与一个不同的世界照面。在此之前，中世纪的欧洲人与在世界之内存在的一切存在者不是"上帝"就是上帝的"造物"，所有的受造物都处在平等的地位；在此之后，一切存在者都将成为与欧洲人的"自我"相对而立的对象，甚至基督教的上帝也成为哲学家"沉思"的对象了。于是，原本超稳定的罗马宗教统治秩序的根基发生了动摇，欧洲人不仅要成为周围世界的主人，并且要以主人的姿态去占领新世界、征服全世界。因此，古登堡完善金属活字印刷术的意义不仅在于他采用了机械化、标准化和系统化的生产方式，更在于他让《圣经》走出了教堂，走进了千家万户，让上帝的子

---

① 郑寅达：《德国史》，第89页。

民能够与上帝直接对话了。换言之，欧洲人的"怀疑的情绪"并非在17世纪的笛卡尔那里才出现的，而是从古登堡批量印刷《圣经》之日起，欧洲社会就进入了"普遍怀疑"的状态。这一文化生态的转变标志着欧洲社会由中世纪文明进入了现代文明，从古代社会跨入了现代社会。

在这一过程中，个人与上帝的关系是导致社会转型的关键因素。中世纪欧洲人通过教会组织与上帝建立联系，只能通过教堂内神父的口头解说来领会上帝的福音。然而，当《圣经》被以廉价的方式大量印刷之后，每一位普通基督徒都具备了拥有《圣经》文本的可能，都可以在自家的起居室内默默地阅读《圣经》，相当于印刷技术剥夺了神父的"媒介"作用，而把教堂搬到基督徒的起居室了。这种默默阅读的习惯在中世纪或更早年代只存在于精英阶层中的极少数人群。于是，"宗教的权威最终而且仅仅奠基在每一个基督徒的身上，他们根据各自的良心，通过个人与上帝的关系，阅读和解释《圣经》"。

随着印刷技术的普及，原本用拉丁文抄写的《圣经》很快被翻译成各种民族方言来印刷，迅速成为使用不同民族语言的基督徒可以直接理解的阅读文本，进一步解除了罗马教皇所扮演的上帝与信徒之间的中介关系，取而代之的是书籍成为信徒与上帝之间的媒介。由于这种直接的联系让信徒可以凭借书面阅读来认识上帝，宗教的多元化、宗教怀疑论的大门就此洞开，养肥了西方社会怀疑主义的土壤，导致怀疑论在此后数个世纪成为欧洲哲学的基本情调。伴随这一基本情调，欧洲文明发生了变化：各种方言版本《圣经》的推广直接摧毁了拉丁语作为文明世界唯一语言的传统地位，罗马失去了西方文明统治中心的地位，而家庭生活、世俗工作和日常生活的职责一跃成为"精神得以成长和深化的更为重要的领域"[①]，乃至曾经被认为是对宗教生活的威胁的"商业追求"也获得了平等的地位。从此，"认识现实"（追求世界的确定性）成为科学研究的绝对目的，自然科学正是在这一思想背

---

① 以上引文见理查德·塔纳斯：《西方思想史》，吴象婴、晏可佳、张广勇译，上海：上海社会科学出版社，2011年，第267、273页。

景下取得了突破性成果。

为了能够指导人类理性地发现确定性,在欧洲最著名的学校接受过严格的数学、逻辑和哲学教育的笛卡尔在其《方法谈》中制定了四条准则。其中第一条是:"决不把任何我还没有清楚地认识其为真的东西当作真的而接受下来……在我的判断中不包含别的任何东西,只包含清楚明白地呈现在我心灵之前,让我根本无从怀疑的东西。"他写道:"因为我希望彻底献身于对真理的追求,我认为对于我来说有必要对任何我可以设想有哪怕再小不过的一点理由加以怀疑的东西都当作绝对错误的而加以拒绝。"于是,怀疑一切就成为用以追求确定性的唯一有效的方法。凭借这一方法,笛卡尔发现"感官有时会误导我",所经验的每件事或许都是上帝对自己的欺骗,而只有一件事根本无法加以怀疑,这件事就是"我存在"。唯有"我存在",我才有可能产生怀疑这一精神性的活动,这就是"我思故我在"(cogito ergo sum)。这一确定性的"我存在",既不是我的身体,也不是其他物质性的东西,而只是"一个进行思维的东西";至于我的身体以及除了我的思维以外的其他任何东西,仍然是被怀疑的对象。这个进行思维的东西被笛卡尔称为"自我",因此,"自我"是"一个在怀疑、在理解、在肯定、在否定、在意愿、在拒绝,并且也在想象和感觉的东西"[①]。

由于唯有"自我"是无法怀疑的东西,"自我"之外的一切实质性的东西都变成了与作为主体的"自我"相对立的客体,成为"自我"怀疑的对象。然而,所怀疑的并不是对象的存在或非存在,而是"自我"与对象之间的关系,即人与世界的关系。换言之,"人成为那种存在者,一切存在者以其存在方式和真理方式把自身建立在这种存在者之上。人成为存在者本身的关系中心"。于是,"人在存在者中间的地位完全不同于中世纪和古代人了",现代人不仅成为宇宙的中心,而且成为作为对象的一切存在者的支配者、主宰者。然而,在中世纪欧洲,人和一切存在者都是上帝创造的,平等地接受上帝的支配和庇护;在

[①] 转引自撒穆尔·伊诺克·斯通普夫、詹姆斯·菲泽:《西方哲学史:从苏格拉底到萨特及其后》,匡宏、邓晓芒等译,北京:世界图书出版公司北京公司,2009年,第206—208页。

古希腊，一切的存在者是"涌现者和自行开启者"①，人不过是被存在者所直观的东西。现代社会与古希腊社会、中世纪社会的本质区别就在于此。因此，欧洲社会发生这一转变的分水岭就是《圣经》进入了千家万户，让个人与上帝的世界直接照面。直接照面的具体表现就是《圣经》变成了自我怀疑的对象。

因此，以哲学的角度来审视，文化产业文本之对象性特征，即文本作为一种人类"制作过程"的产物而非上帝创造的"物"，是成为主体的现代人对存在者怀疑和支配的结果。这种对存在者的支配能力或者对世界的主宰能力，究其本质是一种现代人满足其作为存在者关系中心之地位的生存方式。换言之，文本的对象性特征决定了文化产业现象只能存在于现代社会，西方文化产业的历史起点就不可能位于古代社会，也不可能位于中世纪，而只能位于完善金属活字印刷术的15世纪，于是，第一件作为文本的文化产品就是由古登堡印刷的"42行圣经"。从此，人与世界的关系开启了此在为文本建立的周围世界而操劳的进程。

文本建立的世界并不等同于文本内容，正如每一位阅读《圣经》的此在所操劳的未必是相同的上帝世界，天主教徒与新教教徒的上帝的世界未必相同。原因在于文本内容已经成为被审视、被解码的对象，阅读的过程让阅读者陷入一种与被怀疑的对象相互纠缠的境域之中，这一境域构成阅读者真正的周围世界。由于境域毕竟奠基于"白纸黑字"，阅读者根据客观存在的文本展开怀疑或接受，所以，境域并不是一个可以依据想象来随意解读的纯粹主观的世界；但同时由于文本内容往往是由想象或虚构而来，虽然文本是客观的存在，但文本的内容未必是确然的知识。因此，与其说文本建立了对象性的周围世界，毋宁说此在在与文本照面的过程中形成了某种特殊的因缘关联。质言之，尽管文本拥有对象性特征，信息接受者与文本建立的周围世界照面了，但这个周围世界依然是一个不确定的境域，而非确定性的对象。

---

① 以上引文见海德格尔：《林中路》，孙周兴译，第82、85、86页。

第三节 从纸质时代到数字时代

自15世纪后期到19世纪末,纸质文本——书籍、报纸、期刊、明信片、贺卡、商业海报等逐渐成为口语交流之外的主要信息传播媒介,书面阅读为普罗大众带来了崭新的生活方式,欧洲社会的文化生态因此发生了翻天覆地的变化。过去,人们总是在教堂内交流本地新闻、国外趣事或世俗事务;现在,人们既可以在咖啡屋内阅读杂志,也可以在家里浏览报纸。相同的信息通过报刊的传播将互不相识的陌生人连接在一起,人们可以操心的周围世界被扩大了。这是文化产业的纸质时代。

在电影、广播和电视诞生后,电子通信技术(有线的或无线的)提供了一种远距离的信息传播媒介,让信息传播不再依赖于马车、铁路和邮递员,从而大大提高了信息传播的距离、效率和数量,在更广阔的空间内扩大了信息的受众范围,为文化产业带来了蔚为壮观的电子时代。不过,在电影诞生之前,电子化的信息传递方式已经开启了,首先是在19世纪40年代出现了由电子脉冲传输信息的电报,被称为维多利亚时代的因特网;然后是19世纪70年代出现的由电流波形传输声音的电话。电报虽然占据了先发优势,但缺点是明显的,不但只能发送简短的文字,而且是单向、延时的信息传递,电话则是双向、实时的信息交流。不管怎样,电报与电话的出现改变了人们对时间和空间的传统认知。

在计算机和互联网诞生后,纸质文本与电影电视的生产技术逐步实现了数字化,大众获取信息的主要媒介逐步转移到数字电视、电脑屏幕、智能手机等终端,文化产业在21世纪进入数字时代的发展阶段。至此,无论人们身在何处,各种类型的社交媒体能够让不同语言或不同文化背景的人在同一个平台上互动交流,传输的信息不仅有文字和图片,还有声音和视频;不仅是媒体在生产信息,而且消费者也成为信息的生产者和传播者。

如果我们将纸质时代称为前文化产业时代，数字时代就属于后文化产业时代，期间的电子时代只是从纸质时代到数字时代的一个过渡期。就技术层面而言，文化产业的电子时代是从模拟信号（analog signal）走向数字信号（digital signal）、从连续信息（continuous information）走向离散信息（discrete information）的技术变革过程，是一个为数字技术应用奠基和积累的阶段，而铅字印刷在这一阶段依然是纸质文本的主要生产方式，并且纸质出版物正是在电子时代进入了鼎盛期。就消费层面而言，电子时代是一个精英文化与大众文化博弈、书面阅读与图像观赏并存的时代，精英文化依然保有一种优越感，书面阅读依然是信息发布的权威媒介。就文化生态而言，电子时代是一个从现代性走向后现代性的渐变阶段。西方学者在这一过程中对文化产业现象的思考，无论是文化工业批判、文化主义研究还是后现代消费文化理论，都是对现代性的反思，不同视角的理论观点所折射的正是文化生态变迁的过渡性特征。当这一渐变过程结束后，文化产业理论研究从人文学科转移到社会科学领域，而"不相信元叙事""破旧立新"及消费主义逐渐转变为文化产业文本创作的主流意识形态。尤其是在20世纪下半叶，文化产业文本诸样式虽然尚未实现数字化或网络化，但充斥其中的已经是"娱乐至死"。

在后文化产业时代，虽然电报、磁带、胶片、软盘、留声机、随身听、模拟手机、BP机等电子消费品消失了，但书籍、报纸、杂志、海报等印刷文本依然存在，只不过不再有铅字排版工，激光照排技术带来的生产方式的高效性和灵活性，不仅让以纸质印刷为主营业务的快印店遍布城市的各大街区，而且采用复合型经营模式的实体书店还在不断涌现。电影、广播、电视和音像制品等在数字处理技术的帮助下不断提高图像的分辨率、声音的保真度和画面的逼真度，获得了比电子时代更多的观众或听众。现代设计、流行音乐、动漫游戏等伴随数字技术的突飞猛进拥有了更好的创作工具、更多的发展机会和更快的发展速度。不过，后文化产业的样式基础、创意逻辑、生产机制等大多是过去时代文化产业样式的技术升级或更新迭代，改变的只是信息的生产数字化、传播网络化与接受终端化，由此带来的是信息符号的多样性和复杂性、信息接受方式的随时随地性，人类生活从此为"图像世界"所包围。

虽然文本信息的主流样式已经从文字符号转变为影视符号，但无论是象形文字还是拼音文字，其实都属于抽象化了的图像。因此，书面阅读与图像观赏反映在作为表象者的信息接受者表象状态的都是"图像"，根本上都是对符号化的图像信息的接收和领会。不同的是，人们为了凸显文化产业的合法性与合理性，开始标榜审美经济、幸福经济或创意经济等概念。但是，在被电子时代的图像浸染了一百年之后，21世纪的人们对审美与幸福等概念的理解已经时异事殊，幸福已经成为快乐的代名词，创意则成为创造快乐、获取利润的一门技术。

1. 审美需求与大众文化

审美经济（Aesthetic economy）是在21世纪初由德国哲学家格尔诺特·伯梅（Gernot Böhme，1937— ）提出的概念。他将审美价值看作使用价值与交换价值之外的第三种价值，将审美劳动定义为一种整体性的劳动，旨在给予人和事物、城市与土地一种光韵，资本生产的目标则从满足人的需要转向开发人的欲望。按此解释，如果文化产业属于审美经济的一部分，就应当是满足消费者审美需求的产业，文本建立的图像化的周围世界就应当是一个开发人类审美欲望的幸福的世界，人们在消费文化产品的过程中获得美或幸福的体验。就文化产业的纸质时代而言，无论是生产者还是消费者，此时关注的重点还不是审美价值，而是世界的意义。

在文化产业诞生之前，中世纪的欧洲人与世界的关系是受造物与上帝的关系，建立这种关系的中介是教堂内的神父，人们只能通过听觉接收信息，通过听取神父的解说领会上帝的世界与生存的意义。进入文化产业的纸质时代之后，人们从此可以通过纸质媒介来接收信息，经由书面文字阅读来领会世界，在一种自由、自在或自主的状态下默默接受文本建立的周围世界的指引。这种经由纸质文本所建立的世界与教堂内神父所讲述的世界必然大异其趣，对文本世界的"操劳"其实是出自对世界的好奇或对知识的渴求，而这一漫长的过程也进一步加剧了人们对世界的怀疑，促使人们对世界的意义或世界的确定性努力探索。

因此，纸质时代的文化产业还不能认为是为了满足消费者的审美需求。换言之，对现代人审美价值的启蒙并不是开始于文化产业的纸质时代，而几乎是与电子时代同步到来的。1851年，英国政府为了展示其技冠群雄、傲视全球的工业革命成果，在"水晶宫"举办了著名的万国工业博览会，在5个多月的展会期间吸引了600多万名参观者。然而，这一展会虽然充分炫耀了英国工业革命的工业成果与科技实力，却被当时的评论家和艺术家指责为"展品审美情趣水准普遍较低"，随之引发一个名为"艺术与工艺运动"（The Arts & Crafts Movement）①的反工业化组织。在这一运动的感召下，欧洲大陆掀起了一个规模更加宏大、影响范围更加广泛的"新艺术运动"（Art Nouveau），主张由艺术家从事产品设计，以实现"技术与艺术的统一"。然而，19世纪的人们对设计的理解依然停留在"手工艺与机器生产"之争或"设计目的与功能"之争的层面，真正让设计理论与美术、设计教学发生联系的是诞生在德国的公立包豪斯学校（Staatliches Bauhaus）。从包豪斯学校开始，现代设计（Design）②成为文化产业重要的基础领域，直接推动审美成为20世纪一种体量巨大的产业形态，隶属于现代主义不同流派的各种各样的设计类型分布到了全球各地。

现代设计虽然与电影、电视、广播和报纸等大众传播媒体在形式上差别甚大，却是直接服务于资本主义大工业生产体制的产物，其影响范围远远超出文化产业本身。从其发生的过程看来，现代人对现代

---

① 这一运动兴盛于1890—1910年，又译"工艺美术运动"。约翰·拉斯金提出的"艺术要与技术、生活相结合""设计应该向大自然汲取灵感"等思想为这场运动提供了理论指导，威廉·莫里斯是这场运动的主要代表人物。
② 设计的历史同人类文明史一样久远。本书中的"现代设计"不是指某种艺术风格，而是以此统称20世纪出现的工业设计、艺术设计、视觉传达设计等领域。当瓦萨里于1563年创立设计学院（Accademia del Disegno）时，其中的Disegno既包含素描之意，也包含设计之意；英国于1837年成立公立设计学院，以应对英国工业革命对设计所产生的需求，此处的Design已经意指现代意义上的设计行为。

设计的需求源自对单调、冰冷、缺乏美感的工业机器体系的一种抗拒，从而让审美成为新时代的需求。不过，现代设计的出发点虽然是功能性与审美性的完美融合（形式服从功能①），目的是要为商品"披上一件审美的外衣"以制造消费欲望，但设计的过程一定是设计者思想表达的过程。设计师不仅要理解用户的需求、期望和动机，而且要在技术和生产条件允许的前提下，利用现代材料和工业生产技术，将创作思想转化为产品的规划或产品本身。譬如，荷兰艺术和设计运动中的风格派在设计中包含清教徒的元素，反映出"荷兰传统文化中的加尔文主义"；俄罗斯构成派的设计师在一段时间内将"工作目标集中于为革命生产实际产品"；意大利未来派的实践者"把自己和激进的法西斯意识形态联系在一起"②……在20世纪60年代之后，新的设计理论逐渐融入哲学、社会学和人类学的思想，西方社会的设计师几乎都开始了对风格的社会意义的关注。因此，现代设计与大众传播媒体一样，是一种信息的生产和传播。以建筑设计为例，诚如尹定邦所言："设计师是信息发送者，大众则是信息接受者，作为建筑符号的造型正是通过空间这一渠道传播信息。"③ 然而，设计师并不等同于艺术家，因为设计并不相同于艺术。设计的目的是向大众传达确然的信息，而不是如绘画艺术家那样有着充分的自我表现的自由。为了让公众接受并领会信息所蕴含的意义，设计师必须采用公众能够理解的符号。因此，艺术家并不要求人们理解作品，而现代设计的初衷虽然在于满足审美需求，但这一"有目的的创作行为"指向的却是"制造消费欲望"。

　　随着人们对审美需求的不断提升，今天的现代设计门类不胜枚举，其服务领域已经涵盖工业、农业、服务业和日常生活的各个方面。这些门类根据尹定邦的归纳分为四种类型：（1）为了居住的设计——环境设计，其本质是生活空间设计，如城市规划设计、建筑设计、室内设

---

① 芝加哥学派建筑师路易斯·沙利文的名言是："形式服从功能，此乃定律"，"功能不变，形式也不变"。形式服从功能的观点最早由19世纪的丹克玛·阿德勒提出，沙利文将其用于建筑领域，格罗皮乌斯付诸实践。
② 尹定邦、邵宏：《设计学概论》，长沙：湖南科学技术出版社，2016年，第19页。
③ 同上书，第176页。

计、公共艺术设计等；(2)为了使用的设计——产品设计，实际上是为生活空间创造新的生活方式，如服装设计、工业设计等；(3)为了交往的设计——新媒介设计，本质上是为生活在生活空间（尤其在数字虚拟空间）中的人们提供某种新的交互方式，如网页界面、虚拟现实场景、游戏、动漫、数字特效等；(4)为了传达的设计——视觉传达设计，这是其他各种设计类型乃至文化产业所有门类的基础部门，包括字体、标志、插图、编排、广告、包装、展示以及影视等设计领域。

从这一归纳看来，现代设计所服务的居住、使用、交往和传达等领域，涵盖了日常生活世界的方方面面，而文化产业的每一领域、每一环节在21世纪都已经离不开设计了，因此，设计在事实上成为文化产业各领域的基础部门，电影、电视、报纸、图书、手机、社交媒体、短视频、网络游戏与主题公园等都离不开设计。在当代日常生活中，我们触手可及或目之所及的对象，已经无一不是设计的成果，包括道路、汽车、桌椅、咖啡壶、榨汁机、手机、食品、书籍、礼品、儿童玩具等，即便是庭院中的一棵树、一棵草、一颗石子，都经过了精心设计。后文化产业时代的设计不再是一种对产品的锦上添花，而已成为所有企业商业策划的固定议程，因而成为审美经济的核心要件。换言之，审美经济就是设计经济。

设计的初衷虽然是要满足审美需求，提供幸福体验，但设计不可能违背功能主义原则，不可能违逆资本逐利的本性，从而不可能是海德格尔所追求的那种"伟大的艺术"，因此，审美经济就不可能给予人和事物、城市与土地以光韵，而只能是一种技术化的包装，一种创造欲望的手段。由此带来的后果是，现代人已经生活在一个由设计——既不是艺术，也不是上帝——设计出来的世界之中，正是因为设计的无所不在，导致人类与自然的亲近反而变成了奢望；正是因为设计所指向的是"制造消费欲望"，我们所看到的世界图像反而失去了光韵。

因此，现代人实际上并不能从现代设计所提供的审美体验中获得切近的幸福感受，只能在大众文化（popular culture）提供的文本中寻找快乐。这里的大众文化实际上是美国文化的代名词，主要指那些通过大众媒介传播，按商品市场规律运作，旨在让普通市民接受并获得快感的日常文化形态，如通俗诗歌、连载小说、畅销书籍、流行音乐、电视剧和电影等。诚然，大众文化曾经一度被西方理论界视为群氓文化（mass culture），遭到文化精英主义者的猛烈抨击，认为它既像寄生虫一样从高雅文化体内汲取了营养，又让高雅文化失去了生命力。之所以如此，在于群氓文化有两个基本特点：一是因服务于大众群体，故拥有庞大的市场空间；二是因这一庞大的市场空间所形成的巨大需求，必然带来经济上的巨额回报。因此，大众文化就是"那些被很多人所广泛热爱与喜好的文化"。如果没有有效的技术手段，也就无法实现大批量的生产和广泛的传播，所以，在约翰·斯道雷看来，大众文化"只有在工业化和城市化的进程中才能出现"①。换言之，大众文化是在现代化进程达到一定程度之后产生的文化现象。

　　作为大众文化形态之一的流行音乐（popular music），对20世纪西方国家的社会、经济和政治等各个方面都产生了重大影响，形成了庞大的音乐会产业和唱片复制产业。阿多诺在1941年发表的《论流行音乐》一文中写道，流行音乐是标准化的音乐，听音乐是一个消极被动的过程，"不过是生活的一种贫瘠的关联物"；流行音乐是一种"社会黏合剂"，为消费者制造了一种对既有权力结构需求的"心理适应性"②……虽然在阿多诺写此评语的时候，诸如Rock（摇滚）、Rap（说唱）、Hip-Hop（嘻哈）、Disco（迪斯科）等流行音乐的种类或风格尚未出现，但上述看法已经奠定了其后文化工业批判理论的基调。在整个20世纪的西方社会，流行音乐的确扮演了非常特殊的角色，常常被理论界贴上"反抗"的标签。客观来看，对身处发达工业国家的西方大众而言，流行音乐的确是一种反抗束缚、自我彰显和情感宣泄的最有效、最健康的方式。然而，流行音乐不必然是广泛流传的音乐，毋宁说是一种在资本主义制度环境中诞生的商品音乐，是一种以营利为目的而创作的音乐形式。与文化产业诸样式一样，流行音乐之风靡全球也得益于现代技术和大众传播媒体，从唱片、磁带、CD、MP3、

---

① 约翰·斯道雷：《文化理论与大众文化导论》，常江译，第6页。
② 同上书，第82—83页。

MP4 到智能手机，从广播、电视、卡拉 OK、MTV 到音乐网站，加上多轨录音和电子音响合成技术的出现，正因为有了一系列电子和数字技术的发明创造，促成了流行音乐产业的昌盛。

　　流行音乐兴盛所伴随的正是欧洲精英主义文化走向衰落的过程，也是美国文化阔步走进欧洲、入侵全球的过程。这是一个风云变幻的时代，现代人对于现代化的生存方式不断求新求变的欲望在这一阶段被有效地转变为文化产业的发展动能。在电影诞生前，各类纸质印刷品、平面广告与工艺美术品已经成为具备一定规模的产业经济形态，电报与电话已处于实用状态。不过，对 19 世纪的普通大众而言，电报与电话还是奢侈品，一直到 20 世纪才成为服务大众、敉平空间距离的信息交流工具。21 世纪的数字消费者对电报虽已十分陌生，但还可以从 Twitter 那样的社交媒体中感觉到一些电报的影子，限制每条信息发布的字数所体现的正是电报"惜字如金"的特点。现在电报已经成为古董①，电话即将消失，移动手机更多地作为一种"傻瓜照相机"、音乐随身听、掌上游戏机、新闻浏览器或流言蜚语的"传声筒"等来使用了。在这一过程中，人们对快乐的追逐和幸福的追求日异月殊。

　　曾经被贴上大众文化或文化工业标签的文化产业在 20 世纪前期不但始终伴随着来自媒体界、艺术界和思想界的批评和怀疑，还伴随着前所未有的经济大萧条和两次世界大战。吊诡的是，巨大的经济动荡、残酷的战争风云和尖锐的文化批判并没有滞碍大众文化的发展，反而在某种程度上发挥了催化剂或刺激剂的作用，成为助力文化产业生长和发展的积极因素。到了 20 世纪 80 年代，原本持批评和怀疑立场的理论界终于接受了文化工业或大众文化的现实，改以文化产业称谓这一飞速成长的经济形态，作为阿多诺笔下的"合理化的大众控制形式"就此转变为日下公人笔下供人们"追求生活享受和幸福的经济行为"了。

　　文化产业现象是否为现代人带来了真实的幸福呢？日下公人将文

---

① 据 2015 年 7 月 7 日中国新闻网视频报道，上海市仅剩的一家电报营业厅位于延安东路 1122 号的电信大楼，仍有月均发报 10 份的电报业务，每字 0.14 元。http://www.chinanews.com/sh/shipin/2015/07-07/news582060.shtml。

化产业视作幸福经济的判断无疑过于乐观了。纵然我们不去猜度符号创作者会不会以"为受众提供幸福"为目的制作文本，至少不同的人对幸福的理解自古以来就是大相径庭的。在文化产业经历了20世纪的百年发展后，虽然文化产业的文本样式琳琅满目，人们的经济收入普遍提高，可以享用的文化娱乐项目大为增加，但现代人是否因此就比古代人更加幸福了呢？以古希腊为例，古希腊人显然无法像现代人一样享受到如此丰富多彩的文化产品，但是按照柏拉图的描述，古希腊人可以通过追求正义而获得幸福。由于"正义就是做自己分内的事和拥有属于自己的东西"[1]，因此，古希腊人只要做好了分内事就可以拥有幸福。现代人虽然拥有了比古希腊人更多的属于自己的东西，拥有了更多的物质财富和文化娱乐，而且似乎每个人都在努力做好分内的事情，为什么每个人依然处在追求幸福的路途上，且"不幸福"的感觉对很多人来说始终如影随形呢？究其原因，或许是古希腊人与现代人对幸福以及获得幸福的方式有着截然不同的理解。古希腊人满足于仰望星空，成就了其哲学和艺术的超群绝伦；现代人痴迷于征服世界，带来了科学和技术的叹为观止。

作为科学技术高速发展和工业经济高度发达的显赫成果，文化产业每天引领"被享受"和"被幸福"的人们在电影、电视、报纸、音乐、游戏、社交媒体、主题公园、夜总会以及无处不在的广告信息中川流不息，与日俱增的是一种日益增长的不确定性的感觉，一种茫然不知所措的状态，一种对未来的"惊恐"以及因此带来的各种无形压力。现代人在飞速发展的技术面前，失去了对未来的把握能力，只能以现时当下的快乐作为评价幸福的尺度，作为可以追求或奋斗的目标。因此，虽然文化产业文本建立了一个满足当下快乐的世界，但并没有带来一个确定性的未来。

自笛卡尔的时代起，现代人始终在追求世界的确定性或意义的确定性。虽然自然科学成果让我们对宇宙、对生命有了越来越多的了解，现代技术的应用让生活更加舒适、交通更加快捷、信息更加丰富，但

---

[1] 柏拉图：《柏拉图全集》（第2卷），王晓朝译，北京：人民出版社，2003年，第410页。

第二章 文本生产：周围世界的变迁

伴随着身体舒适和物质丰富的却是心灵的孤独或贫瘠，现实中的孤独与对未来的茫然成为现代人的普遍性感受。各种媒体不断传递着如冰川融化、空气污染、核电泄露、基因编辑等消息，现代人对地球未来和人类命运的不确定性的感受在移动数字时代被不断地强化着。正如审美经济的出现在于工业革命带来了审美的丧失，幸福经济概念的提出或许就源自幸福感的失落，这恰恰代表了后现代的人对文化产业的一种期盼。由于文化产业文本所建立的世界是与现代人最切近照面的周围世界，是孤独的心灵寻找温暖或慰藉最直接的通道，因此，人们必然渴望经由这一通道吸收力量，获得希望。

2. 资本力量与数字化进程

如果说古登堡对金属活字印刷术的完善象征着文化产业的历史起点，铅字排版工艺在图书出版业的彻底淘汰则标志着文化产业正式步入后文化产业时代。无论是大众传播、文化艺术、视觉设计还是娱乐休闲，基于计算机技术的数字媒介让符号创作者特别是设计师拥有了更加方便的创作手段和更加自由的创意空间，新的文本样式如雨后春笋般地茁壮成长。后文化产业时代的理论界已经彻底摒弃了弥漫在文化工业批判时期对前工业社会文化状态的眷念，开始乐观地看待文化的工业化进程，认为文化产业必将带来一个多元的、丰富的，由符号与意义所构建的幸福社会；文化产业实践界不仅完全无视文化与资本对立的理论观点，而且认为只有文化与资本的结合才能为经济和社会发展带来新的、无限的可能性。从此，文化产业延展为一种蔚为壮观的全球性经济现象。

美国的文化企业家在文化产业过渡期已经通过兼并与垄断完成了全球文化扩张的布局，"美国梦"的价值观伴随着美国文化产品不仅渗透到欧洲大陆，也弥漫到亚洲和非洲的各个角落。经过100多年的发展，好莱坞电影已经覆盖全球150个国家和地区，占有欧洲70%的院线票房；美国的电视节目每天在全球各个主要市场播出，全球销售的各类音像制品大多数来自美国公司的生产线；美国也是全球广告产业最发达的国家,全球营业额最大的十大广告公司大多数为美国企业①。伴随文化资本的全球扩张,美国的文化产业并不隐晦自己的意识形态倾向,早在东西方两大阵营冷战时期,美国为了加强文化产业的意识形态性,特别加大了政府扶持和政治干预的力度。对内方面,美国文化产业的核心策略是扶持民间文化艺术活动,促进多元文化发展,维护美国主流价值观念的地位,提倡自由经济和市场化运作,不断提升文化产品的创意和生产能力;对外方面,充分利用自由贸易政策推行符合美国国家利益的价值观念和生活方式。在这一过程中,美国文化产业的强势作为让精英文化、大众文化与商业文化等融合为一,成为广泛传播于全球的流行文化,使得原本纯粹的商业文化转变成为各地消费者的自主选择,而美国也从过去欧洲人眼中的"文化沙漠"一跃转换为令欧洲人望而生畏的文化输出强国。

在资本力量的推动下,文化产业的生产和传播手段逐步完成了从本地化、电子化到网络化、数字化的技术转型,文化产业样式不再局限于大众媒体、图书出版、电影和流行音乐等领域,诸如电子游戏、动漫、主题公园、网络信息服务、移动社交媒体等样式逐步成为文化产业的主要领域。这一转型最早开始于 20 世纪 80 年代个人计算机(Personal Computer)的兴起,首先受到影响的是摄影师、电影漫画家、广播制作人、电视编导等,然后是数字出版技术在全球的普及。在英美等发达国家,音乐产业中的乐器和录音棚逐渐让位于数字形式,从而大大减少了信号干扰,保证了更为精确的声音复制和更加逼真的音响效果;在出版领域,中国人曾经严重受困于汉字字形的复杂性,但随着汉字输入方案和汉字激光照排技术的突破,桌面排版系统大大提高了工作效率,降低了出版成本;在电子游戏领域,由于一种基于超大规模集成电路技术的微型控制器(microcontroller)的发明,各类电子视频游戏早于网络游戏之前就已风靡全球;在视觉设计领域,由于计算机图像处理和图像显示技术的突破,设计师从此摆脱了画板、画笔和颜料的束缚。在 20 世纪的最后十年,互联网技术促成了媒介、电

---

① 参熊澄宇:《世界文化产业研究》,北京:清华大学出版社,2012 年,第 61—63 页。

脑、电信等领域的深度融合，数字电视逐渐取代了模拟电视，数字电影逐渐淘汰了胶片电影。进入 21 世纪，互联网信息和移动智能终端已经成为陪伴生活与工作的亲密伴侣，直接导致无线电视退出了市场，纸质媒体出现了衰败，传统音像制品失去了用户，固定电话丧失了效用，电子消费品不断更新迭代……

在以数字化、网络化、移动化、智能化为技术特征的后文化产业时代，已经出现了诸如 3D 电影、高清电视、数字动漫、网络游戏、网络社交、移动视频、视频直播、智能音箱等难以穷尽的文化产业新样式，还有基于移动互联网、云存储、数据挖掘、虚拟现实和增强现实等技术的不胜枚举的以移动为特征的各类新媒介，而随着 3D 打印、物联网、机器人、区块链、人工智能、量子技术、生命技术以及新一代通信技术的发展，分布在全球各地的不计其数的企业家、工程师、艺术家、设计师和创业者等，每天都会创造发明新的技术、新的应用、新的媒介、新的文本样式、新的商业模式……更多种类的信息符号、更加巨大的存储容量、不断提升的通信速度、花样百出的功能应用，每天都在涌现或发生，人类的周围世界伴随着全面的数字化、图像化与智能化的进程，进入了前所未有的变动不居状态。

以创建于 2012 年的"今日头条"① 为例。这一 APP 的用户数在上线仅仅 3 个月后就突破了一千万；到 2021 年 1 月，"今日头条"的日活跃用户数超过 1.2 亿人。如此强大的用户流量自然逃不过资本的慧眼，虽然初期融资金额仅为 100 万和 1000 万美元，但 2016 年年底的融资额达到 10 亿美元，2021 年 1 月的估值达到 200 亿美元。在这一过程中，"今日头条"开始了全球布局，2017 年 2 月收购美国的短视频应用 Flipagram，同年 11 月以 10 亿美元估值并购美国音乐短视频平台 Musical.ly。2018 年 8 月，Musical.ly 的用户被全部转移到抖音的海外版 TikTok。

就产品本身而言，"今日头条"最初只是一个由软件工程师创办的、没有记者而只有工程师的移动应用产品。它结合了数据挖掘技术

---

① "今日头条"于 2012 年 8 月发布第一个版本。该产品激活用户数和日活跃用户数在 2017 年已分别超过 7 亿和 7 千万，其流量仅次于腾讯新闻客户端。

(Data mining)、人工智能技术和UGC（User Generated Content）模式，是一个为用户推荐有价值的、个性化信息的"新闻媒体"。一旦用户经由微信、微博或QQ账号注册并登陆"今日头条"，系统就会根据用户的社交行为、阅读行为、地理位置、职业、年龄等数据经由人工智能算法计算出用户的"兴趣DNA"，然后在短时间内更新用户模型，从而按照用户的兴趣推送精准需求的阅读内容，包括新闻、音乐、电影、游戏、购物等信息。"今日头条"的口号是："你关心的，才是头条。"

他们确实做到了这一点。"今日头条"的成功意味着基于UGC模式的网络文化生活已经成为后文化产业时代的市场主体，这与文化产业纸质时代形成了鲜明对照。信息的接受者成为信息的生产者和传播者，可以通过智能终端随时发布评论、写作小说、创作音乐、分享照片、传播视频、投放广告……符号创作者与信息接受者的身份界限模糊了。UGC模式的一个经典应用是Wiki①，是一种多人协作的写作系统，用户可以直接在网页浏览器上完成浏览、创建和更改等操作。基于这一技术创建的"维基百科"网站已经成为由全球网友共同参与编写、自由开放的在线百科全书。UGC也直接影响到电影、电视和广播行业的发展，符号创作者可以随时根据观众的喜好和关注的热点来调整剧本元素、人物设置、情节设定和结局走向等，从而让用户的创意热情、表达欲望和心理诉求等可以在电影或电视的剧情中得到展示。至此，传统文化产业的"生产—传播—接受"结构形式不再是一种单向的信息流动了，而已成为一种双向、闭环、复合的结构，只是信息的生产、传播、接受三个环节的基本功能并没有发生改变。

无论是文化借助于资本力量的全球化扩张，还是信息通过UGC模式的逆向流动，都以新技术发明及其创新应用为基础。数字媒介不仅导致信息的生产、存储和传播方式发生根本性的改变，而且信息的表现形式更加丰富。然而，现代技术的作用从来不是只有作为信息媒介一种功能而已，这一点终于在后文化产业时代由隐而显了。诚如"今日头条"所做的那样，当技术拥有了感觉、智能、意识或自学习能力，

---

① 维基（Wiki）一词源于夏威夷语的"wee kee wee kee"，原本是"快点快点"的意思。

第二章　文本生产：周围世界的变迁　　　　　　　　　　　　　　　　　93

就不再必然作为一种接受人类理性支配的工具。我们从"今日头条"所看到的信息，实际上既不是媒体经营者主动推送的消息，也不是信息接受者主动搜索的结果，而是经过人工智能算法挑选的"兴趣"，是"机器"的推送。尽管选择的规则取决于工程师的"理性"设置，选择的依据来自接受者的偏好和习惯，但受众不曾关注过的消息类型从此就失之交臂了。

换言之，与我们切近照面的周围世界已经变成一个由某种计算方法或人工智能技术订置或摆置（stellen）的世界了，一个经由机器的程序操控或智能过滤的世界了。作为受个体有限性和技术有限性双重制约的信息接受者，已经生活在一个由现代技术规制的狭小的空间内了。虽然资本的力量与数字化进程在理论上为周围世界提供了无限的可能性，但此在的周围世界不再是一个"自然而然"的世界，表面看来是一个符号创作者"自以为是"的世界，实际上是一个由资本推动、技术订置的世界了。

3. 广告性与粉丝经济

在这个技术订置的世界，虽然信息已经俯拾皆是，但受个体有限性制约的接受者能够切近照面的文本却是有限的，文化企业经营者为了实现利润的最大化，必然要操劳于对文本的拥趸或粉丝的吸引。由于视觉是人类最基本、最重要的感觉器官，因此，书面阅读与图像观赏必然是最基本的信息接受方式，获取消费者青睐最直接有效的路径就是对"眼球"的吸引。电影、电视诞生以来的文化产业实践表明，吸引眼球最有效的方式就是订造（bestellen）快感，因此，美国人一直以来将文化产业称为娱乐产业，20世纪以来的文化产业可以说就是一个创造快乐的服务行业。譬如，迪士尼正是以"创造快乐"为宗旨，从而成长为全球最具影响力的跨国文化企业；抖音[①]让年轻人在一个短

[①] 抖音（TikTok）是一款音乐创意短视频社交软件，2016年9月上线。用户可以通过这款软件选择歌曲，拍摄音乐短视频，形成自己的作品。

视频社交平台上无拘无束地表现自我，体验到前所未有的快乐——抖音将这种快乐称为"美好感"——正是快乐让抖音平台在短时间内取得了日均过亿的流量。

　　受制于当时的技术条件，电子时代的信息传播只是一种单向的传输，因此，快乐主要来自经营者生产的文本内容，来自米老鼠、迪士尼乐园或《星球大战》等。质言之，快乐来自生产者的创作成果，文化产业的表现特征是一种内容产业。进入数字时代之后，随着生产技术的日新月异，不仅信息不再是一种单向传播，而且文本样式及其盈利模式在吸引粉丝的方式和能力方面都已经超越了传统。于是，后文化产业不再是传统的内容产业，毋宁说已经转型为粉丝经济（fan economy）①，抖音平台正是粉丝经济的经典之作。抖音的商业模式表明，吸引消费者的不再是经营者所生产和传播的内容，内容不再由经营者生产；也不是信息接受者再生产的意义，而是消费者创造内容的过程。不管消费者利用抖音所创作的内容（短视频）是否可以获得更广泛的流传，消费者已经在参与的过程中获得了快乐；消费者将这种快乐分享给更多的朋友，从而带来更多的粉丝参与其中并享受过程。于是，不仅"抖音给消费者带来快乐"这一口碑得到广泛的传播，而且在其中享受着过程的那些粉丝也具备了更强的黏着性，更加沉迷于这一过程。所以，抖音的经营者虽然不参与内容生产，但消费者所享受的每一分每一秒的过程被转化为获取利润的流量。因此，粉丝经济就是一种通过提升用户黏性并以口碑营销形式获取效益的商业模式。

　　虽然粉丝经济概念产生于后文化产业时代，但电子时代的广告业在事实上就是一种粉丝经济。广告的目的是吸引商品客户，其手段是通过提供快乐或快感来吸引消费者眼球。诚如阿多诺所指出的，由于文化工业对消费者的影响是通过娱乐建立起来的，所以，文化工业就是广告产业。在阿多诺写作《启蒙辩证法》的时代，诸如电视、广播、报纸等大众传播媒体本身就是广告文本的载体，并且都是以广告收入

---

① 狭义的粉丝经济指架构在粉丝与明星、偶像或行业名人等关系上的商业行为，广义的粉丝经济被宽泛地应用于文化娱乐、销售商品、提供服务等领域。

作为主要营利模式。虽然广告文本通常是一些承载了商品信息的文本，但就信息的生产与传播而言，它与新闻或娱乐节目并无分别；尽管文本消费者的目的是要了解新闻、获取快乐，但媒体经营者的目的却是发送广告。因此，将文化产业判定为广告产业可谓实至名归。

广告是一种传统的文化产业样式，相对电影、电视而言有着更加悠久的历史。早在1704年，美国的报纸《波士顿新闻信札》上已经出现了付费广告。不过，广告直到19世纪在西方社会还是被当作一种有关商品或服务的新闻，被认为是"一项严肃而理性的事业"[①]。20世纪初，无线电广播和电视尚未出现，被誉为现代广告之父的阿尔伯特·拉斯克尔（Albert Lasker，1880—1952）将广告定义为"由因果关系驱使的印刷形式的推销术"。按照《当代广告学》一书的定义，"广告（advertising）是由可识别的出资人通过各种媒介，通常是有偿的、有组织的、综合的和非人员性劝服的，进行有关产品（商品、服务和观点）的信息传播活动"[②]。因此，广告的背后必然是资本，广告的目的就是吸引眼球。在当代社会，我们每天可以遇到各式各样的广告文本：报刊广告、电视广告、路牌广告、电梯广告、户外视频、优惠券……无一不是企业或机构用来吸引顾客和潜在顾客并与之保持联系的手段。

广告的基础是存储信息的载体，这些载体通常被称为媒介，包括纸、光、电、磁、半导体、数字或其他一切可以承载信息的材质。电影银幕、电视显像管或电脑液晶屏等都是承载或传播信息的载体，所以，也是传播广告的媒介；抖音平台也是承载信息并广而告之的媒介，只不过它兼具生产、传播和接收的功能。文化产业的发展历程就是一部信息存储媒介的变迁史，广义而言也是广告的发展史。纸张因为有了印刷技术，从而可以广泛地传播文字和图像；光波（电磁波）因为有了电子技术，从而可以方便地传递文字、声音和图像；数字因为有了计算机技术，从而可以让文字、声音和图像实现海量存储和运算处理，并突破了时间和空间的束缚传播到四面八方。所以，文字、声音

[①] 尼尔·波兹曼：《娱乐至死》，章艳译，北京：中信出版社，2015年，第72—73页。
[②] 威廉·阿伦斯等：《当代广告学》，丁俊杰等译，北京：人民邮电出版社，2013年，第2页。

和图像等信息的生产、存储、传递都依托于媒介，正是媒介技术的不断进步让信息的广而告之成为可能。技术在生产环节让文字、声音和图像等信息以印刷符号、电磁波、开关状态的形式加载到媒介中，从而让信息成为可以生产、存储或复制的对象；技术在传播环节让信息通过传播媒介成为被传播或编辑的信号，从而让信息能够突破时空障碍进入流通渠道；技术在接受环节让印刷符号、电磁波、数字等信号还原为文字、声音或图像，从而让接受者获得某种意义的领会。因此，与其说媒介是信息的载体，毋宁说技术是信息的存在方式。由于文化产业现象的本真结构是信息的生产、传播和接受，技术就是文化产业的存在方式。于是，与文本建立的周围世界照面，就是与技术奠基的世界照面。换言之，尽管我们视文本的世界为文化的世界，但这一文化世界的基础是现代技术。

这个由技术奠基的世界呈现于消费者表象状态的并不是技术本身，而是承载信息的符号。这些符号——在纸质时代主要是文字或图像，在电子时代增加了声音和动态影像，在数字时代还可以增添气味、触感、动感或三维效果等——无论其形式如何，都是用来给人类感觉器官知觉的东西。譬如，当一个完全不懂中文的人面对一页写满汉字的纸张，他知觉到的是一片由横、撇、竖、捺、点等构成的笔画的集合；当一个不懂德文的人聆听德国人说话的时候，他听到的是一段抑扬顿挫的音素的集合；当某人面对一幅后现代主义的绘画作品时，映入眼帘的只是一些不明所以的线条或色块……所有这些被知觉到的东西都可以称为符号。文化产业文本就是依靠这些符号把信息传递给人类的知觉系统，而接受者能否从符号中识别出信息，能否从符号所蕴含的信息中领会到意义，不但取决于符号本身的刺激作用和意指能力，还取决于接受者对信息的领会方式和领会能力，即斯图亚特·霍尔所说的"解码能力"。换言之，符号是文化产业诸样式的基本媒介。所谓的纸质媒介、电子媒介或数字媒介之不同，只在于符号样式及其生产方式、存储方式或传播方式的不同。

在后文化产业时代，数字化的符号总是首先被打散为比特，以离散的信号方式存储和传递。当这些信号在接收端被还原为符号的时候，技术的有限性可能导致符号的失真,不论是模拟信号还是数字信号,都难以避免失真与干扰。虽然技术层面引起的符号失真所带来的影响通常不被消费者注意,数字信号处理技术已经可以将信号失真的影响控制在可以忽略不计的范围,但是,符号本身不过是所承载信息的媒介。一方面,不同文化背景的人面对相同的符号,诚如不同母语环境的人在阅读外文著作时那样,很难原汁原味地解读到符号所蕴含的本真意义;另一方面,数字化的符号在传播环节相对模拟方式更容易遭到人为地编辑或篡改。因此,尽管生产符号的目的在于传递信息或意义,但信息或意义事实上并不能通过符号的意指功能获得本真的传达,导致消费者所领会到的意义经常背离符号创作者的初衷。

以诞生于欧美国家的电视肥皂剧(soap opera)为例,这些通常以家庭生活和浪漫爱情为主要场景的电视连续剧能够长时间地霸占电视或广播的黄金时段,说明此类文本拥有广泛且稳定的受众群体。诚然,对那些被称为"沙发上的土豆"(couch potato)的肥皂剧观众而言,他们并不需要接受什么严肃或深刻的社会意义,他们想要的无非是"笑一笑、乐一乐",甚至只是为了制造一些声响背景陪伴他们消磨无聊的时光。所以,虽然批评者总是把肥皂剧作为批评的对象,指责肥皂剧的无聊拖沓、品质低劣或缺乏审美价值,但即使符号创作者在剧情中加入了严肃、深刻的意义,这种意义也会被"土豆"们自动地过滤干净。反之,如果大多数信息接受者需要的是社会意义的传达,无线电的教育广播节目或电视台的教育频道就理应拥有最多的信息接受者。然而,无论在美国、欧洲还是中国,教育节目频道都无法与肥皂剧、综艺节目相抗衡。因此,就大众文化生活而言,大多数接受者只是希望获得快感、刺激或放松,只是希望在下班后获得一些消遣,缓解一下工作带来的疲乏或压力。如果按照传播学的理论:"广告是广播的生命源泉"[1],为了吸引最大多数的广告受众,符号创作者所创作的文本就只能以制作快感、提供刺激、满足放松和缓解疲乏为旨归。于是,

---

[1] 赫伯特·席勒:《大众传播与美帝国》,刘晓红译,上海:上海译文出版社,2013年,第17页。

电影、电视和迪士尼乐园也要竭尽全力地为大众提供娱乐性、消遣性或刺激性的文本，网络社交媒体和自媒体也要为21世纪的"数字人"在虚拟世界中提供碎片化的快乐、可移动的消遣或随时随地的放松。

数字时代的社交媒体常常以极简主义风格制作一些滑稽的、荒唐的、不可思议的文本，这些文本虽然短小、直白、简单甚至无厘头，但是无数碎片化的、无厘头的文本所勾连起来的正是一出漫长的、慵懒的、永无结局的网络肥皂剧，以此满足现代人随时随地的快感和消遣需求，并且将分布在全球各地的、流动着的、处于"无聊"中的人们吸纳为粉丝，赢取巨大的网络流量。粉丝是否从文本中接受到有效信息并不重要，粉丝能否解读出符号所承载的意义也不重要，重要的是粉丝的数量和流量的大小，从而抵消与周围世界照面的信息接受者的普遍的有限性的影响。于是，生产符号的目的就变成了通过快感的传播、刺激的提供以吸引消费者眼球，后文化产业因此成为生产快感、粉丝和流量的产业，成为粉丝经济。快感与刺激被用来吸引粉丝的眼球，粉丝的数量被用来吸引广告客户，流量的大小则成为吸引资本投入的价值尺度……因此，快感才是文化产业的利润源泉，"广告性"是后文化产业时代新创意、新模式、新样式的意识形态。

从纸质时代追求世界的确定性或世界的意义，到电子时代以内容娱乐消费者的感觉器官，再到数字时代用粉丝或流量吸引资本流入，是一个从理性、感性到现实的演变过程，现代人的周围世界在这一过程中物换星移。是"意义的生产"改变了我们的周围世界，还是"快乐的提供"改变了我们的生活方式？是符号创作者所设计的审美意象改变了周围世界，让现代人在审美意象中耽于快感而沉沦堕落，还是文本的广告性所带来的信息膨胀遮蔽了人们对世界意义的领会？无论如何，文本建立的周围世界必定是此在与文本的因缘关联所形成的境域，一旦文本无处不在，这一境域就不再是此在与单一文本的照面所形成，而成为触目皆是的文本所构成的相互缠结的氛围。于是，文化产业现象在内容意义方向所经验的"什么"变成了一种纷繁复杂的因缘，一种令人目眩的五彩缤纷，形成了新的时代精神、社会风气、时髦样式、门户圈子……现代人在"眼花缭乱"中而不是在淳朴简单中获得了实际的生活经验、价值取向、审美情趣和行为习惯。

现代人是不是由于这些经验、价值、情趣或习惯，改变了看待世界的角度、方式或态度？改变了自身与世界的关系？换言之，现代人因文化产业生产的文本内容而改变了生活方式和生存状态了吗？毋庸置疑，从纸质时代到数字时代，文本所传播的信息或讲述的故事在每一个时代都是多元的、复杂的或者矛盾的。因此，改变的原因并不是文本的内容，而是文本内容所呈现的方式，即信息的媒介、文本的样式或吸引眼球的方式，导致信息的指引和接受方式彻底改变了。纸质时代主要依靠书面文字提供指引，消费者通过书面阅读接受信息；电子时代开始依靠电影、电视提供指引，消费者通过图像观赏接受信息。这种不同的指引/接受方式在现象的关联意义方向改变了现代人经验世界的方式，其中，起推动作用的因素是作为信息传播手段的媒介技术，即文化技术。与文化产业的生产技术不同，服务于传播环节的文化技术不仅为文本信息的大众传播、远距离传播、实时传播等提供了可能性，而且为此在与他人建立了一个共时、共在、共享的共同世界。正是这个由现代技术奠基的图像化了的共同世界的建立，导致现代人远离了古代社会那种自然而然的世界。

第三章

信息传播：共同世界的确立

在对距离的种种消除活动中，切近付诸阙如。切近之缺失已经使无间距的东西占据了统治地位。①

---

① 海德格尔：《物》，孙周兴译，载孙周兴选编：《海德格尔选集》下，上海：上海三联书店，1996年，第1182页。

古代社会的信息传播以口语为主，信息在狭小空间内的有限人群中传播，人们操劳于相对独立或封闭的周围世界，产生了形态各异的族群文化。进入现代社会，图书不再为少数精英所垄断，普罗大众可以通过阅读接触不同的知识，认识不同的世界；广播电视让文本瞬间传达千家万户，不同时区的人可以在同一时程看到相同的世界；互联网加速了文化全球化进程，不同的文化跨越国境相遇，经过碰撞、分化或融合形成新的文化生态，改变了此在与他人的关系。引发这一过程的力量是传播媒介的迭代，被美国作家威廉·麦克高希（William McGaughey）称为文化技术（Cultural Technologies）。按照麦克高希的描述，文化技术的不同类型（包括表意文字、音标字母、印刷技术、摄影、电报、电话、电影、收音机、电视、计算机和网络等）分别代表人类文明发展的不同形态或不同阶段，是影响人类文明进程的关键因素[①]。从印刷时代、电子时代到数字时代，文化产业现象演进的过程所对应的就是不同文化技术对现代社会的影响，信息传播主流方式因文化技术的进步而发生了转向，不但改变了人们的交往方式，也在关联意义方向改变了经验世界的方式。这种经验方式与内容或意义无关，也与接受者的文化解码能力无关，却作用于每一个人，每一位信息接受者在不知不觉中被摆置入文化技术的"集-置"中了。

第一节　文化技术的集置

1. 媒介与媒体

文化技术虽然在现代社会经历了以纸质、电子和数字媒介为代表的三个阶段，但新的文化技术并没有让旧的媒介彻底退出历史舞台，

[①] 威廉·麦克高希：《世界文明史——观察世界的新视角》，董建中、王大庆译，北京：新华出版社，2003年，第43页。

纸质媒介不仅在电子时代获得了空前发展，而且在数字时代也保持着强大的生命力，电影、电视没有被互联网淘汰，而在智能终端获得了更多的观众。换言之，文化技术的进步虽然带来了媒介革命，但不是以一种媒介替代另一种媒介，而是以媒介的多样性丰富了文本的多样性和符号的多样性，让文本的受众群体扩大到不同的年龄层或文化层。

诚如麦克卢汉所言："媒介即信息"。媒介与信息是相对的概念。譬如，如果将文字看作一种符号，这种符号的集合包含着某种信息，文字就是一种承载信息的媒介；但在日常认知中，文字本身就是供书本、报刊或网页传播的信息。书本、报刊或网页虽然属于媒介，但当被上传到云端服务器时，也成为被媒体所掌控或传播的信息。然而，媒体与媒介并不是两个相同的概念。媒体（media）通常是指为信息采集、加工、制作和传播的组织或机构，如报社、电台、电视台等；而媒介（medium）不是指组织或机构，也不只是存储或传播信息的物理性载体，还包括物质载体在内的多种不同形式，如载体、样式、方式和手段等，其功能是存储和传播信息、符号或意义。就媒介的载体而言，类型有报纸、杂志、图书、广播、电视、电影、唱片、电脑、硬盘、网页、服务器等，它们都是有形的器具；就媒介的样式而言，类型有影片、电视剧、小说、电子邮件、Facebook、Twitter、微信、抖音等，几乎都是文化产业的文本样式；就媒介的方式而言，类型有语言、文字、声音、符号、图像、视频、手势及表情等，这些常常被称为信息；就媒介的手段而言，类型有印刷、电子、数字和网络技术等，它们代表文化技术的基本特征。由此可见，作为载体、样式、方式或手段的媒介，都是奠基于技术而创造的衍生品。换言之，媒介是文化技术的产物。

媒介与媒体的概念在日常使用中经常被混淆。原因之一是，英语中的 media 既可指称媒介，也可指称媒体。譬如，mass media 指的是"大众媒体"，而麦克卢汉的著作 *Understanding Media*，其含义是"理解媒介"，"媒介即信息"在书中的表述为"The Medium is the Message"。原因之二是，媒介与媒体是可以相互转化的两个概念。譬如，微信作为一种即时通讯软件，每天生产、存储和传播大量信息，无疑是作为"样式"意义上的一种媒介；然而，微信用户的信息发布实际上与报社或电视台一样有着"信息的采集、加工、制作和传播"的流程，区别只在于发布微信的组织或机构通常是个体生产者。因此，微信在事实上是一种媒体，只是通常被称为自媒体。换言之，从信息传播的视角看来，数字时代的各类社交应用、主题公园或演艺机构等都具备采集、制作、加工和传播信息的功能，大多数的文化企业、创意工作坊、文化组织等也具备媒体的功能特征，从而都可以称为媒体。

伴随移动互联网和智能终端技术的发展，以移动社交应用软件为媒介的各类自媒体风起云涌，其传播力或影响力已经超越传统主流媒体，信息的生产和传播成为日常生活的一部分。实际上，当我们将文字、声音和图像都视为传播媒介时，已经表明人与人之间的信息交流和交往自古以来都是奠基于文化技术之上的，我们一直生活在文化技术之中，或者说一直是以技术的方式生存着，文明社会的生活方式自古以来就是技术性的。只是在进入文化产业时代之后，信息传播的大众媒介已经掌握在某些机构或组织（媒体）的手中，从而在表面上看来是媒体控制着信息传播。即便在信息互联的后文化产业时代，个人拥有的电脑或手机也不过是作为"巨机器"的全球媒体的一种显示终端，因此，意义的生产、传播、失真、解码或再生产并非仅决定于媒介，而必然地与媒体的角色紧密关联。譬如，我们虽然作为微信的使用者已经成为一个自媒体，但依然依附于电信公司所提供的网络设施、腾讯公司提供的云端数据库，我们所发布的任何信息随时有可能被阻止、被屏蔽或被删除。由此看来，所谓自媒体，只能称之为受制于公共媒体的自媒介。虽然媒体掌控着媒介，但媒体也离不开媒介。媒体控制着技术的运用，同时也受制于技术的发展水平，就媒体作为一种现代组织而言，本身也是现代技术的一种形式，就此而言，媒体其实是媒介的一种样式。于是，"理解媒介"也就是"理解媒体"，而在根本上是理解文化技术。

从纸质媒介到数字媒介，各种物质形态的信息载体、形式各异的文本样式不断累积，为现代人绘制出一幅色彩斑斓的世界图像。譬如，即便就同一位演说家的同一篇演说辞而言，通过书面演讲稿只能经验到符合逻辑或理性的一面；在无线电广播中，我们可以从声调、音高和节奏中感受到演讲者的情绪即感性的一面；在电视荧屏中，还可以通过面部表情和身体姿势感受到演讲者的言外之意。因此，同样的文本内容经由不同的媒介传播会产生不同的经验，收获不同的信息，世界因此而多姿多彩，意义因此而变幻莫测。现在，虽然古登堡使用的铅字字模已经被淘汰，但数字印刷的纸质图书并没有消亡；虽然电报、电话已经离我们远去，但移动智能终端已经成为人类中枢神经的延伸；现代技术的研究者、崇拜者们依然在锲而不舍地拓展着文化技术的边界，通信技术、云技术、大数据、虚拟现实、材料技术乃至生命技术等都在以前所未有的速度不断地丰富着信息传播媒介的材质、样式或方式。虽然难以揣度未来媒介将会带来一个怎样的世界，但新的文化技术必然如纸质、电子和数字媒介一样，形成容量更大、速度更高、联系更广的经验模式，人类将在一种更加技术化的境域中与世界和他人建立起深度关联，从而更加深刻地改变此在与他人的关系。

回到文化产业发生的源头，古登堡对金属活字、印刷术的完善为后来的文化技术提供了一个示范摹本，人类从此将更多地依赖于工具建立与他人的联系，其主要特征是开创了标准化的先河。无论是印刷用纸还是金属活字，都是标准化了的、可以相互置换的东西，而以民族语言出版的书籍也让当时欧洲各地的地方方言获得了规范和统一。换言之，媒介演变在不断地推动着信息传播的标准化进程。有了这种标准化的信息传播媒介，特别是有了标准化的文字符号、书面语言及其语法结构，才让标准化的生产方式（现代化的机械复制）成为现实，使生产与传播的劳动分工成为可能，信息传播才可以在一个更广阔的范围发挥广而告之的效用。

在《圣经》走出教堂成为普通人可以阅读和思考的对象之前，基督徒们由于没有书籍这一标准化的"工具"，而只能在教堂内听取神父的解释来领会上帝的福音，所以，领会到的意义是未经标准化的信息；现在，信徒们可以根据《圣经》文本来独立思考文字所传递的意涵，于是，每一位阅读者都可以成为自己的牧师，书籍成了标准化的布道坛。这一情形意味着一种新的因缘关系出现了，信徒与上帝的关系因标准化工具的利用而进入一种全新的境域，信徒与信徒的关系因各自独立面对文本而成为独立自主的个体之间的关系。正因如此，印刷术在马丁·路德那里获得了高度评价，称其为"上帝至高无上的恩典、福音事业勇往直前的推手"①。在1517到1520年间，欧洲的出版界印刷了大量简单虔诚的图书、传单、布告、小册子或大型海报来宣扬新的宗教理念，马丁·路德不仅将《圣经》翻译成德语，而且写了30多本小册子，印数超过30万册，被认为印刷史上的第一位畅销作家。

在金属活字印刷术出现之前，西方书籍几乎全部依靠修道院的僧侣一字一句地手工抄写，一本羊皮纸《圣经》大约消耗300张羊皮②，因此，书籍所需的材料成本和人工成本相当昂贵，知识的传播只能为少数贵族或僧侣阶层所垄断。印刷技术标准化的建立大大降低了生产成本，也改变了信息传播的垄断局面。到美国独立战争时期，托马斯·潘恩（Thomas Paine，1737—1809）在1776年出版的小册子《常识》，在不到两个月的时间内销售十万册，所传播的当然是潘恩个人信仰的政治理念③。须知当时的全美人口只有三百万左右，按现在的人口比例折算相当于一千万册的市场销量。这一信息接受群体对活字印刷术诞生之前的欧洲社会是无法想象的，即使在全球互联网时代也是令人惊诧的，因此，《常识》一书在传播效果上已经超越了数字时代的社交媒体。活字印刷技术本身所携带的标准化特征，使得分布在不同空间、生活在不同时代的信息接受者能够阅读相同的书籍或报刊，获得相同的信息指引，从而为生活在16—19世纪的欧洲人或美国人描绘了一幅标准化的世界图像。在这一层面上，纸质媒介在那个时代已经成为麦克卢汉所言"人的延伸"。问题在于，这一延伸呈现在欧洲人或美国人表象状态中的共同世界图像是一个真实的世界吗？无疑，《常识》所传递的"人人平等"理念在当时的北美殖民地并不是现实，且不说

---

① 尼尔·波茨曼：《技术垄断：文明向技术投降》，蔡金栋、梁薇译，北京：机械工业出版社，2013年，第12页。
② 转引自尹定邦、邵宏：《设计学概论》（全新版），长沙：湖南科学技术出版社，2016年，第86页。
③ 尼尔·波兹曼：《娱乐至死》，章艳译，北京：中信出版社，2015年，第40页。

第三章　信息传播：共同世界的确立

当时的美国还只是一个想象中的政治实体，即使在现在的美利坚合众国这也不是现实，因此，从来不是一个真实的世界，而始终只是一个理想，一个超感性的世界。然而，《常识》的大量发行标准化了北美人的思想，从而为美国的独立战争建立了合法性论述，为处于迟疑不决状态的北美人找到了精神依归，指明了斗争方向。乔治·华盛顿（George Washington，1732—1799）在写于 1776 年 4 月的一封信中写道：“从来自弗吉利亚的一些私人函件中，我近来发现《常识》已使许多人的心中发生巨大的变化。”① 这一变化源自文本建立的世界，源自标准化的威力，本质上是文化技术所释放的能量。华盛顿将这一能量称为"燃遍了北美殖民地的一团野火"。这团野火的火种虽然属于思想，但能够燃遍北美大地，依靠的是印刷技术以及当时的报纸对《常识》的大量宣传和转载。

技术在这里依然是一种工具或手段，或者说是思想的媒介，影响的是观念或理想。但是，媒介的作用不会停留于工具层面，不同媒介所蕴含的不同技术特征将直接作用于信息接受者的思维方式，为信息接受者培育出一种与技术特征相适应的思维逻辑或习惯。这是共同世界之共同性的关键所在。如果比较一下印刷技术所带来的书面阅读的习惯与印刷技术诞生之前那种口头言说的习惯，比较一下在两种信息接受方式中的社会文化生态所发生的变化，不难发现：正是信息媒介的种类和性质的变迁，导致人类思维方式的革命性转型。

从口头语言到书面语言，从古代语言到现代语言，以及从中国文字与西方文字的不同发展模式中，我们看到：正是不同的语言习惯和书面文字阅读形成了不同民族、地域和时代的人们的思维方式的不同。譬如，现代学术界往往将欧洲 16—17 世纪现代科学的形成归功于古希腊毕达哥拉斯（Pythagoras，约 570 B.C.—约 490 B.C.）的"指针"，认为由于其将"数"规定为万物的根本，从而确立了以数学模式认识自然的一个视点或方法。中国古代的天文、术数学在中国古代学术中

---

① 乔治·华盛顿：《华盛顿选集》，聂崇信、吕德本、熊希龄译，北京：商务印书馆，1989 年，第 72 页。

占有极其重要的地位，不但在天文学领域有超过三千年的认真的天象记录，而且术数学还是支撑经学的一个不可或缺的学术部门，术数思维构成经学思想体系最本质的部分。因此，关于数的概念或数的学说在古代的东西方社会都拥有重要的基础性地位。而且奇妙的是，古代中国术数学的数神秘说与毕达哥拉斯学派的数神秘说也有着令人吃惊的类似之处①。换言之，由于古代中国诸子百家的思想学说也是建立在世界的某一"数学模型"基础之上，对于数学的重视程度就不能称为造成东西方思维方式分野的根本原因。

就中世纪欧洲而言，尽管文字和书籍已经在人类历史中存在了数千年，但普通欧洲人主要是以面对面的口语方式传播信息，欧洲的精英阶层虽然聚焦于神学研究，但对古希腊哲学思想也知甚少。古登堡印刷术的普及，一方面让从东罗马和阿拉伯人那里回流的古希腊思想成果与欧洲人照面了，另一方面让经历了千年沉淀的东方思想成果进入欧洲人的视野，活字印刷的普及让那些由文字承载的思想或技术不再为贵族和教士等少数阶层所垄断，越来越多的普通读者可以通过视觉而不是听觉来理解世界的意义，不是通过福音的传递而是通过独立的思考来领会世界。于是，与口语方式不同，书面语言的阅读者总是孤独地面对文字，只能依靠个人的智力从抽象的文字符号和复杂的语法结构中寻找、发掘和整理其中的内涵或意义。更重要的是，无论是何种内容的纸质文本，有序排列的铅字必然内涵着文字与语言的逻辑，从而迫使阅读者必须依靠逻辑思维去分析、解读文本所蕴含的意义。与中国那种同时蕴含形、意、音的方块文字不同，欧洲的书面语言是由有限数目的拼音字母排列组合构成的一长串的抽象符号序列，这些字母符号虽然保留了声音信息，却丢失了象形意涵，导致形象思维在其中无法发挥直观和联想的作用。因此，在字母符号阵列中寻找和发现意义的唯一途径是依靠字母与字母、单词与单词之间的逻辑关系，而构成这种关系的是各种介词、名词的数、动词的时态以及复杂的语

---

① 参沟口雄三、小岛毅主编：《中国的思维世界》，孙歌等译，南京：江苏人民出版社，2006年，第121页。

法等，导致欧洲人书面阅读的过程是连续的、纯粹的逻辑判断的过程。正是这一必须的也是代际传递与不断累积的逻辑实践过程，强化了欧洲人线性化逻辑思维的文化倾向，让欧洲人在长期的书面阅读中培养出超越口授时代，也不同于东方社会的分类、推理和判断能力。

以美国南北战争前发生在亚伯拉罕·林肯（Abraham Lincoln, 1809—1865）与史蒂芬·道格拉斯（Stephan Arnold Douglas, 1813—1861）之间的七场著名辩论为例，如果没有长期浸淫于书面语言阅读所培养的逻辑思维能力，19世纪的美国人必然无法忍受那些常常长达数小时的书面化语言的冗长演讲[①]。正是因为有了强大的逻辑判断能力的长期培养和环境熏染，林肯时代的美国人才能习惯辩论中大量措辞严谨的法律行文，能够理解复杂长句中微妙精细的语法结构，能够理解辩论中充斥的论证和反论证、要求和反要求的逻辑力量。无疑，这样的演讲要求听众具备非凡的记忆能力和理解能力。这种能力不可能一蹴而就，必然需要特殊的文化土壤作奠基。事实上，当时美国人在各种公共场合聆听演讲已经成为一种行之久远的生活方式，对普通百姓而言也是一种日常娱乐方式，而林肯和道格拉斯的听众"都是启蒙运动者的孙子和孙女。他们是富兰克林、杰弗逊、麦迪逊和托马斯·潘恩的后裔，是被亨利·斯蒂尔·康马杰称为理性王国的18世纪美国的继承者"[②]。因此，他们已经在书面阅读所建立的书面化的共同世界传统中浸淫久远，其思维方式与古代欧洲人相比已经发生了深刻变异。

这种变异不是源自文本生产环节生产了什么样的内容，或信息传播环节传播了什么样的思想，而在于通过信息传播所建立的图像世界的照面方式，即海德格尔所说的经验的"如何"。正是不同的媒介技术有着不同的信息指引方式，形成了不同的信息接受方式，培育了不同的思维模式。换言之，纸质媒介、电子媒介与数字媒介由于对应于不同的指引/接受方式，所以，在不同技术时代所建立的图像世界的"共

[①] 史蒂芬·道格拉斯，美国民主党领袖和演说家。他与林肯的七场著名辩论发生于1858年夏，数千人聆听了他们的辩论。辩论规则是：一个人发表一个小时的讲话，对手回应一个半小时，然后第一个人再讲半个小时，结束此次辩论。

[②] 尼尔·波兹曼：《娱乐至死》，章艳译，第58页。

同性"不在于文本内容，而在于消费者在相同的技术特征作用下，他们的思维方式趋向同一。

诚然，思维方式的改变有着一个漫长的潜移默化过程，而思想或意义的影响可以是立竿见影的。虽然人们宁愿相信数字文本与纸质文本所建立的图像世界的不同只在于内容，然而即便是以相同的样式演绎相同的故事，如同一部电影《了不起的盖茨比》，相隔一个世纪的观众所领略到的意义却未必一致。这种不同，一方面来自不同文化生态下的消费者的解码能力的改变，另一方面是文化技术对图像世界所作的"装饰"或"装裱"是不同的，文化技术的不断进步已经让图像化的周围世界不仅远离自然世界的图像，也不同于符号创作者所想象的意义世界了。

2. 世界图像与图像世界

由于信息传播以技术为手段，所以，文本信息不可避免地要经历信号传输过程中的失真或干扰、文本复制的压缩或解压乃至媒体审查机制的过滤或修正等，导致与信息接受者切近照面的图像世界不必然是符号创作者原初的设定。传统的信息传播是从符号创作者到信息接受者的单向传递，而数字时代的传播越来越凸显交换性特质，信息接受者正越来越多地参与到生产和传播的过程中，符号创作者越来越重视消费者的评论或期待，意味着信息传播环节同时包含信息流动的实时性、双向性或互动性等特征，不断改变着消费者经验的"如何"。因此，消费者对图像世界的经验，既不能简单地理解为法兰克福学派所言的"人类成为再生产的类型"，也未必就是伯明翰学派所言的"积极的意义再生产"，毋宁说被传播的图像世界是现代技术集-置的一种表现方式。

集-置是海德格尔后期思想中的一个重要概念。在1949年不莱梅与1957年弗莱堡的系列演讲中，海德格尔将现代技术的本质判定为集-置，认为集-置是一种危险。他以存料[①]一词指称为现代技术所促逼和

---

① "存料"一词译自德语单词Bestand，其日常含义为持续、持久、库存、贮存量。

订置的一切东西的存在方式,是可以按照某种预设的后果而被摆置的一切在场者,其中也包括作为此在的人。海德格尔写道:"在'集-置'中,一切在场者之在场变成存料。"换言之,现代人由于生活在高度技术化的时代,已成为现代技术这部巨机器的存料-部件(Bestandstuck),从而被现代技术所订置或摆置。这里的订置指的是"存料通过一种特有的摆置而持存……是人类的一种具有开发特征的谋制"[1]。不过,存料-部件并非意指机器上的一个不可替代的部件,而是指部件的可替代性特征。可替代的条件是标准化,就是让每一个存料-部件成为可随时替代的标准件,而始终处于一种订置状态,从而为订置所摆置。如果作为此在的人在现代社会已经成为存料-部件,就说明现代人处于一种标准化的过程中,人类在订置中出于订置、为了订置而让自身变成了被订置者。然而,对人的标准化,实际上是对思维模式的标准化,必然与哲学或现代形而上学相关联,所以,海德格尔同时指出:"现代技术之本质是与现代形而上学之本质相同一的。"[2] 这里的现代形而上学指的是由笛卡尔开启的理性主义哲学思想。

从古登堡完善活字印刷技术到笛卡尔提出"我思故我在"命题,这一时期的欧洲社会发生了翻天覆地的变化,不仅罗马的宗教统治地位发生了崩塌,而且欧洲人还发现了"新世界",也似乎重新发现了"人"。譬如,古希腊的原始文献此时基本都回到了欧洲本土,人文主义哲学兴起,古典怀疑主义复兴,哥伦布(Christophe Columbus,1451—1506)到达了美洲,哥白尼提出了日心说,伽利略(Galileo Galilei,1564—1642)发现了环绕木星的卫星,培根(Francis Bacon,1561—1626)提出了科学研究的归纳法,从此,知识的唯一任务变成"利用人类对世界的认识来征服全世界"。在此背景下,笛卡尔总结了那个时代的自然科学运动与哲学观念体系,以理性主义开始了对世界的确定性的追求,产生出深远的形而上学问题。从此,"自我"这一人类主体性成为现代思想的中心,而哲学被带向对知识本身及其可能性

---

[1] 海德格尔:《集-置》,载孙周兴编译:《存在的天命:海德格尔技术哲学文选》,杭州:中国美术学院出版社,2018年,第99页。
[2] 海德格尔:《林中路》,孙周兴译,上海:上海译文出版社,2014年,第71页。

的反思,"成为与中世纪哲学大相径庭的现代哲学"①。

按照海德格尔的解释,笛卡尔所开创的现代形而上学标志着欧洲人已经通过解放自己摆脱了古代中世纪宗教专制的束缚,而成为"存在者本身的关系中心"②。于是,作为存在者整体的世界被把握为图像,即"世界图像"(Weltbild)。不过,"世界被把握为图像"并非意味着与此在切近照面的世界变成了一幅我们日常认知的那种图画的世界,而是指"存在者的存在是在存在者之被表象状态中被寻求和发现的"③。世界作为一幅图像进入表象状态,意味着自我通过这幅作为对象的图像来认识世界。换言之,由于笛卡尔所说的"自我"拥有唯一的不可怀疑性,即唯一的确定性,所以,以怀疑的方法去发现存在的主体只能是"自我"即"我思",寻找确定性的唯一途径只能经由"自我"的表象状态,只有当世界作为图像成为自我的表象的对象,世界才有可能成为被自我怀疑的对象。如果世界不能进入自我的表象的表象状态,就连被怀疑的资格也丧失了,也就不存在对世界的确定性的追问了。因此,世界在表象状态中被把握为图像,存在者整体成为自我的表象状态的一幅图画,意味着在自我之外的存在者整体通过进入自我的表象状态而成为自我怀疑并意欲征服的对象。所以,世界成为世界图像与人成为主体是同一回事情。这是现代社会不同于古代社会的基本特征,被海德格尔称为"现代之本质"。海德格尔写道:"存在者在被表象状态中成为存在着的,这一事实使存在者进入其中的时代成为与前面的时代相区别的一个新时代。"④

这一新时代(现代社会)是受笛卡尔所开创的现代形而上学统治和支配的时代,也是依靠纸张、电子和数字等新媒介来传播知识或信息的时代。如此看来,现代社会与古代社会之不同,在于古代世界不能成为海德格尔所说的"世界图像",人不是主体。中世纪的世界不能成为图像,是因中世纪的一切存在者都由基督教的上帝创造,人与世

---

① 孙周兴编译:《存在的天命:海德格尔技术哲学文选》,第23页。
② 海德格尔:《林中路》,孙周兴译,第82页。
③ 同上书,第82页。
④ 同上。

第三章 信息传播：共同世界的确立

界之内的一切存在者都在上帝的看护之下，是一种"平等"的关系，人对世界的认识只能来自神父的口头言说，人不可能去支配或征服其他的受造物；古希腊的世界不能成为图像，是因"存在者乃是涌现者和自行开启者，它作为在场者遭遇到作为在场者的人"，古希腊人"是被存在者所直观的东西，是被自行开启者向着在场而在它那里聚集起来的东西"①，所以，古希腊的人也不是世界的主宰者，只是"在世界之中存在"。

在文化产业兴盛的现代社会，作为对象的文本经由信息传播媒介的传递，与信息接受者的表象照面的对象是经由文化技术装饰之后的文本信息所建立的图像世界的图像。这幅图像被表象在信息接受者的表象状态中，信息接受者就此成为"对象意义上的存在者的表象者"。文本的这一明确的对象性特征，导致文化产业与现代技术和现代形而上学的历史进程是一种相伴相生的同步关系。换言之，文化产业的整个发展历程与现代技术、现代形而上学处于同一时代，这也是我们判定文化产业历史起点的理论根据。

然而，现代技术的演进速度及其产生的效应却不断地超出只是把技术作为工具或手段来看待的人们的想象框架。尤其是在电子通信技术和数字处理技术普及应用之后，文化产业文本所形成的电子图像或数字图像通过媒体所掌控的媒介在全球各地无孔不入地传播，已经逐渐淹没了自然世界的图像，导致现代社会演变成一个以"图像世界的图像"遮蔽了"世界图像"的时代。换言之，进入信息接收者表象的表象状态的不再是自然世界的图像，而是符号创作者通过想象或虚构而生成的"图像化的世界"的图像；不再是自然而然的"世界图像"，而是技术订置的"图像化的世界"的图像了。于是，信息接受者的表象活动从"将世界把握为图像"转变为"将图像把握为世界"。这一经由文本信息（包括文字、声音、图片或视频等）所把握的世界被我们称为"图像世界"，是标准化了的周围世界，是现代人与他人照面的共同世界的基础。

---

① 海德格尔：《林中路》，孙周兴译，第85—86页。

诚如前文所述，由于现代技术是文化产业的存在方式，与图像世界照面就是与技术的世界照面，"将图像把握为世界"就是将技术的世界把握为真实的世界。就此而言，文化产业现象的实际效应，就是让现代人从此陷入文化技术"集-置"中了。

诚然，图像世界作为对文化技术所产生的文化影响的一种概念描述，只是"世界图像的时代"的一种文化表现。这里的"图像"是一个广义的概念，不仅包括静态的图画，也包括动态的视频，不仅包括文字，也包括声音或其他符号，是符号创作者用来承载信息或意义的一切符号的集合在表象状态中的显现。所谓的图像世界，其效应就是以想象和虚构的符号的集合来遮蔽自然或现实的世界的图像。从19世纪以前报纸中的文字符号和简单插图，到数字技术普及之前电视荧屏上雪花伴舞的黑白图像，再到移动智能终端色彩斑斓、节奏分明的视频新闻；从爱迪生发明娱乐少数人眼球的活动电影房，到米老鼠被用于鼓舞第二次世界大战中美国士兵的斗志，再到好莱坞影片横扫全球各地院线，想象或虚构的图像世界已经成为一个弥漫全球的文化现象，成为普罗大众认识世界的主要渠道。在20世纪早期，以电子管和晶体管为代表的模拟电子技术在电影、广播、电视及音像设备等领域的应用为加速这一"世界图像化"的进程奠定了新的里程碑，从此，过去只能由摄影或绘画等艺术作品所展示的静态图画转变为电影银幕所呈现的动态图像，文本信息的主流表现形式由纸质媒介的文字符号转变为电视媒介的有声视频。在20世纪后期，以超大规模集成电路、计算机和互联网为代表的数字处理技术再次突破了文本信息传统的生产方式和传播方式，铅字排版变成了激光照排，机械复制变成了数字拷贝，图像记录变成了图像处理，符号创作者不再拘泥于对现实的记录或模仿，媒介中的内容已经是经过图文编辑或视频编辑软件过滤、润色或修改的图像，且更多的是经由设计或创意过程所想象和虚构出来的图像。同时，电子通信与互联网让信息传播摆脱了自然的时间序列和空间距离的束缚，在技术上实现了标准化的图像世界向全球信息接受者的实时广播，让生活在不同时区、不同国境之内的信息接受者可以同时面对、体验和领会相同的世界。

毋庸置疑，现代人在这一过程中比古代人看到了更多，看得更远。人们在这种斑斓、炫目、刺激的充满快感的图像世界里，切身体验到一种现代化的生活方式。这种看似与快乐相伴的生活，尽管它不是海德格尔所说的"世界图像"之世界，而是一个技术化的文本世界，但如果按照吴国盛的解释，"技术是人的存在方式"或"技术是构造人和世界的环节"①，在一个技术的世界生活应当是人类区别于动物的一种独特地位。尽管它是一个想象或虚构的世界，不是"作为存在者整体"的现实世界，甚至可能没有根据、意义或知识等蕴含其中，而只有麻醉剂、兴奋剂或催化剂，但"快乐的世界"难道不是现代人孜孜以求的幸福所在吗？文化产业现象虽然奠基于技术，虽然巩固了集-置，但何来危险呢？或许，危险就来自我们看不到危险，来自只缘身在此山中，来自文本世界的潜移默化，与对新奇事物的趋之若鹜。危险还来自被"摆置入集置中"的我们已经成为巨机器上的存料-部件，已经从"订置者"成为"被订置者"，从世界的主宰变成了技术的对象，从而处在一种无力自拔的状态，现代人原本渴求的自由就变成了梦幻。

3. 摆置的集聚

技术一直被认为是为人类掌握并为人类服务的手段或工具。然而，当世界成为图像、人成为主体之后，诚如培根所言，人类知识的唯一任务变成了"利用人类对世界的认识来征服全世界"，作为以现代自然科学为基础的现代技术，必然成为改造自然、征服自然、追求自由的工具。从此，自然的世界不再是一个自然而然的自在的世界，不再是上帝创造的世界，人类不再是古希腊时代那种被存在者所直观的东西，技术不再是人类为了适应自然、模仿自然的手段了。在经历几百年的"征服"与"改造"之后，人类赖以生存的地球已经为各种电磁波、放射性元素、化学肥料和钢筋水泥所覆盖，自然的世界与人类的行动均已为技术所摆置。

---

① 吴国盛：《技术哲学讲演录》，北京：中国人民大学出版社，2009年，第11页。

就文化产业现象而言，我们关注的焦点往往聚焦在审美的作用和影响方面，技术作为文本生产的工具或提高效率的手段通常不在文化产业理论研究的视野之内。自古以来，艺术与技术之间就是一种暧昧纠缠的关系，至少我们很难分辨古希腊的"技艺"究竟是技术还是艺术，现实中也时常不能清楚地分辨何为艺术、何为技术。譬如，海德格尔在《艺术作品的本源》中认为，艺术是"真理的生成和发生"；又在《技术的追问》中认为，技术是"一种解蔽方式"。如果按照海德格尔的解释，"解蔽"的意涵就是"真理的发生"，技术与艺术的分际就是十分模糊的。海德格尔写道，所谓"技术是一种解蔽方式"，是居于对古希腊语 τεχνη（技艺）的解释，现代技术虽然也是一种解蔽，但"在现代技术中起支配作用的解蔽乃是一种促逼"[①]。换言之，由于"促逼"作用的存在，现代技术与古希腊的技艺已经成为两种性质截然不同的东西。这里的"促逼"（Herausfordern）是海德格尔"技术之思"的一个专门术语，指的是现代技术向自然的世界提出了蛮横的要求，是现代技术对自然的摆置（stellen），即现代技术不再是对自然的关心和照料。这种行为意味着现代技术不但远离了古代技艺，远离了传统艺术，而且远离了文化的源初含义。这种"摆置的聚集"就是现代技术的"集-置"（Ge-stell），其效应不仅促逼着自然，而且促逼着人、摆置着人。

沿着海德格尔的思路不难发现，这种基于现代技术的信息媒介的促逼效应，正如一副画框框住了油画一样，框住了现代人的生活方式，建立了一个技术"集-置"的共同世界；艺术则作为审美的外衣，成为这副画框上的装饰之物。于是，文化产业现象的效应，就是我们这个时代的人在媒介的促逼下，被摆置或订置入图像世界的技术"集-置"中了。由于文本总是服务于精神需求，所以，信息的传播与接受所影响的是现代人的精神世界与文化生活。所谓"摆置入'集-置'中"，就是文化技术通过信息传播摆置了现代人的思维方式，促逼着现代人的

---

① 海德格尔：《技术的追问》，孙周兴译，载孙周兴选编：《海德格尔选集》下，上海：上海三联书店，1996年，第932页。据孙周兴解释，Herausfordern 在日常使用中有挑战、挑衅、引起等含义。

生活世界，从而摆置了现代人的行为习惯、时代精神、社会风气、时髦样式等。

海德格尔虽然在其技术之思中没有专题讨论文化工业，但在更本源的层次上揭示了文化产业现象存在的问题。在他看来，现代社会所产生的一切问题，即所谓的现代性问题，究其本质不过是现代技术摆置效应的后果。在1949年的不来梅演讲中，有一段关于广播和电影的文字，可以用来说明文化技术在文化产业现象中如何发挥摆置效应。海德格尔写道：

> 广播和电影也属于那种订置的存料，通过这种订置，公众本身受到摆置，受到促逼，并且因此被安排。广播和电影之机组乃是那种存料的存料-部件，这种存料把一切都带入了公共领域之中，并且因此毫无差别地为了一切事物和每一件事物订置公众。这样一种对公众进行安排和控制的存料的存料-部件，不光光是机组，而且也以自己的方式成了这种企业运作的雇员，乃至于广播电台顾问。广播电台顾问为被叫作广播电台的存料所摆置，也即为着对这种企业运作的订置而被促逼。作为这种存料的存料-部件，他一直被关入这种存料之中。①

电影就其作为文化产业样式而言是一种存料，为电影技术所促逼，为电影发行机制所订置，而关涉电影的订置又为娱乐眼球而摆置。其中的一个个摄制组、一部部影片、一台台摄影机组都是作为存料的电影的存料-部件，而为电影工作的每一位工作人员（包括导演和演员）都是处于订置状态之中并有待订置来摆置的存料-部件。然而存料-部件不是通常所理解的备件，每一个具体的存料-部件并非处于备用状态，实际上总处于工作状态。只是处于工作状态的这些存料-部件是随时可以被替换的，或随时可能被换岗或下岗。这些存料-部件——摄影机

---

① 海德格尔：《集-置》，载孙周兴编译：《存在的天命：海德格尔技术哲学文选》，第103页。

组、演员、导演、工作人员、服装道具等——只能在已经订置好的流程中工作，即只能在订置状态中等待或接受订置的摆置。这种作用就像一条长长的、没有尽头的、相互钳制的因果链条，把每一个存料-部件禁锢于摆置的集聚（技术的集-置）之中。

海德格尔以一个不可能发生的情形为例，说明被摆置者在技术的集-置中的地位：假如有一位广播电台的顾问建议取消广播电台，这显然是一件不可能做到的事情，因为广播电台早已被订置入公众需求中了。正如前文所述，集-置是海德格尔技术哲学的核心概念，海德格尔将现代技术的本质称为集-置，意味着一切的在场者已经深陷现代技术的框架中，就像一副画框框住了油画，油画中的任何一个人或物都无法逃匿出画框的束缚。在海德格尔发表这一演讲的年代，摄影、电报、电话、留声机、录音机、电影和广播等技术已经发展到相对成熟的阶段，电视也已成为一种影响更加广泛的存料来摆置观众。因此，海德格尔虽然没有亲眼目睹计算机与互联网的应用，但图像世界所促逼和订置的各种存料已然齐备，电影、电视、报纸与广告等媒体已经构建起一个远离现实的图像世界。

技术的摆置效应并非仅及于大众传播样式，而是早已波及文化产业现象诸相关领域。即便在艺术领域，虽然我们通常认为艺术在于自由或自然，但艺术也没有逃脱技术的促逼影响。对比一下摄影技术诞生前后的欧洲绘画艺术所发生的变化，我们可以清楚地看到19世纪绘画艺术从写实到印象的风格转变。摄影技术的诞生一般认为是1837年达盖尔发明银版摄影法，有着一个漫长的原始技术积累过程，摄影作品直到19世纪60年代才正式登堂入室获得了艺术的地位。在此之前，正逢现实主义艺术运动蓬勃兴起，现实主义的艺术家们拒绝那些看不见、不真实、不属于现实世界的主题，声称"只有那些当下的东西，人们亲眼目睹的东西才是真实的"[①]。然而，摄影就是一种现实主义的表现形式，摄影记录下来的是人们亲眼目睹的现实世界的东西，是对现实世界的复制。因此，摄影成为艺术无疑给现实主义绘画艺术带来

---

① 克雷纳、马米亚：《加德纳艺术通史》，李建群译，长沙：湖南美术出版社，2012年，第697页。

致命的冲击，追求真实的艺术家们从此很难以现实主义绘画风格与摄影作品来争夺真实性的话语权。于是，既然写实的绘画无法与写真的摄影去竞争，不如从对"当下现实"的描绘转向对"瞬间印象"的记录，印象主义绘画风格就在这样的历史背景中产生了，并在此后极大地改变了人们对艺术的"模仿自然"的传统认知。因此，19世纪晚期出现的印象主义艺术风格在很大程度上是艺术家在摄影技术促逼下的一种被动选择。21世纪的人们已经不再相信摄影所反映的必然是亲眼目睹的真实的东西了，数字化的图像处理技术不但可以以假乱真，而且可以移花接木、无中生有；摄影师也不再是少数人的职业，而成为一种大众化的生活方式。

再以广告行业为例。广告曾经被定义为"由因果关系驱使的印刷形式的推销术"，可见广告自始就与技术有着紧密的因缘关联，只是技术的发展一再地颠覆广告行业的定义。如果将广告看作存料，每一个广告文本就是被订置的存料-部件；如果将广告投放到电视，广告文本必须按照标准的格式、规定的时长来生产。这只是从表面上来理解技术的摆置，实际上，任何形式的商业广告总是为劝服大众购买商品而通过媒介向大众传递信息，因此，广告必然是技术与经济结合的产物。由于广告总是追求受众数量最大化，因此，数字时代的广告不再是19世纪那种朴实的文字、实物的图片、真实的功效，而是要竭尽所能地虚构某种引人注目的幻境，为潜在顾客建构一幅虚幻的世界图像。电子与数字媒介已经为想象与虚构提供了看似无所不能的技术平台或技术手段，导致广告已经成为一种无所不在的存在者。经常沉浸在广告图像刺激中的人们难免不会把真实的世界当作广告展示的图像世界的延伸，甚至把虚构的幻境当作真实的世界来理解，从而让现代人不知不觉地成为被广告摆置的存料-部件，广告正是利用以假乱真的效应促成人们的消费行为。

一旦虚构的图像被当成真实的世界，就与海德格尔所言的世界图像南辕北辙了。由此产生的影响可以从阿多诺的一段描述中窥豹一斑："卡通片里的唐老鸭，以及现实生活中的倒霉蛋，总会不断遭到重创，这样，观众也就学会了怎样经受惩罚的考验"①。尽管卡通片不是广告文本，但是卡通片传播信息的效用却远大于广告。观众或许在唐老鸭遭受的重创中学会了如何经受磨难，但唐老鸭的"尊严"所遭受的伤害却为观众获得的"快乐"所遮蔽。于是，不谙世事的孩子从动画片中领会到的是这样的意义：唐老鸭的"尊严不再重要"! 孩子们从唐老鸭的尊严所遭受的打击中获得了快乐。在这里，快乐的价值超越了尊严的价值！质言之，孩子们在卡通世界里看到的世界是一个经由创意、媒介或媒体所订置和摆置的世界。这是一个依托现代技术所置造的图像的世界，不是一个现实的或真实的世界。尽管卡通的世界不是海德格尔所言说的世界图像，不是一个真实世界的图像映射，与孩子们切近照面的只是由符号创作者虚构和想象出来的图像世界，但是，孩子们在与虚构的世界照面的过程中，接收到的是图像世界所传递的价值观。孩子们的童年生活往往是在与图像世界打交道的过程中度过的，并且通过图像世界来领会现实世界。孩子们并不具备分辨图像世界真伪的能力，更不清楚现代人已经不可能在图像世界的表象状态中发现存在者的存在。或许我们认为，这种摆置效应只是来自文本内容而不是文本样式，不过，一方面，同样的内容在成人看来或许不会带来尊严价值的贬抑，意味着相同的文本内容会给不同的受众群体带来不同的世界；另一方面，如果同样的内容是采用文字或者哪怕是采用纸质连环画的方式来传递，其摆置效应和影响范围也将大为不同。因此，从文化产业现象的广告性特征来看，共同世界就是在文化技术的推动下，在更广泛的范围内以更直接、更生动、更刺激的方式改变人们的世界观。

　　电子图像传播的技术手段是电子通信技术，所以，所谓的电信时代或电子时代所意指的就是电子图像的时代。在对文化产业现象生产环节的描述中，我们将这一时代判定为文化产业从纸质时代走向数字时代的过渡期，其基本特征是信息传播的主流媒介从纸张过渡到电磁波。这一阶段的发展高峰正是海德格尔技术哲学思想产生的年代，也

---

① 霍克海默、阿道尔诺：《启蒙辩证法——哲学断片》，渠敬东、曹卫东译，上海：上海人民出版社，2006年，第125页。

是电视、广播、电影等大众传播的黄金时代。按照国际电联的定义，电信是"使用有线电、无线电、光或其他电磁系统的通信"，凡是利用任何电磁系统发布任何形式的信息都属于电信业务。因此，电报、电话、光纤通信、数据通信、卫星通信、广播、电视、互联网等都属于电信媒介（电子媒介），它们构成了当代社会文化技术的主体。换言之，即使在互联网时代，电信依然是制约或推动文化产业发展的基础性公共文化技术。不过，这种电信媒介在许多国家由政府控制，因而通常是具有国家垄断地位的信息媒体，并且在事实上是对文化产业发展影响巨大的环节。例如，在政策方面，电信媒体的市场化机制，尤其是国际电信市场化政策的影响，曾经对全球性的文化互联产生重大影响；再譬如，在通信速度方面，如果没有 3G、4G 以及 5G 等移动通信技术的不断演进，就不可能实现数据传输的高速度、高容量和高质量，今天就不可能有移动智能终端带来的高质量的音频、图像和视频的分享。一旦 5G 技术实现全面的商业应用，将能满足虚拟现实、增强现实、人工智能和超高清视频等更高的网络体验需求；一旦 6G 成为现实，其特征很可能超越移动通信的概念，真正实现人、机、物的协同通信、超密集连接乃至"天地融合"，不但人与人之间的信息交流更加畅通、更加快速，人与万物之间的信息交流不再有障碍，而且很可能颠覆目前对通信、媒介与媒体概念的想象。

一旦万物互联成为现实，加上人工智能或生命科技的运用，信息接受者或发送者将会进入一种由人工智能摆置的"订置状态"。这里不妨将数字时代的信息接受者称为"数字人"，当我们与"数字人"打交道的时候，切近照面的可能不再是自然的人类，而是某种类似于"人替"（avatar）[①] 的"类人生物"。正如电影《未来战警》（*The Surrogates*）所描绘的情景，那种代替自然人类行走在现实世界的"人替"可能成为未来"新媒介"的主流形式，自然人类届时将进入一种截然不同的生存境域。

[①] "人替"和"物替"是人和物在虚拟现实中的数字形象，即根据个人偏好构建的自己和目标物的形象。电影《未来战警》中的"人替"可以代替人类活动于现实世界，通过思维来控制"人替"做一切想做的事情。

虽然我们无从知晓将来的世界究竟是一幅怎样的图像，但可以确定的是：作为存料-部件的"数字人"已经并必将在文化技术的集-置中处于订置状态的中心位置。从当代的网络游戏生态或已经成为上手工具的微信等社交媒体的成长过程中，我们可以深切体会到这一趋势。诚如海德格尔所言："人本质上被'集-置'订置入技术之本质中，被订置入'集-置'中，按其方式来看，人就成了存料和部件之严格字面意义上的存料-部件"①。

在移动互联网技术集-置下的粉丝经济已经呈现出这样一幅图景：无论文本的生产者是谁，生产的内容是什么、文本的质量如何，只要有足够的粉丝数量，流量明星就产生了，广告订单就到手了，"IP剧"②就成功了……在此过程中，演艺明星可以放弃尊严不惜自我置造绯闻，"公知大V"可以失去风度不吝使用低俗刺激的言辞，任何人都可以创意为名标新立异，创造各种无厘头的文字、图画或视频，只为求得媒体曝光、粉丝关注与流量暴涨。符号创作者不再在意粉丝为何人、做何事、在何处，只在意粉丝的数量和流量的大小。粉丝只不过是数字虚拟空间中的一个个存料-部件，一个个被隔离的、独立的、相同而不相关，却可以随时被替换、被消失的存料-部件。这是文化技术演变带来的文化产业思维逻辑的"哥白尼式革命"。"数字人"不仅成为了存料-部件，变成了媒介，也变成了被云端监视的信息。

人成为信息，意味着"数字人"作为粉丝的存在价值而成为待价而沽的商品，每个人的ID、微信账号、电子邮箱、支付宝账号、视网膜、指纹乃至面相等，都因承载了个人信息而成为媒介，各类社交应用软件或基础通信后台每天都经由智能终端采集并分析着这些媒介所承载的信息，进而生产出更多新的信息并成为牟取暴利的商品……这是我们已经体验到的情景。

---

① 海德格尔：《集-置》，载孙周兴编译：《存在的天命：海德格尔技术哲学文选》，第103页。
② IP剧指在有一定粉丝数量的国产原创网络小说、游戏、动漫等基础上创作改编而成的影视剧。IP即Intellectual Property（知识产权）。

第三章 信息传播：共同世界的确立   123

第二节 图像世界的创意

从"订置者"到"被订置者"，这一情形的发生意味着现代人的生活方式与思维方式在某种程度上已经为技术所摆置。这一境遇虽然在海德格尔的时代尚不显著，但这一时期的思想家们都从不同角度发出了警示。20世纪30年代，刘易斯·芒福德将现代技术的本质称为"巨机器"（megamachine），认为这是一种"与生活技术、适用性技术、多元技术相反的一元化专制技术，其目标是权力和控制，其表现是制造整齐划一的秩序"①。40年代，阿多诺看到文化工业生产的文本已经变成合理化的大众控制形式，意味着文化工业成为资本主义借以巩固现存秩序和再生产的工具，同样是现代技术导致的后果。60年代，麦克卢汉（Marshall McLuhan, 1911—1980）看到一切媒介都是人的中枢神经系统的延伸，意味着媒介重构了人类赖以生存的时间和空间秩序。

进入21世纪以来，我们发现媒介所传播的信息似乎并非如理论家们所描述的纯然的意义传递，而是成为获取利润的商品；当代艺术不再是"真理的发生"，而已成为作为科学的"艺术学"；艺术作品不再是黑格尔所说的"伟大的艺术"，而已替换为文化产业文本；哲学不再是古典形而上学，按照海德格尔的看法，已经变身为"控制论"（Cybernetics）②。因此，现代技术不只改变了信息的传播媒介或传播方式，而且通过对周围世界的标准化，改变了人类社会生态的自然性。现代人不再仰望星空，而是专注于终端屏幕，时刻接受变幻莫测的电子图像的刺激。于是，屏幕成为"数字人"切近照面的世界的窗口，改变了人类各个群体对世界的经验方式。古登堡用技术创新让书面文

---

① 吴国盛：《芒福德的技术哲学》，《北京大学学报（哲学社会科学版）》2007年第6期。
② 海德格尔：《只还有一个上帝能救渡我们》，熊伟译，载孙周兴选编：《海德格尔选集》下，第1308页。控制论由诺伯特·维纳（Norbert Wiener, 1894—1964）提出，是研究机器、生命社会中控制和通讯的一般规律的科学。Cybernetics 一词源于希腊文 mberuhhtz，原意为"操舵术"。

字构建的世界进入欧洲人的表象状态，欧洲人从此通过书籍与报刊经验世界；随后，笛卡尔通过"怀疑一切"确立了现代人的主体性地位，欧洲人从此以主宰者的姿态经验世界；而文化产业现象建立的图像化世界，开启了现代人在图像世界中贪新骛奇、逍遥享乐的新时代。世界图像化不是对世界的观看或视见，也不是摹仿自然，而是文化创意。

1. 创意过程及其逻辑

世界图像化是指文本经由媒介传递，为信息接受者建立了以符号为构件的图像化的世界，我们称之为图像世界。信息接受者与图像世界的照面不是海德格尔所说的对世界的观看或视见，而是在感官层面的"图像观赏"。由于文化产业是吸引眼球的产业，符号指引的作用就在于提供蕴含了快感的外观，将快乐通过图像投射到接受者的表象状态。换言之，虽然新的文化技术让符号对感觉器官的刺激越来越直接、强烈，但符号或由符号集成的图像本身并不是人们在意识中孜孜以求的东西，大多数人想要的不是内容或意义，而是快乐和利润。以迪士尼为例，在1955年建造了第一座迪士尼乐园之后，迪士尼就将"创造快乐"作为其企业使命、存在价值和核心目标。迪士尼对新进员工在第一堂培训课上灌输的是这样的价值观："我们创造快乐，我们为全世界所有年龄段的人呈现最好的娱乐体验。"[①] 因此，资本家因制造快乐而获得利润，有了利润又可建造更多的乐园，提供更多的快乐，从而赚取更多的利润；消费者有了更多的快乐，还要追求更大的快乐、更刺激的快乐。虽然文化产业主要服务于精神需求，但随着快乐欲望的不断膨胀，单纯的精神快乐已经不能吸引眼球，更直接的是感官刺激，更重要的是肉体快乐。因此，符号创作者必然要根据媒介的技术特征，通过视觉、听觉、触觉、嗅觉或味觉等一切可能的知觉通道，将快感符号可靠地带入表象者的表象状态。以电影为例，在电影院观赏影片

---

① 西奥多·齐尼：《迪士尼体验：米奇王国的魔法服务之道》，黄昌勇、周晓健译，北京：北京大学出版社，2016年，第39页。

与在电视或电脑屏幕前有着截然不同的视听体验效果;如果观众在意的只是故事情节,实体影院就不会在数字时代获得空前的扩张。所以,符号创作者必然要关注那种显露于外观的东西,那些可以直接刺激消费者眼球或耳膜的东西,而不再专注于被表象所掩盖的内容。

按照海德格尔的解释,所谓表象,是"把现存之物当作某种对立之物带到自身面前来,使之关涉于自身,即关涉于表象者,并且把它强行纳入到这种与作为决定性领域的自身的关联之中"①。因此,信息传播就是为订置按此规定的表象而置订创意,创意的目的就是要将想象和虚构的现成之物"强行地"带到表象者的面前来,使之关涉于表象者,即信息接受者。"好的创意"不仅要让符号有效地传达至接受者的感觉器官,使其成为具备强烈刺激作用的有效的表象,还要让接受者"进入普遍地和公开地被表象的东西的敞开区域之中",从而让接受者能够在所设置的场景中呈现自身,彰显其个人的中心地位。换言之,好的创意不仅要让接受者成为图像世界的观赏者,而且要让其能够成为图像世界的主角,意欲成为网红或明星,从而激发个人在图像世界中的存在感、优越感。这就是当代电视综艺节目中广受欢迎的"真人秀"节目的创意逻辑,也是各种网络社交媒体中"公知""大V"们"语不惊人死不休"的生存逻辑。尽管人们通常认为创意主要体现在文本生产阶段,但事实上媒体身兼符号创作者和信息传播者的双重身份,而且是更重要的符号创作者。即便有些创作者并不属于媒体,也必然要依附于媒体才能获得更好的传播方式或传播时段,因而符号创作者不论是否来自媒体,都要在文本生产过程中考虑信息如何传播以及如何实现有效传达。换言之,信息接受者"如何经验"图像世界才是创意的核心问题。与传统产业(非精神服务领域)在产品策划和生产过程中必须同时考虑产品的有用性、适用性和耐用性不同,创意所关注的不是文本的有用性和适用性,而总是以符号传达的直接性、可靠性为鹄的,必须考虑的是经验的"如何",包括受众群体的需求特征、文本的传播媒介、传播方式以及营利模式等因素。我们将这一不同于传

---

① 海德格尔:《林中路》,孙周兴译,第85、86页。

统产业产品设计的创作和生产方式称为文化创意（cultural creative），它是符号创作者依据媒介特征，对意义、快感、审美价值等进行符号化设计的过程。因此，文化创意是一种广义的设计。

文化创意的目的是确保最终的文本以人类感官可知觉、人类思维可理解的符号可靠地刺激接受者的感觉器官，使之关涉于信息接受者，并能够有效地纳入接受者的表象状态。要实现这一目的，仅将创意理解为"个人创造力"是不够的。个人创造力（creativity）作为一种个体的能力所形成的是一些被称为"点子"的东西，可能是一次灵光乍现，抑或是一时的异想天开，既可能是"金点子"，也可能是"坏点子"。事实上，成功的创意通常是团队合作的成果，好的创意团队或创意阶层常常来自少数几个创意生态良好的国家或地区。因此，创意不仅需要个人的创造能力（如文化修为、艺术素养、科学知识、普适的价值观、非凡的想象力和洞察力等），而且需要营养丰富的文化土壤和适宜消费的环境氛围。将创意单纯地归结为个人创造力，既简化了作为过程的文化创意的发生机制，也遮蔽了作为现象的文化产业的本真结构。

虽然诸如创意经济、创意产业、创意生态等概念通常被认为是一种与传统经济相对的知识经济模式，但正如我们已经澄清了的，文化产业既非新的经济模式，因为它由来已久，甚至比大多数传统制造业更为古老；也非知识经济模式，因为"知识"这一术语的含义容易引起误会，文化产业在大多数情况下既不生产知识，也不传播知识，甚至不提供意义。因此，与其说创意关涉知识或意义，毋宁说创意是一门刺激感觉器官、生产快感的现代技术，文化创意实际上是符号创作者在现代技术集-置的时代背景中为"创造快乐"而订置的过程。文本经由这一订置过程传递出一幅幅展示快乐的图像，建立起一个个享受快乐的图像世界，一个个让四面八方的信息接受者共享的快乐的周围世界。然而，创意究竟从何而来，以致能够置造出一个万象更新、流水朝宗的图像世界，依然晦暗不明。为此，我们要跟随海德格尔的思想之路，首先要理解何为世界，进而解释图像世界是一个怎样的世界。

2. 增强现实的世界

在海德格尔前后期的著述中，世界与存在、时间等概念几乎有着同等重要的地位。然而，世界概念的内涵十分复杂，且极易混淆。根据梁家荣的梳理，这些概念包括四种类型[①]：(1)指实在的或眼前的存在者之集合，尤指自然事物之集合；(2)指上述的世界之存在方式，尤指自然；(3)指此在生活或实存于其中的处所；(4)指此在的存在方式。前两者是存在者整体的世界，属于自然的世界，是所有的存在者存在其中的世界，也可称之为外界；后两者是此在的世界，属于实存的世界，是此在实存的世界或生活方式，不妨称之为世间。在《存在与时间》中，海德格尔主要在"此在作为此在'生活''在其中'的东西"[②]的含义上使用世界一词，因而此在"在之中"的世界是实存的世界，即世间。世界图像和图像世界中的世界应当是外界还是世间呢？

在1938年的弗莱堡演讲稿《世界图像的时代》中，海德格尔为世界图像（Weltbildes）之世界提供了明确的解释：世界是"表示存在者整体的名称"[③]。因此，世界图像的世界指的是自然的世界，是包罗万象的现存事物之集合，是外界。这一外界既包括存在者整体，也包括存在者整体的存在方式，不仅包括宇宙、自然以及其中的存在者，也包括历史以及世界之为世界的根据等。世界图像是指"世内一切存在者的整体"成为表象的对象，即一切存在者及其存在方式在表象者的表象状态中被"自我"把握为图像，成为怀疑的对象，"自我"以表象者的身份可以在表象的表象状态（世界图像）中寻找和发现存在者的存在。正因如此，在世界图像的时代，人成为独一无二的主体，而人之外的自然的世界（一切的存在者）成为客体，成为自我表象的对象。

[①] 梁家荣：《本源与意义：前期海德格尔与现象学研究》，北京：商务印书馆，2014年，第217—218页。
[②] 海德格尔：《存在与时间》，陈嘉映、王庆节译，北京：生活·读书·新知三联书店，2014年，第77页。
[③] 海德格尔：《林中路》，孙周兴译，第28、83页。

这是现代社会区别于古希腊和中世纪社会的根本特征，是现代社会的本质，也是笛卡尔哲学的出发点。

在海德格尔所做的演讲《艺术作品的本源》中，世界的概念并不是指自然的世界，而是艺术作品所开启的世界。海德格尔写道："世界并非现存的可数或不可数的、熟悉的或不熟悉的物的纯然聚合。但世界也不是加上了我们对这些物之总和的表象的想象框架……世界决不是立身于我们面前能让我们细细打量的对象……世界始终是非对象性的东西，而我们人始终归属于它。"① 这里的世界不同于"世界图像的时代"的外界，既不是我们熟悉的现存的存在者整体，也不是在表象状态中可供直接打量的对象。艺术作品开启的世界是非对象性的，又是人之归属之所，是此在"在之中"的世界，即人以此在的方式"在世界之中存在"。没有此在，就没有艺术作品的世界，世界因此在"在之中"而在。因此，艺术作品所开启的世界只能是此在实存的世界，是世间。

海德格尔以梵高作品《一双农鞋》为例，对艺术作品开启的世界作出生动的描述："农妇却有一个世界，因为她居留于存在者之敞开领域中。她的器具在其可靠性中给予这世界一个自身的必然性和亲近"②。这是一个属于农妇归属之所的世界，这里的农妇指的是梵高作品中那双农鞋的主人。在作品中，除了一双看上去沉甸甸、硬邦邦、沾有泥土的旧鞋子之外，既没有出现农妇的形象，也没有出现农妇劳作的农田或居住的农舍，鞋子之外没有呈现任何可以清晰辨别的物品，海德格尔却从作品中看到了农妇居留其中的世界，看到了农妇劳作的身影、步履的艰辛、意志的坚韧，看到了鞋子的主人与土地的关系、与世界的关系。毋庸置疑，海德格尔看到的是作品画面之外的世界。海德格尔如此描述：

> 从鞋具磨损的内部那黑洞洞的敞口中，凝聚着劳动步履的艰辛。这硬邦邦、沉甸甸的破旧农鞋里，聚积着那寒风料峭中

---

① 海德格尔：《林中路》，孙周兴译，第17页。
② 同上书，第28页。

迈动在一望无际的永远单调的田垄上的步履的坚韧和滞缓。鞋皮上粘着湿润而肥沃的泥土。暮色降临,这双鞋底在田野小径上踽踽而行。而这鞋具里,回响着大地无声的召唤……①

这是海德格尔通过对作品的领会以及对作者的了解所看到的东西,看到的是艺术魅力所自行开启的充满意蕴的世界,是在梵高艺术的境域中所生发的世界。这一境域并没有以对象的方式呈现于人们的表象状态,而是艺术作品的敞开领域。因此,油画中的鞋子虽然开启了农妇"在之中"的世界,但这一世界既不是自然事物的集合,也不是自然事物的存在方式,而只是属于鞋子的主人。换言之,由于艺术作品开启的是非对象性的世界,因此,海德格尔在作品中所看到的就是农妇的存在方式。

如果艺术作品开启的是世间,文化产业文本建立的图像世界是世间还是外界呢?虽然我们已经将文本生产或传播的世界称为周围世界、共同世界,但无论如何称谓,显然不符合自然的世界的概念。文本建立的世界是否与艺术作品一样都是实存的世界呢?在信息传播环节中,媒介所承载的文本信息表象给接受者的图像,都是经过了符号创作者和传播媒体的双重创意并由文化技术所复制的图像,因而这种经过了世界图像化的图像世界,与艺术作品的世界一样不是在外界之内的自然事物的集合,不是现成的存在者的整体,作为图像世界的周围世界或共同世界毋庸置疑地不属于自然的世界。换言之,就图像世界的图像本身而言,被表象的对象是想象或虚构出来的存在者。符号创作者尽管受制于资本权力、臣服于媒体的束缚,却不乏对"真理的发生"的追求,资本家也需要用"审美的外衣"来包装作为商品的文本,因此,这些虚构出来的存在者往往以现实场景或人类历史为背景,装饰出一幅似是而非的"现实"的图画。于是,在与图像世界的图像切近照面的过程中,接受者实际上无从判断"世内之物"的真假或虚实,不再能够在表象状态中寻求和发现存在者的存在。

---

① 海德格尔:《林中路》,孙周兴译,第17页。

尽管如此，我们并不能否定文本信息的确为我们建构了一个周围世界，建立了一个可以与信息接受者切近照面并被真实感知的共同世界。图像世界虽然由符号创作者虚构而来，但图像本身是现实的存在者，我们不仅能够真切地感受到这些图像，观赏到图像中所表现出来的各种场景，甚至已经在某种程度上依赖于这些图像，已经离不开这个图像世界。换言之，文本建立的图像世界已经成为当代人的一种现实的生活方式。这是与艺术作品所开启的世界截然不同的。尤其在数字网络环境中，许多文化产业样式诸如微信、QQ、电子邮箱、搜索引擎等，在事实上已经成为当代人在共同世界之内的"上手事物"①，成为日常工作和现实生活不可或缺的一种工具或文具。在日常生活中，我们已经习惯了通过图像世界获取新闻、针砭时弊、结识朋友、交换文件、谈情说爱、点餐购物、汲取知识、寻找娱乐……这一图像世界，诚如鲍德里亚所言，有时"比真实更真实"。就此而言，文化产业所置造的图像世界似乎与外界并无分别。那么，难道文本信息所建立的图像世界也可以称为自然的世界？

或许我们可以套用鲍德里亚所用的术语，将图像世界称为"超真实"的世界，即一种不以现实原型为基础的模型世界。然而，图像世界实际上已经与现实连接，并且在很多情况下就是现实或以现实为背景，否则，也不可能成其为每个人可以经验、使用的共同世界。为了更确切地描述这一世界，我们不妨借用增强现实（Augmented Reality）这一技术术语来指称这个世界。增强现实不同于虚拟现实（Virtual Reality），它是一种将现实世界和虚拟世界的信息无缝集成的数字技术，"真实"的东西和"虚拟"的东西被叠加或镶嵌在同一个空间或同一幅图景中，虚拟的世界被套在现实世界中相互作用，从而构成增强现实的境域。

如果图像世界是增强现实的世界，这个世界就是技术为此在的现代生活方式而订置的世界。这个世界因技术而"增强"，为此在而"增强"，并且成为此在生活于其中的处所，以致成为此在的一种新的存在

---

① 海德格尔现象学术语，指世界之内首先来照面的存在者。

方式，一种"现代化"的生活方式。于是，此在生活在增强现实的世界之中，而增强的手段是技术，意味着作为此在的现代人已经困囿于现代技术集-置的陷阱，从而无法规避技术的订置和摆置。

3. 创意何来

如果说世界成为图像与人成为主体属于同一个过程，图像成为世界就与创意成为订置手段是同一个过程。不同之处在于现实与虚构对象的区别，现实的对象来自外界的存在者，而虚构的对象来自符号的创意过程。然而，增强现实的世界并非全部由虚构的对象所构建，只是通过技术手段将虚幻与现实叠加在一起。因此，如果增强现实世界是通过想象而虚构的世界与现实世界的叠加，那么想象的依据是什么？换言之，创意从何而来？

按照美国学者理查德·佛罗里达（Richard Florida，1957—   ）的论述，诸如科技、建筑、设计、教育、艺术、音乐以及娱乐等领域的工作者，都属于创意阶层（Creative Class）的核心成员，任何一位在其所从事的任何职业中扮演着重要角色的人都是创意阶层的一员，建立了上述"增强现实的世界"的文化创意只是创意的一种类型。佛罗里达从生活变革、创意精神、创意经济、创意工作和创意管理等多个维度对创意概念进行了梳理，认为"新技术、新产业、新财富和所有其他正面的经济成果均来源于创意"[①]。

在佛罗里达看来，创意并非一种孤立的想象或虚构，不是一种个人现象，"人类创意是多层面和多维度的……它要求建立与众不同的思维方式和习惯，而实现这一点需要个人以及整个社会的共同努力……需要一个能够对其存在的多种形式进行培养的社会和经济环境"[②]。因此，佛罗里达对创意概念的解读建立在创意生态理念的基础上。在对历史上的佛罗伦萨、19世纪末20世纪初的维也纳以及美国创意阶层的

---

① 理查德·佛罗里达：《创意阶层的崛起》，司徒爱勤译，北京：中信出版社，2010年，第6页。
② 同上书，第22—23页。

创意实践深入考察之后，他写道："技术创新（发明）、经济创新（创业）以及艺术和文化创意等这些我们通常认为截然不同的创意实际上是紧密相关的。这些创意不仅经历的思维过程相同，而且能够彼此取长补短和相互促进而得以共同发展。"①

因此，创意通常来自适合创意的生态环境。这一环境不仅需要有人文历史资源，还要有包括技术、经济、艺术和政策等方面的创新能力和创新氛围。换言之，文化创意能力并不只取决于从业人员个体的文化修养、思维方式或行为习惯，还需要整个社会的共同努力。正因如此，一些历史文化底蕴深厚的经济欠发达地区并没有成为文化创意的活跃地区，优秀的文化创意往往来自经济、技术和艺术等各方面平衡发展的少数发达地区。

佛罗里达同时指出，创意是人类特有的能力，是一种"将人类与其他动物种类分开来的因素"②。正是因为人类拥有创意能力，人类社会才能够不断走向进步。我们不妨回到古代文明去了解人类的创意之源，跟随海德格尔的思想路径，回到那个"一度为西方—欧洲艺术和科学创造开端的世界"③。既然从事文化创意的符号创作者通常是艺术工作者或自称为艺术家的群体，就艺术成就而言，还有哪个时代能与古希腊比肩媲美呢？

海德格尔在《艺术的起源与思想的规定》一文中写道："荷马把雅典娜命名为πολυμητις，即多样猜度者。何谓'猜度'呢？意思就是：预先思考、预先操心，并且由此使某事某物获得成功。"④ 在古希腊神谱中，雅典娜是司掌智慧、园艺、女红、农业、绘画、雕刻、陶艺、法律、军事的女神，因而既是智慧女神，又是战争女神，还是技艺女神。如果将海德格尔所言的"预先思考、预先操心"，与古希腊语πολυμητις的日常含义（十分聪明的、富有创造力的）之意境相结合，就会发现，

---

① 理查德·佛罗里达：《创意阶层的崛起》，司徒爱勤译，第36页。
② 同上书，第39页。
③ 海德格尔：《依于本源而居：海德格尔艺术现象学文选》，孙周兴编译，杭州：中国美术学院出版社，2010年，第73页。
④ 同上书，第74页。

其中蕴涵的正是所谓文化创意的题中之义。无论是美国人理查德·佛罗里达还是英国人约翰·霍金斯（John Howkins，1945— ），他们所阐述的创意概念都意味着一种需要通过预先操心而使某事某物获得预想成功的思想努力。

就文化创意而言，预先操心无疑是对意义、快感、审美价值等进行符号化（符号创作）的过程，所要操心的就是确保符号信息在传达接受者时知觉为其表象的表象状态。海德格尔写道："雅典娜把她特殊的猜度赠予那些制造器具、器皿和饰物的男人们。每个精于制造、擅长业务、能够主管事务处理的人，都是一个τεχνιης（艺人、高手）。"① 因此，那些通常被称为手艺人或工匠的人，在古希腊时代既不是现代人所理解的技术员，也不是现代人所认为的工匠，他们是一些从智慧女神那里获得了某种猜度能力的人。这是一种"领悟"的能力或"知道"的能力，从而让他们成为在某一方面特别擅长的"高手"。按照海德格尔的解释，这里的τεχνη并非意指"制作"，也不是我们日常认知的技术或艺术，而是"知道"。因为高手"知道"，所以，他们能够"先行看到那个在某个产物和作品的生产过程中的关键之物"②。然而，这种"知道"的能力只能来自雅典娜所特有的"明眸"。由于雅典娜拥有猫头鹰般的眼睛，她能够"穿透黑夜，使通常不可见者成为可见的"③，于是，"知道"就是一种可以先行看到和先行洞见的能力，是一种"无限性"的能力。这种能力来自雅典娜朝向边界的沉思，只有雅典娜既能看到"人类可能作品的不可见形态"，又能看到"自发地入于其当下边界之中而涌现出来并且在其中逗留的东西"④。前者是τεχνη（技艺），后者是φυσις（涌现，自然）。

由此可见，古代人的创意是一种τεχνη，是一种被现代人翻译为"技艺"的东西。要达到预先操心的目的，就必须拥有τεχνη，从而先行看到或洞见未来的某种"产出"形态。然而，这种"产出"能否成为

---

① 海德格尔：《依于本源而居——海德格尔艺术现象学文选》，孙周兴编译，第74页。
② 同上书，第74—75页。
③ 同上书，第75页。
④ 同上书，第76页。

作品或者能否应合φυσις，取决于创意者是否具备猫头鹰般的眼光，能否成为古希腊人所说的"高手"。无疑，当代的符号创作者不是雅典娜，也不是古代"高手"，所谓的先行看到或先行洞见，并不是人人可以拥有的能力，符号创作者必须寻找某种现实可用的创意方法。然而，就受有限性制约的现代人而言，这一方法不可能是τεχνη，而只能是某种"技术"。这一技术就是佛罗里达提出的创意思维的四个步骤——准备、沉思、灵感闪现、验证或者修改①。其中的灵感闪现虽然接近于对"边界"的视见，但受有限性制约，真正的视见是不可能达到的，因而至多只能达到对"边界"的感应。同样，由于"有限性是人的生存的基本特征，当然也是人的行为的基本特征"②，第四个步骤就成为一种必然的应对措施。验证与修改不是一次性的行为，在多数情况下要进行多次验证和修改，目的是逼近边界。这种不断修正、逼近的行为相当于数学中的迭代算法（iteration）③。迭代是计算机解决问题的一种常用算法，其原理是通过不断重复执行而逼近原值，因此，被引申为为了逼近所需目标或结果而进行的重复性的反馈过程。

在后文化产业时代，迭代已演化为一种思维模式。由于现代人不是"神"，所以，现代人没有雅典娜的明眸可以先行视见边界，技术和思想总是不完备的，总是有缺陷的，所以，无法规避"验证与修改"的不断反复，甚至永远处于修改、完善和进步的过程中。迭代思维所体现的就是"验证与修改"的必然性，并且因此成为符号创作者的一种创意策略，成为后文化产业时代的一种典型商业模式。换言之，符号创作者由于在创意过程中无法视见边界，只能通过反复的迭代来应合现代技术的变迁和消费者永不满足的需求。正因如此，文化产业生产的每一个产品，无论是微信、微博、电影或者电视，都无法逃脱作为技术集-置之订置的存料-部件的命运，随时可以被升级、被淘汰、被更替，始终处于一种被促逼、被摆置的订置状态中。从苹果的 iPhone3

---

① 理查德·佛罗里达：《创意阶层的崛起》，司徒爱勤译，第 36 页。
② 陈嘉映：《海德格尔哲学概论》，北京：商务印书馆，2014 年，第 345 页。
③ 在数学中，迭代函数是重复地与自身复合的函数。在计算机中，迭代算法是对一组指令重复执行，每次执行这组指令时都从变量的原值推出它的一个新值。

到 iPhone14,从微软的 Windows95 到 Win11,从作为社交媒体的 BBS 论坛、博客到微博等一系列文本或样式的更新、升级和换代过程,本质上都属于产品的迭代。"产品迭代"① 的原因未必是原有产品不再有用或不再能用,而常常是以"验证与修改"为幌子获得新的商业订单。这种新的商业订单来自对象的表象者的"需要",即顾客或潜在顾客的需要,表面看来是一种技术改进或功能完善,为顾客提供了"无微不至"的关怀或服务,实质是利用消费者喜新厌旧或炫耀性心理,完成了新商品的推销,从而获得重复利润。

这种类型的顾客需要往往是一种被"促逼"出来的需求,如果顾客不对旧产品及时更换,新功能将不再兼容旧系统,从而迫使顾客不得不亦步亦趋地跟随产品迭代步伐。这种迭代逻辑已经被广泛运用于电影影片、电视连续剧、电视综艺节目、网络游戏以及图书出版等文本的创意创作和商业运作过程。譬如,卢卡斯电影公司在 1977 年推出电影《星球大战》之后,很快推出了《星球大战 2》《星球大战 3》,然后推出了《星球大战前传》三部曲;迪士尼在收购卢卡斯影业之后相继推出《星球大战 7:原力觉醒》(2015)、《星球大战 8:最后的绝地武士》(2017)、《星球大战 9》(2019);哥伦比亚影业公司从 2002 年电影《蜘蛛侠》首映之后,相继推出《蜘蛛侠 2》《蜘蛛侠 3》《超凡蜘蛛侠》《超凡蜘蛛侠 2》《蜘蛛侠:英雄归来》。美剧《越狱》自 2005 年播放第一季之后,直到第五季在 2017 年播放,中国的《越狱》迷们始终保持痴迷的热情和期待。尽管痴迷者难免对新一季的影片或电视剧表达失望与不满,却依然期待下一季快快到来,并且相信下一季一定会"更好"。中国的符号创作者也已开始以迭代模式生产文本,例如,吴京的《战狼》在 2015 年获得好评之后,《战狼Ⅱ》在 2017 年及时推出,确实满足了观众对于"更好"的期待。上述案例表明,文化产业文本在进入 21 世纪之后的迭代周期明显缩短了,人们对迭代模式已经习以为常,

---

① 产品迭代现象始于 20 世纪 50 年代美国通用汽车公司推出的"有计划的商品废止制",影响了美国甚至全球工业设计制度。这项制度要求人为限制产品的使用寿命,在某一时间段内通过使产品样式过时、功能废止、质量废止等,造成消费者心理老化,加速产品淘汰更新。这一制度表明,设计的指导思想从"解决人的生活问题"转向了"为利润而设计"。

对"新"与"变"的渴求不断加剧，甚至消费者也直接或间接地参与到迭代的创意过程中了。

虽然技术发展和社会需求变幻莫测，但消费者对快乐的需求是确定的，因而是可以预先操心并先行洞见的。于是，迭代就从一种数学方法转化成为文本创作和信息传播的可靠策略，这种策略建立在对消费者短期需求行为的预先操心和先行洞见的基础之上。预先操心所操心的并不是消费者在未来真正需要什么，而是要先行创造一种"需要"，让消费者充满期待。消费者所期待的可能不再是内容，因为内容在消费者心目中已经有了想象。消费者之所以期待，只是要从自己的想象得到印证的那一结果中获得快乐，并且相信新的技术手段和消费者集体的创意必然带来"更好"的产品。在期待的过程中，如何"更好"也不再重要，因为所谓的"更好"并没有可以衡量的标准，创意者的预先操心实际上在产品迭代之前已经拥有成功的把握。先行洞见的就不是边界，毋宁说是消费者在满足期待之后的那种快乐。这种短期需要的核心就是快乐。于是，文化创意被摆置入一种"为了快乐"的订置状态，以致创意本身成为现代技术集-置的存料-部件。

2016年上映的科幻电影《太空旅客》（*Passengers*），其剧本创作早在2007年就完成了，并且入选电影工业最佳未拍摄剧本清单，成为全球各大知名电影公司竞相争抢的对象；但作为"存料-部件"，这一剧本创意一直到2015年才得以开机拍摄。换言之，《太空旅客》在长达九年的时间内一直处于"被订置状态"和被"期待"状态。在这部影片的摄制过程中，导演使用了众多最新的数字拍摄和后期制作技术，如机器人的运用、布景的"酷炫炸裂技能"以及3D后期制作等。如果这一剧本创意不曾进入"被订置状态"，没有经历长达九年的时间沉淀，观众或许就无法领会到由最新技术带来的奇思妙想了。因此，《太空旅客》证明了文化创意与技术创新之间的紧密关联，产品迭代的真正推手依然是技术的进步。

当文化创意陷入现代技术的集-置时，其显赫成果是加速了周围世界的图像化进程，现代人因此进入一个变幻莫测的生存环境。然而，世界图像化建立了图像化的世界，并非意味着自然世界就此消失了，只是周围世界转变成为一个增强现实的世界，此在依然"在之中"现实地生活着。"在之中"（In-Sein）是海德格尔的此在存在论的一个术语，何为"在之中"呢？我们不妨从字面上来读一读海德格尔的描述：就原始意义而论，所谓的"之中"（in）源自居住（innan-）、逗留（habitare），"把这种含义上的'在之中'所属的存在者标识为我自己向来所是的那个存在者……我居住于世界，我把世界作为如此这般熟悉之所而依寓之、逗留之"①。不难发现，这里的"在之中"与 culture 一词的原初意涵是一致的！如果文化是某一人群或某一民族在某一特定历史时期的生活方式，此在是"在世界之中存在"，"在世界之中存在"不正是人类生活本身吗？事实上，海德格尔的确常常将世界解释为此在于其中"生活"（lebt）的处所②，海德格尔现象学始终强调实际生活经验的原初性意义，而胡塞尔后期的发生现象学的关键词也是生活世界。因此，"生活"或"文化"是 20 世纪现象学思想家们所共同关注的核心话题，文化产业之文化的意涵是生活方式，文化产业现象所影响的必然是现代人的生活世界，生活世界才是人类的生存、生命之意义的根本所在。

因此，文化技术对图像世界的摆置就是对生活世界的促逼。其后果是，我们的眼球被五彩缤纷的图像牢牢吸引，从而忽视了现实的日常生活周围的人。譬如，家人、朋友、老师和学生似乎都生活在一个虚拟的网络世界中了，社交媒体上的表情符号替代了眼神，替代了握手，替代了拥抱……这是一个没有肌肤触摸的世界，这是一个只有光波刺激的世界，这是一个缺乏温度的世界。

由于经由文化产业现象的集-置效应，海德格尔所描述的世界图像变成了图像世界的图像，与此在共同照面的世界就不再是实存的世界，当代人的生活不再是历史传统中的那种生活，文化不再是原初含义的文化，技术不再是前工业时代的技术……新的技术不仅不断生发更多种类的符号、信息、媒介与媒体，而且不断迭代着传播样式、传播方

---

① 海德格尔：《存在与时间》，陈嘉映、王庆节译，第 63 页。
② 梁家荣：《本源与意义：前期海德格尔与现象学研究》，第 222 页。

式和传播速度，从而不断改变着现代人的思维方式、生活方式和意义价值。这种改变不是一蹴而就的，对实存的世界与自然的世界的改变也是一个逐步推进的过程。在互联网兴起之前，由无线广播或有线电视所建立的还是一个受制于距离、地形、时差或意识形态的图像世界，只能称之为局域性的信息共享世界；信息传播还是单向的，区域受众虽然可与标准化的图像世界共时照面，但符号创作者与接受者之间还不能实时互动。在互联网连通全球之后，任何地区的信息接受者可以在同一时程与相同的信息照面，并且可以与符号创作者或其他接受者实时互动。在移动互联网普及之后，信息传播不再受固定装置束缚，智能手机与可穿戴设备让处在旅途中的人们都能轻松地接收全球信息，同一时程接收同一文本的接受者数量远远超过了电视观众。

第三节　共同世界的信息

1. 全球文化互联

随着文化技术从电子媒介向数字媒介的快速推进，不断提升的图像处理能力、信息存储容量、芯片运算速度、深度学习算法等为符号创作者提供了日益丰富的工具和灵活的手段，理论界已经结束了针对文化工业、大众文化或流行文化的概念争论，走进贴上创意经济标签的后文化产业时代。计算机和互联网技术的全面应用不仅让信息传播方式进入一个新时代，而且让信息的全球互联成为当代社会最为显赫的文化现象。然而，这个全球互联的共同世界的建立，究竟是加速了不同民族或地域的文化融合，还是加剧了不同文化的冲突，却仁者见仁、智者见智。

虽然我们通常认为数字时代始发于 20 世纪末，但数字技术应用的理论基础却在第二次世界大战期间已经奠定。以阿兰·麦席森·图灵（Alan Mathison Turing，1912—1954）、克劳德·艾尔伍德·香农（Claud Elwood Shannon，1916—2001）、诺伯特·维纳与约翰·冯·

第三章 信息传播：共同世界的确立

诺依曼（John von Neumann，1903—1957）为代表的科学家，分别在计算机、信息论、控制论和博弈论等方面绘制了一幅数字文化技术集-置的宏伟蓝图。从这一时期开始，经过半个多世纪的积累和发展，以好莱坞为代表的美国跨国文化企业逐步占据了全球文化市场的主要份额，其他地区的文化产业虽然奋起追赶却难以抵抗美国文化产品的强大影响力。因此，互联网信息高速公路的建立，实际上为美国文化向全球蔓延铺平了道路。同一时期，理论界形成了两种既相互联系又相互对立的观点：文化帝国主义和文化全球化。

文化帝国主义（Cultural Imperialism）概念在 20 世纪 70 年代成为理论界研究和争论的焦点，并在 80 年代初期的西方社会广泛传播，认为"殖民者在政治和经济上进行直接统治的时代结束之后，出现了一种新型的、更间接的国际统治形式"[1]，其影响是不同的国家被迫接受美国文化产品，这些产品的全球传播不仅带来了文化的同质化，而且抑制甚至破坏了本土的文化传统以及本土的信仰体系。法国人提出的"文化例外"（cultural exceptions）政策，就是为了防止美国的大众文化对法国文化市场的侵蚀。

文化全球化（globalization）主要指商业文化、大众文化以及消费主义思潮以各种方式占领文化市场的世界现象，是一股全局性、超国界、全球性的力量。这一概念也是在 20 世纪 80 年代提出，并在 90 年代获得广泛关注。文化全球化的拥趸反对文化帝国主义批判，认为文化全球化带来的不是文化的殖民化或民族文化的消融，而是现代技术进步和发展的一种必然性，代表人类未来发展的趋势。由于这种文化的流动同时存在着"互异"与"融合"的作用，不同地域或不同族群的受众对全球流通的文化产品反而具备了更好的"创造性、能动性使用"的能力，因此，"有许多相互排斥的趋势保护着世界不会沦为一个同质化的文化空间"[2]。

不难发现，在文化帝国主义批判和文化全球化概念中，存在着明

---

[1] David Hesmondhalgh, *The Cultural Industries* (3rd edition), SAGE Publications Ltd., 2013, p. 272.
[2] 同上书，第 275 页。

显的法兰克福学派文化工业批判和伯明翰学派文化研究理论的影子。文化帝国主义批判理论虽然采用大量的实证研究阐述了美国文化产业的商业扩张特性和意识形态倾向，却并未清楚地说明一个没有"文化部"的美国如何从过去的文化劣势地位一跃成为令欧洲人感到畏惧的文化输出强国，除了军事和经济因素外，美国人在艺术和教育方面的投入被忽视了；文化全球化概念虽然揭露了文化帝国主义批判的理论局限性，却在论述中几乎没有实证研究，而且对许多现实的政治问题避而不谈，同时忽视了不同国家、地区和民族之间现实存在的财富不均和机会不平等问题。因此，在文化产业现象学研究中，为了避免拘囿于相互矛盾或对立的思想框架，必须跳出既有名词的窠臼，坚守"面对事情本身"的原则。由于我们所关注的是文化技术演变对信息传播的影响，即技术在文化产业现象的关联意义方向的作用，无论是文化帝国主义批判还是文化全球化理论，问题的根源只在于信息已经因文化技术的进步实现了跨越国界的传输，从而为现代人建立了一个互联互通、共在共享的周围世界。诚如海德格尔所言："对于一切在直观中原本地给予的东西，要如其给出的那样去接受"①。我们不妨用一个带有鲜明技术特征的名词——文化互联，来描述后文化产业时代的信息传播特征。这一特征的核心在于为分布在全球各地的信息接受者开通了一条信息高速公路，建立了一个可以在同一时程供全球消费者共享信息的图像世界。

由于互联网已经在事实上将全球电信传输系统连接在一起，不断推进的数字化工程让各种文本信息的存储、发送和接收在技术上成为一件不受样式、国界和距离限制的事情，因此，所谓的文化互联既不是对美国文化的全球扩张或侵略的粗暴指责，也不是对全球文化消费接受能动性的简单认可，而是意味着信息在不同的传播媒介之间、各国电信系统之间实现了物理上的互联互通，全球信息高速公路为不同地域、不同种族、不同信仰的文化交往敉平了空间距离和时间秩序的

---

① 孙周兴：《我们如何得体地描述生活世界：早期海德格尔与意向性问题》，《学术月刊》2006年第6期。

障碍，也为跨国文化企业的国际市场拓展和商业竞争奠定了物理基础。换言之，如果撇开人为制造的障碍，各种不同的文本信息能够在同一条高速公路上畅通无阻了，而畅游其上的全球各地的信息接受者观赏到的理应是一个相同的或者说标准化的世界。

早在20世纪60年代，麦克卢汉已经用文学性的语言预言了未来数字时代的信息传播格局。他写道，作为媒介的印刷成了"眼的延伸"，广播成了"耳的延伸"，电视成了"耳和眼的延伸"，电脑成了"整体中枢神经的延伸"，于是，媒介成了"人的延伸"[1]；而随着海底电缆、卫星、光纤和移动通信技术的发展，媒介已经将人类文明联通为一个没有物理障碍的整体，地球因此收缩为"一个小小的村落"[2]。进入21世纪后，由于信息的传播不再是单向、单通道的传递，与其说媒介是"人的延伸"，毋宁说媒介是人与媒体的双向延伸。不过，"人的延伸"只是让人的视野伸向更多的媒体所传播的琳琅满目的文本样式，而不是朝着现实世界之深度的延伸；"媒体的延伸"让触角从国内延伸到国外，从城市延伸到农村、山区和海洋，延伸到在地球每个角落生存的人群，从而让所有的地球人成为媒体的消费者。因此，得益于媒介的迭代和通信速度的提高，媒体的传播力、影响力、控制力等不再局限于一座城市或区域，技术为媒体提供了全球性话语权的可能。

然而，我们赖以生存的地球并未因此缩小为小小的地球村，只是在原本的自然村落之外、在大家共享的信息公路之上，产生了无数个流动的"游牧部落"，形成了没有地域之分的"游牧文化"。在这些"游牧文化"中，信息接受者虽然不再有国籍、肤色、性别或年龄的区分，但都已成为在共同世界中漫游的"游牧人"或"部落人"了。我们既可以将这种"游牧部落"或"游牧文化"视作一种来自不同地域或族群的文化之超越时空的组合或融合，也可以视作来自信息公路的"游牧部落"与现实生活的周围世界的数字分割。那么，全球文化互联就不只存在融合这一种可能，而是必然同时存在冲突、互斥、分裂或

---

[1] 麦克卢汉：《理解媒体：论人的延伸》，何道宽译，南京：译林出版社，2011年，第5页。
[2] 麦克卢汉在1951年出版的《机器新娘》中预言世界会成为地球村。《机器新娘》（*Mechanical Bride*）是当时对美国广告的独家分析报告。

重组的可能。换言之，文化互联的文化技术既可能成为文化融合的黏合剂，也可能成为文化阻隔的防火墙。就现实状况而言，墙内与墙外确实存在着各种水火不容的思维逻辑和价值逻辑，人类漫长的文明史所形成的各种文化冲突并没有因为互联网的联通而消失，反而因为直接的碰撞而产生了新的冲突。

与其说文化互联建立了地球村，毋宁说原本的自然村落经过拆迁获得了安置或分裂，带来了人群的重置。例如，在Facebook群组中，持不同观点或意见的用户一定会被群主"请出"群外，于是，群组便成为某种单一文化的封闭部落。再如，虽然"趣头条"① 是一款开放的内容资讯自媒体，但服务的目标用户锁定在四五线城市的女性，从而形成一种相对封闭的"小城女性"文化部落。换言之，网络社交媒体的发展使得人们越来越倾向与观点相同或相近的人一起交流，选择自己感兴趣、认可的新闻和信息来阅读。这些部落往往是一些基于共同兴趣经分化重组而形成的高黏合度、高聚合力的网络社群，这种重组或重置虽然在文化上谈不上融合，却形成了一种新的经济逻辑，即社群经济或部落经济。这种部落重置或部落经济究其本质是一种互联网技术的集-置，是互联网技术对现代人类生活方式的订置，人类从此处于一种为数字和网络技术所摆置的订置状态中，即每一个"数字人"成了技术集-置之订置状态中的存料-部件，成为部落人、游牧人或流浪者，总之是"数字人"。在这一状态中，经过重置或分割后的游牧文化生态重构了信息接受者共同照面的周围世界，"在之中"最先来照面的不是自然的人，而是数字化的信息。

因此，由全球文化互联所构建的是一幅"无人"照面的共同世界。这里的"无人"并非没有人，而是"数字人"处于一种"在场者不在场"的状态。"在之中"的人既是信息的接受者，也是信息的生产者和传播者，与他人的关系是建立在信息的数字化传播基础之上的。质言之，由于数字技术集-置的订置和摆置，信息已经成为与部落人切近照

---

① "趣头条"是2016年6月上线的一款通过大数据算法和云计算等技术，为用户提供感兴趣、有价值的个性化内容及服务的APP。

面的唯一存在者。

2. 信息与消息

不论是来自符号创作者的生产还是信息接受者的再生产，文化产业传播的信息总是一些诸如文字、声音、图像、动作、手势、气味或触感等类符号的集合。早期的文本信息都是通过这些符号中的某些类型实现信息的保存、传递和接受；在电话、电报和无线电广播出现之后，电流波形和电磁波形充当了传递信息的符号，唱片的沟槽和磁带的磁化状态成为保存或传递信息的符号。因此，如果说"符号就是信息"，只是意味着符号是承载了信息的载体，即符号是信息的媒介。就此而言，符号本身也是一种技术，符号创作就成为一项技术性的工作。

除了将符号视作信息外，人们还将消息称为信息。作为一个传播学术语，消息是一种使用最为广泛的新闻体裁，每天在报纸、广播、电视或网站等媒介中以简明扼要的文字或语言报道全球各地最新发生的事情，成为我们日常接触最多的一类信息。只是就消息一词的原初含义而言，该词最早出现在古籍《易传》中，"丰"卦"彖传"曰："日中则昃，月盈则食，天地盈虚，与时消息，而况于人乎，况于鬼神乎。"其中，"消"为消亡，"息"为孳生，此乃一阴一阳，代表了万事万物亘古不变之规定性。此后，"消息"一词在古汉语中衍生出众多含义，《淮南子·缪称训》中有："故君子日孳孳以成辉，小人日怏怏以至辱，其消息也，离朱弗能见也。"此处的"消息"当为"征兆、端倪"之意，已经接近于符号之含义了。不过，古人说"离朱弗能见也"，意味着"征兆、端倪"并不是轻而易举可以视见的东西。在互联互通的游牧文化中，与我们切近照面的信息和人工创制的符号及蕴含征兆的消息有着怎样的关联呢？

随着需要传递的信息的不断增多，简单的手势与字词已经无法满足人际交往、知识传递、技术发展和经济发展的需求，对信息传播的可靠性、精确性和保密性的要求在第二次世界大战期间尤为凸显出来。此时，英国数学家阿兰·图灵为其所构想的计算机选中了一种简单的符号，即二进制数字；美国数学家克劳德·香农将"0"和"1"视为信息的最小单位，取名为比特（bit）[①]。从此，信息成为一个物理量，就像长度、时间、速度等物理量一样有了专属的度量单位。在香农提出的信息论中，信息（information）是"某种从一点被传递至另一点的东西"，信息意味着"出人意料"，信息是"熵"（entropy）[②]。香农的理论对当时的工程师来说过于数学化，对数学家来说又过于工程化，因而能够理解的人在当时屈指可数。只有曾经师从哲学家罗素的控制论奠基人诺伯特·维纳在同一时间与香农的思想产生了共鸣。香农用熵来度量信息的不确定性，而维纳用熵来度量信息的无序程度。

作为身兼数学家和工程师双重身份的香农，其对信息特征的描述为后来数字和网络时代的技术实践和社会发展所验证。香农所引用的熵原本是一个热力学概念，指的是一个孤立系统的"内在的混乱程度"。按照热力学第二定律，宇宙的熵（无序程度）总是与日俱增的。就信息宇宙而言，后文化产业时代所表现出来的正是一种信息无限膨胀的过程。因此，香农以熵作为信息度量单位，表明他已经预测到未来数字空间之信息的浩繁、意义的纷乱。根据香农当年的估计，美国国会图书馆的藏书信息量在第二次世界大战期间大约为10TB[③]，这是当年能够看到的最大的信息仓库了。然而，到2010年，该图书馆收录的信息仅网页数据就已达160TB。根据国际数据公司（IDC）2017年发布的《数字时代2025》白皮书，2018—2025年全球数据量将从33ZB增长至175ZB（即175万亿GB）。因此，这已经不是一个可以想象的有着陆地边界的信息海洋，而是一个超出想象范围的无边无垠的信息宇宙。如果借用热力学原理来看待这个宇宙，当信息量增加到不能再增加的时候，最终将会达到一个平衡状态。这一平衡状态被科学家称为"热寂"（Heat death），意味着宇宙死亡！诚然，这是科学家对宇宙终

[①] 香农以二进制（binary digit）数字度量信息，bit是binary digit的缩写。1比特相当于掷硬币猜正反面时的不确定性，即1/2的概率。
[②] 詹姆斯·格雷克：《信息简史》，高博译，北京：人民邮电出版社，2013年，第215页。
[③] 信息存储容量通常以字节为单位，1字节＝8比特。大容量单位均指字节：G（10^9），T（10^{12}），P（10^{15}），E（10^{18}），Z（10^{21}）等。

极命运的一个假说。

信息爆炸或信息泛滥已经在后文化产业时代成为现实，其主要推手就是文化技术的数字化，不仅凡是能够表达"0、1"两种状态的介质都可以成为存储或传播信息的媒介，而且所有信息接受者都可以成为信息的生产者。数字技术影响力的真正形成得益于文化互联，在这个文化互联的世界中，虽然信息的高速流通让我们从信息宇宙中能够获得几乎所有想要获得的信息，但知识与谬误同在其中，混淆难分。仅就信息量的变化而言，周围世界不但没有像麦克卢汉所说的那样变小了，反而是变大了。"变小"意味着距离的切近，但除了速度的提高之外，我们的真实感受却不是切近，而是疏远；虽然我们可以通过互联网随时与大洋彼岸交换信息，但我们与家人、朋友、邻居已经越来越少有面对面的眼神交流和亲密的肌肤接触，甚至办公、学习也不再必须走进写字楼、教学楼或图书馆，与上司和导师的互动都可以借助微信、QQ或电子邮件等应用软件，于是，误会与错判也就在所难免了！我们现在所能看到或听到的，往往未必是我们想要看见或听见的（如真实），而不想看见的（如广告）却又总是赫然涌现。信息量的无序扩张已经让有用的信息更多地被错误、伪造甚至有毒的信息所淹没，而在信息传播过程中，信息失真的必然性也凸显出信息的不确定性及信息的出人意料等问题。

香农将通信系统的一般形式划分为五个环节，分别是待输送的信息、信息发送端、信号传递、信息接收端和最终输出的信息，其中的待输送信息、信号传递和最终输出信息都是时间的函数，受到多种未知因素（如阻抗、干扰、温度、湿度、磁场等）的影响。这一通信形式与文化产业信息传播的本真结构极为相似，但其实是构成信息传播媒介的技术单元，数字文化产业的信息传播就依托于这些单元。香农指出，尽管"在理想的系统中，最终输出将是输入的精确复制"，但真实的系统中总是存在噪声（如静电），因此，真实的系统总会经受失真[①]。

这里所说的失真，是从技术角度来指称源自各种电磁干扰、半导

---

① 詹姆斯·格雷克：《信息简史》，高博译，第174页。

体材料、电缆阻抗或电子装置性能所造成的波形畸变或信号丢失。文本信息传输的失真不只存在于技术性的因素，还存在非技术性的各类干扰。一方面，数字化信息是由计算机处理，供卫星电视、光缆或电缆传输以及供接收装置接收的符号序列，符号创作者所创作的文本信息在待输送环节通过技术手段被编码为规定格式的数字代码，至最终输出环节被还原为相应的符号信息。在这一处理和传输的过程中，文本信息被转换为纯粹物理量的代码，其蕴含的意义取决于发送端与接收端的通信协议。另一方面，符号创作者所创作的文本必然要接受媒体、政策、法规或意识形态等方面的检视、干扰或过滤，才能最终进入传输系统向接受者发送。此外，香农所谓信息的"出人意料"原本指的是概率，是一种对信息的确定性程度的描述，即在一定的信息量中包含有效信息的可能性。正是由于概率的不同，导致从有限的信息量可以确定有效信息的可能性不尽相同。这里的意思类似于带有"征兆"意涵的消息。我们总是从有限的消息中去猜度背后的事实，而能够猜度出事实的可能性就是香农所说的"出人意料"。因此，数字时代的信息传播并不是一种原汁原味或原真性持存的信息传递，而是如消息一样传递的是征兆，与信息接受者照面的是一个在蕴含征兆的境域中构成的世界。换言之，在数字信息的传播过程中，文化产业现象生产环节所生产的文本信息的原真性已经必然地被传播环节，尤其被技术过程、媒体过滤和信息冗余所销蚀了。信息接受者能否从信息中发现征兆将取决于多方面的因素，即便就信息本身而言，也不仅取决于接受者的解码能力，还取决于信息的不确定性程度。

至此，我们依然没有从上述说明中提供"信息是什么"的明确答案，反而对信息的理解增加了更多的不确定性。那么换一个角度，我们来考察英文单词 message。这个单词有时被译为"讯息"，例如，"The Medium is the Message"虽然被我们理解为"媒介即信息"，但也有人译作"媒介即讯息"；message 也是手机"短信"的英文用词，即俗称的"短消息"。因此，在不同的语境中，message 可以被译作信息、讯息或消息。不过，追溯 message 的词源，其拉丁语动词的本意为"送"（to send），经古法语 message 传至英文，由词根（mess）加上名

第三章 信息传播：共同世界的确立

词后缀（-age）构成"被送出或派出的东西"的含义，以后衍生出"消息、启示、预言、广告词"等含义。这个单词之所以被译为"讯息"，可能与过去"通讯"或"电讯"等名词的使用传统有关，且旧时的电报报文也以 message 表达，因此，译名"讯息"更能凸显电子通信的技术特征。但是，按照其本意"被送出或派出的东西"来看，message 所指就是具体的消息。而 information（信息）的拉丁语词源则有"形成、概念、教育以及通知"等含义，不是一种具体的对象性的东西，可以理解为一种"认知"。质言之，当接收到某一信息（information）之后，接受者获得了某种"认知"。因此，我们可以将信息理解为蕴含于消息中的意义，信息接受者是在接收到的消息中发现了某种征兆，认知到某种意义。

回头检视香农所说的不确定性或维纳所称的无序状态，已然清楚的是，所谓信息，既不是符号外观或消息本身，也不是符号或消息的数量，而在于从符号和消息中，从浩瀚无垠的信息宇宙中，我们能够发现、认知或领会到什么意义。因此，信息量大只是表明符号和消息的数量多，并不必然意味着内含更多的知识或更大的意义。换言之，如果较少的信息占用了较大的信息量（存储空间），就意味着消息有着较高的信息冗余，即较大的不确定性。举例而言，我们在观看电视节目的过程中，声色丰满的荧屏传递巨大的信息量，变化莫测的图像和声音可能包含无数条消息、无数个符号，然而，闪亮的灯光和五彩的布景传递出来的可能只有一种炫目的感觉，这些灯光符号、色彩消息和音响效果能够留在观众记忆中的东西（有意义的信息）却寥寥无几。不过，信息量少也并不意味着包含的信息多。如果电视节目所传递的一切都是已知的或可预测的，例如，屏幕上只有一片满屏的蓝色，这是完全确定性的蓝色消息，但信息依然为零，因为在这满屏的蓝色中，既无征兆，也无意义。换言之，若一切都是已知的，就不存在出人意料，不存在征兆或端倪，就没有东西需要去认知或领会，就没有信息可言，从而不可能构成吸引眼球的周围世界。

因此，信息量不是信息。信息是在信息量中所包含的出人意料的东西，是蕴含有征兆、端倪或意义的东西，只有那种在无序状态中获取的确定性才能称为信息。巨大的信息量并不意味着可以让信息接受者获得更多的意义或更多的认知，甚至反而让征兆、端倪或意义被淹没，从而带来错误的认知或领会。诚然，巨大的信息量也可能连错误的信息都没有，这就是无信息。譬如，我们有些文化产品就其故事内容而言或许无法挑剔，之所以得不到受众认可，就因为其中没有信息，就像一瓶纯净水一样食之无味。

在后文化产业时代，互联网和移动互联网所建立的共同世界似乎充满信息，我们每天都在接收信息，但我们又每天都在寻找信息，就因为有用的信息被淹没了，或虚假的信息太多了。为了找到信息，我们求助于技术。于是，有了数据挖掘技术（data mining），有了维基百科、百度百科、今日头条……然而，什么可以搜索、什么必须过滤、什么将会推送等并非全然取决于技术，而且人工智能计算的结果也未必就是我们需要的信息，至多反映了我们曾经的需求。因此，在后文化产业时代，文化产业所提供的文本并不必然是为了接受者的实际需要而生产和传递的信息，而常常是为了置造"需要"而订置的产品。由于媒体通常是媒介传播的控制者，所以，订置者通常是媒体或媒体背后的权力机制，而不是生产环节的符号创作者。这里之所以强调"通常"，是因为基础电信设施在大多数国家或地区不为私人拥有，媒体通常只是通信设施的使用者，而非完全的掌控者。诚然，这里没有考虑政治制度、意识形态、经济基础、文化保守主义或文化例外政策等可能给信息传输所设置的种种路障或关卡，因为既然信息传播的物理基础已经建立起来，制度和关卡就只会影响区域市场，生产和发送什么信息的关键部门依然是媒体。媒体作为信息传播最重要的组织形式，虽然难免为意识形态或政治诉求服务，但其首要目标是创造利润。诚如赫伯特·席勒所言："美国的无线电广播和电视从一开始就是被看作、并作为创造利润的工具来使用的"，广播和电视生产的产品的"首要目标就是宣扬、推进和销售消费主义"，以致"几乎没有一个文化空间可以存在于商业网之外"[①]。事实上，美国人一直以娱乐产业指称文化产业，就是因为美国的电影、广播和电视自诞生之日起都是以娱乐

[①] 赫伯特·席勒：《大众传播与美帝国》，刘晓红译，上海：上海译文出版社，2013年，第9、13页。

第三章 信息传播：共同世界的确立

方式服务于牟利行为。

爱迪生与迪克森所建造的活动电影房是一个标准的娱乐眼球的装置，每次只能允许一个人从小孔中观看一段短暂的动态画面，爱迪生收取一定的费用，而观众获得了短暂的娱乐。到了20世纪20年代，其时无线电广播诞生不久，美国的资本家就开始了对无线电广播的大规模接管，而广播的内容大多数是音乐；40年代末50年代初，电视刚刚进入商业运营，市场营销就被确定为电视的主要功能，因而广告成为电视台和无线电广播的主要营利手段。当时流亡在美国的阿多诺发现："在文化商品中，所谓的使用价值已经为交换价值所替代……消费变成了快乐工业的意识形态。"① 电影、广播、电视如此，互联网服务更是如此。不同的是，互联网之前的文化产业不可能每时每刻生产、传播信息，而互联网服务却是每分每秒都在产生巨量信息。面对广袤无垠的信息宇宙，文化企业除了不断置造标新立异的文化创意，竭尽所能地为信息接受者提供感官刺激外，还能以何种方式吸引受众对商品信息的注意呢？因此，无论是电视、网站或移动社交媒体，在显眼的位置、以最触目的方式所呈现的必然是商业广告，无论我们通过影院还是网络观赏电影，都无法避免以强烈的声、光、电等形式所展示的广告文本的骚扰。媒体真正需要受众接受的是广告文本所要传递的信息，其他文本只是为广告提供指引或衬托的符号。诚如阿多诺所言，当文化与广告混同起来，"只有那些付得起高额广告代理费用的企业，只有那些控制着广播网络的企业，或者说，只有那些已经确立了这样的地位，或由银行和工业资本决定扶持的企业，才可以作为卖方进入虚构市场"②。

在阿多诺的时代，用于信息传播的媒介种类尚屈指可数，大多数媒体只是以某种单一的媒介传播信息，广告性特征还没有充分彰显；到了数字时代，数字化的信息高速公路已经拥有了让数亿信息接受者同时在线、同时接受同一个文本信息的可能。然而，这种可能只会降

---

① 霍克海默、阿道尔诺：《启蒙辩证法——哲学断片》，渠敬东、曹卫东译，第143页。
② 同上书，第147页。

临在极少数的幸运企业身上，大多数的传统文化企业反而面临着可能失去"眼球"的严峻考验。于是，一场规模宏大的媒体兼并和媒介融合的潮流在资本的驱动下滚滚而来，不仅带来了文化消费模式的革命，也进一步拓展了信息的含义，全球文化生态随之发生剧变。

3. 数字化效应

信息的数字化革命首先发生在文化产业的生产环节，推动这场革命的重要力量是微型计算机尤其是个人电脑在20世纪80年代的问世；到了90年代，互联网以及随之而来的光缆通信和移动通信技术颠覆了传统的信息传播方式，引领人类文明进入数字化信息环境。随着计算机图像处理能力的不断增强，电子通信速度的持续提高，半导体媒介存储容量的不断加大，符号创作者的创意手段和想象空间迅速拓展，于是，各种样式的文本越来越多，各种类型的广告越来越多，信息的生产与复制越来越便捷，各类媒体因此进入白热化的竞争状态，文化创意从来没有像数字时代那样作为一种竞争手段或工具（因而属于技术）而陷入媒体兼并与媒介融合的订置状态中。然而，文本类型的增加与传播速度的提升给消费者带来的直接影响并不是知识的增长，而是信息量的急剧膨胀。在这个信息泛滥的时代里，被琳琅满目的商品所包围的消费者，选择消费对象最简单的方式莫过于听从广告的指引。因此，文化产业的广告性特征在数字时代更加显扬昭著，媒体或媒介的竞争就是一种吸引眼球的竞争。于是，创意"高手"从此很难专注于内容的创造，不仅毋须视见边界，甚至毋须生产信息，最重要的是寻找和发现粉丝、创造流量，创意过程的运作或炒作能力就成为决定市场价值的关键因素，文本投放之后的市场效果则变成了次要问题。因此，文本的生产过程在很多情况下变成媒体炒作的过程，成为集聚粉丝的手段，过程本身似乎也已成为文化产业的文本，成为消费者的文化娱乐活动或文化生活方式。

因此，数字时代的粉丝或流量已经不是依靠文本的内容来吸引了，而是来自文本生产阶段的运作：有了粉丝，接踵而至的是投资；有了流量,纷至沓来的是广告……粉丝的数量和流量的大小成为衡量文化产业文本优劣的价值指标,成为媒体首要追逐的商品,于是,数字化的信息传播让后文化产业时代的文化企业都困囿在广告的订置状态中了。

媒体为广告所订置,意味着媒体已经陷入数字网络技术集-置的命运中了,文化技术的突飞猛进让传统文化企业不得不与时俱进,而首选的路径就是改变单一的媒介传播方式,以集聚分散于各类媒介中的粉丝和流量。于是,媒体与媒体的联合、媒介与媒介的融合,成为文化传播企业的转型方向。这一转型所折射的现象与其说是媒介为媒体所摆置,毋宁说是媒体为媒介所摆置了。美国的《读者文摘》走向破产虽然只是一件个案,却印证了文化技术的变迁对媒体产生的摆置效应。截至2017年年底,国内有50多家传统纸媒或停刊或休刊或倒闭,现存的各种传统媒体也都处于从间接依赖、直接依赖到完全互联网化的转变过程中。在媒介数字化和网络化的过程中,纸质媒介是否会彻底消亡呢?类似的担心在摄影、广播和电视等文化技术诞生的时候都曾成为热门话题。不过,摄影在19世纪诞生时并没有带来绘画艺术的消失,反而导致印象主义艺术流派的兴起和发展,绘画艺术风格在后来的发展过程中变得更加丰富多彩;电视在20世纪的出现没有摧毁电影事业,反而激励电影技术和电影艺术日臻完善;无线电广播也没有淘汰掉报纸,20世纪出版发行的报刊图书数量比此前所有世纪的总量更多,21世纪印刷用纸的数量依然保持着稳定增长的趋势。

尽管如此,传统媒体企业都开始尝试以全媒介的运营战略走向专业复合型的发展模式,不同的媒介样式都在寻找适合自身特点的发展方向。尤为显著的是,媒体机构的兼并重组已经成为行业竞争的主要手段。以美国为例,自从1996年美国政府出台《联邦电信法》后,美国的传播媒体就对电信、新媒体等开展了大规模兼并和全方位整合。目前,美国最大的数十家媒体集团都是包括广播、电视、报纸、杂志、出版、电影、音像、娱乐、电话、互联网、零售、广告等多种业务复合的跨国、跨行业的全球化信息产业集团。迪士尼已经从当初一个小小的动画工作室发展成为全球娱乐传媒业的巨头,其主营业务涵盖媒体网络、度假区、影视娱乐、消费品等几乎所有的传媒与娱乐行业。

迪士尼的媒体网络业务由旗下的美国广播公司电视网负责，拥有 10 个电视台，业务包括有线电视网、控股的 A&E 媒体公司和 Lifetime 公司以及 37 个频道的迪士尼电台网；主题乐园和度假区业务包括位于 5 个度假区的 11 家主题乐园，还有迪士尼度假俱乐部、迪士尼游轮路线以及提供导游服务的度假旅游；影视娱乐业务包括故事片、家庭娱乐、电视传播、迪士尼音乐集团和迪士尼剧场公司；消费品业务包括商品授权、出版以及超过 350 家的迪士尼零售连锁店；互动媒体业务将迪士尼品牌拓展到游戏和在线业务领域①。

值得注意的是，媒体企业的兼并行为不再局限于大众传播行业内部，而是将触角延伸到科技领域，特别是大数据、虚拟现实和人工智能等科技企业。传统媒体与科技企业的结合，使得媒体的兼并与媒介的融合呈现出一种多平台到达、多渠道传播、多媒介融合的发展趋势，正朝着"全知、全能、全息"的智能媒体方向发展。所谓的智能媒体，不仅要让人成为媒体，而且要让"机器"（家用冰箱、洗衣机、音箱等）在虚拟现实、增强现实、机器人、人工智能、基因技术、大数据、无人机和新一代电池技术的帮助下形成媒介的新物种。大数据技术通过对用户、行业、场景等数据的分析和挖掘，已经对媒体产生全方位的渗透。人工智能技术已经实现了对语音识别和自然语言的处理功能，带来了更强大、更自然的人机交互方式。半机器人与机器人正在大量出现，并且已经进入家庭，人工智能、机器人与生物技术的结合可能导致某种"超人"的横空出世，从而对人类文明产生难以预料的后果。新技术的超级融合正在快速颠覆现有的媒介生态。未来的媒体竞争，将不再是内容竞争，而主要体现在技术应用的创新和创意水平。

诚然，传统文化企业的兼并整合所形成的市场垄断并未阻碍新兴媒体企业的茁壮成长。Google、Facebook、Twitter、YouTube 等媒体凭借其领先的技术手段、海量的信息资源和粉丝的文化互联等优势，

---

① 西奥多·齐尼：《迪士尼体验：米奇王国的魔法服务之道》，黄昌勇、周晓健译，第 4 页。数据按中译本照录，该书英文原著出版于 2011 年。

给传统的跨国媒体巨头带来了巨大冲击。不仅如此,这些以科技起家的媒体企业并没有止步于信息传播业务的发展,而是不约而同地投巨资于新的文化技术的创新开发,相继推出了各种人工智能媒介产品。作为人工智能的一个显赫成果,微软的中英文翻译系统已经在准确率上具备与专业人员翻译水平相媲美的效果,不同语言之间的日常无障碍交流已经成为现实。Google已经制订了以"人工智能为先"替代"移动为先"的企业发展战略,其产品正在改变诸如翻译、音箱、邮件、社交和手机等传统文化产品的功能和使用习惯。Google的一位负责人宣称,人工智能技术之于人类的意义可能比火与电更加重要。这种重要性可以从无人驾驶汽车的实际应用获得一些领会:一旦植入了"强人工智能"的机器人,能够像无人驾驶汽车或无人飞机一样分布在现实周围世界的各个角落,人类的生存环境和存在方式将被彻底颠覆。

因此,更新的文化技术和更妙的创意过程决定着所有新媒体或新媒介的前途,甚至决定着人类文明的发展方向。通过文化、技术和经济之间的互动、渗透或融合,信息公路上的原有部落正在被不断地分化、流动、重组,从而不断地催生或孵化出新的文化部落或文化生态。虽然同一部落中的强势文化一定会压制弱势文化,导致一种部落内部的文化趋同,但弱势文化借助于数字技术也可以建立新的文化部落,形成独立的甚至封闭的周围世界。这种分化、重组不只是改变人与世界的关系,而且改变了人与人之间的关系。因此,文化互联带来的交流和冲撞,虽然在表面上消除了距离的束缚,建立了数字信息共享的图像世界,但究竟是敉平了文化差异、价值偏见或地域界限,还是制造了更多的争执、误解、不平或分化,并非只有一种必然的结果。尤其是在信息冗余度越来越大、意义无序性越来越严重、对信息的监管和操弄越来越显著的情况下,偏见与误解将愈益恶化。

海德格尔对这种文化生态有先见之明,他在演讲文《集-置》中指出:"一种订置和摆置起着支配作用,而这种订置和摆置已经干预和影响了人的本质……所以,集-置即技术的本质,就不可能是什么人性的东西。因此,当人们试图把技术从人类理智中甚至竟然从艺术理智中推导出来，人们终于误入歧途了。"① 譬如，虽然"今日头条"的成功在于帮助处身信息宇宙中的信息接受者直接获取个人感兴趣的信息，其标榜的理念是"愈来愈懂你"，但是，如果一个人每天只从"今日头条"获取信息，他所接触的世界将变成一个由技术订置的封闭的世界。"愈来愈懂你"的逻辑阻隔了兴趣之外的信息的到达，必然导致个人的视野走向狭隘。因此，与其说"今日头条"的读者被困囿在自己的兴趣中，毋宁说读者的周围世界已经为"今日头条"的智能所订置和摆置了。

毋庸置疑，尽管新的文本样式和商业模式来自符号创作者的创意过程，但人工智能、物联网与机器人等技术将给媒介和媒体带来怎样的变化已经超出当代人能够想象的范围。于是，更多的符号创作者只能选择"创造"消费者的需求作为文化创意的捷径，将不断迭代"消费者的需要"作为可以操心的现实手段。就文化产业文本生产而言，文本与作品的区别在于文本只是生产的对象、传播的对象和销售的对象。然而，就传播环节而言，文本已经不再是唯一被传播的信息，原本只是作为信息接受者的数字人本身已经成为了信息；文本也不再是唯一被购买的商品，那些作为信息接受者的粉丝以及由粉丝活动产生的流量也成了商品。于是，媒体要传播的不只是作为商品对象的文本，更重要的是为作为粉丝的信息接受者提供抽象的快感和未来的需要。换言之，当消费者自身成为媒体所置造的信息，媒体传播的有价值的信息已经成为非对象性的东西了。然而，无论是非对象性的快感，还是高冗余度的信息，真正传递给消费者的却是意义的不确定性，即世界的不确定性。

如果以符号样式经由数字文化技术传递的信息或意义本来就充满着不确定性，或者说原本就处于无序状态中，鲍德里亚所谓的符号秩序是否意味着只是一种想象或虚构的模型，符码操纵只是一种假象，鲍德里亚的判断——"处在'消费'控制着整个生活的这样一种境

---

① 海德格尔：《集-置》，载孙周兴编译：《存在的天命：海德格尔技术哲学文选》，第104页。

地"①——也不过是一种"虚无"?因此,共同世界的首要影响或许还不能说让现代人进入一个想象的消费社会或建立了某种符号秩序,而是全球文化互联带来的信息泛滥给斑驳的图像世界置造了太多的偶然,导致身临其境的数字人因茫然无措而陷于"沉沦",在文化技术传播的共同世界中塑造出了一个异化的"自身世界"。这一异化其实是文化技术进步所带来的信息指引方式的转变——从文字到图像、从连续到离散、从现实到虚拟——导致文化产业现象在实行意义方向上改变了现代人认识世界、领会世界的方式。换言之,文化产业现象的内容意义与关联意义方向得到实行或者完成的"如何",让不同技术特征下的指引和接受方式对现代人的思维逻辑和直观形式产生了潜移默化的影响,导致消费者思维方式的趋同。这一实行意义方向上完成的"如何"是文化产业现象更深刻的影响所在。

---

① 鲍德里亚:《消费社会》,刘成富、全志刚译,南京:南京大学出版社,2014年,第5页。

第四章

时空游戏：自身世界的塑造

在其中，人归属于存在，却又在存在者中保持为一个异乡人。①

---

① 海德格尔：《林中路》，孙周兴译，上海：上海译文出版社，2014年，第90页。

文化技术的演进为现代人构造出标准化了的周围世界，也提供了不同于古代人的经验世界的方式。这一方式按海德格尔的说法就是"存在的如何"。经验的世界并不是"指这样那样的蜂拥着和逼进着的存在者本身，也不是指一切存在者的总和，而倒是意味着状态，也即存在者整体于其中存在的如何（Wie）"。在《论根据的本质》一文中，海德格尔引用赫拉克利特（Heraclitus，约540 B. C.—470 B. C.）的名言来说明存在的如何："清醒者有一个世界，而且因而有一个共同的世界；相反地，每一个沉睡者都专心于他自己的世界。"自己的世界即"自身世界"，此在总是"为它自身之缘故而生存"，一定会从世界走向自己，"由之而来为自身给出意谓"[①]。

如果说共同世界是一个标准化的周围世界，是一种技术集-置的生活方式，那么，从不同技术特征的共同世界走向自己，每一个信息接受者为自身给出的意谓一定会打上时代烙印。从文字阅读到图像观赏，从连续信号到离散信号，从现实世界到虚拟世界，文化技术在改变经验方式的同时也改变了"存在的如何"，改变了此在与自身的关系。在这一过程中，虽然符号是一种切近照面的东西，但因其来自想象和虚构，所以，并不必然地提供秩序，只是提供"显示"或"指引"。由于信息的不确定性或意义的无序，指引关系所生发出来的与其说是一种符号秩序，毋宁说是一种意指纷乱，意味着信息接受者经验的是一个不确定的世界。

与通常的适用性器具不同，符号在一般情况下并非一种可以把捉在手的东西，而只是以某种触目的方式预报或预警"正在到来的东西"，警示我们"有所准备"。譬如，当那只被"咬"了一口的"苹果"出现在广告文本上的时候，无非要指引我们去购买苹果商品，但指引本身并不强迫消费行为。因此，符号的性质等同于消息，它通过征兆、端倪或象征来呈现某种隐含的指引。信息接受者在符号指引中有所领会，从而与世界建立关联。文化产业所构建的图像世界并不是世界图

---

① 海德格尔：《路标》，孙周兴译，北京：商务印书馆，2000年，第166、184页。

像的世界,而是世界图像化之后的"增强现实世界",映射在表象状态的就是一幅增强现实的图像。增强现实效应让信息宇宙以更快的速度膨胀,让图像世界的意义无序状态日益恶化,导致操劳于周围世界的此在因获得太多纷乱的意指而迷失于世界,不仅无法领会此在的存在,而且不再领会到"何所在"与"何所向",只能在闲言、好奇和模棱两可的状态中作为"常人"而在世沉沦。不过,"沉沦"并非堕落,而是"数字人"的一种日常生活方式,是以"沉沦"的方式在共同世界获得一个安身立命的角落,"为了有所领会地现身在世,所以,此在才能够沉沦"①。因此,在图像世界中存在的此在并非不再领会,此在依然是有所领会的此在,依然以或清醒或沉睡的"如何"存在着。

  从文字到声音,从静态图像到运动图像,从二维图像到三维图像,从对现实世界的复制到对增强现实世界的置造,符号样式日新月异。旧的符号还没有消失,新的符号又不断涌现,导致周围世界处于不断的变化中,变化的速度日益加快,而变化的趋势还是未知的。数字化生存让传统生活方式不断远去,全球文化互联不仅没有拉近人与人之间的距离,原本切近照面的他人反而消散在茫茫的信息宇宙而不知所终。信息量的增多本该让人们获得更多的意义领会,更精确的行动指引,但受制于个体有限性,其接受信息的能力、存储信息的能力以及理解信息的能力都是有限的,用于信息接受和领会的时间也是有限的。因此,虽然"数字人"感觉比以往接受了更多信息,但越来越高的信息冗余度带来了重复、虚假与错误的信息。过去的人们可以沉浸在纸质书籍的一字一行中细嚼慢咽,接受的一页信息未必逊于电视播放的一集连续剧;后来的人们可以沉醉于电影影片的一言一行,获得的领会未必少于网络空间的一部大型角色扮演游戏。因此,不是生产的信息多了、意义丰富了,而是传播信息的媒体多了,媒介种类、文本样式、传播媒体(特别是各种自媒体)数不胜数,无意义的信息淹没了有意义的信息,虚假的信息遮蔽了真实的信息,在成就了欣欣向荣的

---

① 海德格尔:《存在与时间》,陈嘉映、王庆节译,北京:生活·读书·新知三联书店,2014年,第208页。

文化消费的同时，也为现代人塑造了一个"在游戏"的自身世界。

第一节　符号指引：从文字到图像

如果按照信息指引的符号类型来区分，文化产业现象迄今为止经历了文字指引的前文化产业和图像指引的后文化产业两个阶段。前者对应于文化技术的纸质时代，文化消费的主流形式是书面文字阅读；后者对应于文化技术的数字时代，文化消费的主流形式是电子图像观赏。电子时代是文字与图像并存的阶段，书籍与报刊在这一阶段依然被视为可以信赖的信息来源，纸质出版业在这一阶段发展到鼎盛期，广播电视的听众或观众还是被动的信息接受者，数字网络技术在这一时期夯实了理论和应用基础。因此，无论是从产业状态、符号样式、技术运用还是从消费方式的角度看来，电子时代只是一个过渡期。虽然过渡期的时间不到一个世纪，但全球文化生态的前后反差是显著的，清楚呈现出不同符号的指引对思维方式与生活方式的深刻影响。

1. 书面文字阅读

文化产业的起点被追溯到古登堡印刷《圣经》文本的历史时期，这也是欧洲人从基督教上帝的世界走出来，走上对自然的世界征服之路的起点。此后一直到电影诞生，文化产业信息传播主要依托纸质媒介。严格而言，纸质媒介所建立的周围世界还不是日常理解的图像所建立的世界，不是由图画或影像指引的世界，因此，可以将电影的诞生把握为从文字指引到图像指引的分水岭。然而，即便我们将图像世界的图像狭义地理解为图画或图案，其形成过程也并非从电影才开始的。在卢米埃兄弟之前，18世纪末发明的石板印刷术已经让图像大量进入纸质印刷品，诸如插图期刊、时装杂志、海报、明信片与贺卡等印刷品在19世纪已经形成较大的产业规模，摄影技术也在同一时期趋

第四章　时空游戏：自身世界的塑造

于成熟。在电影工业兴起之后，文本信息不只是从文字符号走向图像符号，更重要的是实现了从无声到有声、从静态到动态、从黑白到彩色的转变，获取信息的主流方式发生了由书面阅读到图像观赏的转向。到了数字时代，文本信息的图像质量日益逼真，画质更加细腻，色彩更加鲜艳，产生了"比真实更真实"的指引效果；更重要的是，信息传播挣脱了线性束缚，信息接受者同时成为信息的生产者和传播者，带来了信息量的急剧膨胀，信息接受方式发生了从图像观赏到信息浏览的转向。

　　如果从人类最早的文字都是象形文字的角度来看，画物象形以表意，文字的本源就是图像，古代文字的世界最初就是一个图像的世界。在以汉字为主要信息载体的中华文化圈，数千年来的文字阅读始终包含图像符号的指引。许慎在《说文解字·叙》中说："仓颉之初作书，盖依类象形，故谓之文。其后形声相益，即谓之字。文者，物象之本；字者，言孳乳而浸多也。"表明在古代中国，文即"纹"，即图案。字乃文之孳生而来，文在增加了表音功能之后，才合体为字。在西方社会，字母文字一般认为是自古埃及文字、楔形文字、腓尼基字母等演变而来，也是从具象不断抽象的结果。只是到了古希腊罗马时期，字母原有的象形表意功能失落了，转变为纯粹的表音符号。

　　因此，无论是东方文字还是西方文字，都曾经历了一段让图像不断抽象演化的过程，形成了形意、意音、拼音与形意音等文字类型。研究表明，由于汉字始终保持了以形达意的特点，而欧洲的字母与所指事物之间失去了形似关系，所以，汉字（形意音文字）与拼音文字（字母文字）的不同特性在中西方思维方式的形成过程中发挥了重要作用。譬如，当看到汉字"雨"时，呈现于视觉的是一幅"下雨"的图像；当看到汉字"山"时，矗立于眼前的是连绵的山峰；当看到汉字"簾"时，映入眼帘的是一幅由竹子编排的门帘；当看到甲骨文的"文"时，出现的是一个胸部刻有纹饰的人……每一个象形方块字就像电影胶片的一个画格或电视荧屏的一帧图像，当视线随着竹简上的文字上下移动时，阅读的过程犹如观看电影或电视一样，相当于观看变幻的图像。反之，字母文字由于缺失了直观的象形表意功能，"不但名词、代词,甚至形容词都要考虑性、数、格的变化"①,必须通过辅助的符号或标记才能解读文字和语句的真实含义。因此,字母文字由于无法直观地、形象地表现事物,导致西方书面语言只能以抽象的方式来反映事物及事物之间的关系,阅读者只能依靠逻辑判断来理解其中的含义,进而形成了比东方书面语言复杂、严谨的语法结构,产生了比东方社会更加注重逻辑分析和追求事物本质的思维习惯。诚如海德格尔所言,思维乃"普遍性的表象活动"②,文字阅读和图像观赏都是对作为表象的对象的符号的表象过程,都是要通达表象的对象所蕴含的意义。所以,生动的图像与抽象的字母必然通过表象活动直接影响信息接受者的思维与思维方式。不同的符号指引分别影响东西方知识分子数千年,让他们在形象与逻辑思维方面形成不同的文化习惯,这是东西方社会在后来的历史变迁中走上不同发展道路的一个重要因素。诚如麦克卢汉所言:"拼音文字使理性生活呈现出线性结构,使我们卷入一套相互纠缠的、整齐划一的现象之中。"③ 正是字母文字的那种相互纠缠、整齐划一的线性排序的结构特征,在古登堡之后为普通欧洲人培养了一种超越口授时代的分类、推理和判断的能力,铅字那种有序的排列及其内涵的逻辑强化了欧洲人客观和理性思维的文化倾向。

譬如,在载着102名清教徒的"五月花号"轮船抵达北美东海岸建立起普利茅斯殖民地之后的三百年中,美国之所以能够一跃成为资本主义强国,一个被忽视的因素是,当初移民到"新英格兰"的欧洲人"大多来自英国文化教育程度较高的地区或阶层"。在他们踏上"新英格兰"的土地之后,几乎所有的城镇都通过了建立"读写学校"的法令。马萨诸塞州1647年颁布的法令要求,凡有50户以上人家的城镇必须任命一位教师来教本镇所有儿童读书写字;1683年,宾夕法尼亚法令规定,所有有孩子的人、孤儿的监护人和受托人都应使孩子们受到读和写的教育,否则,就要受到处罚。根据尼尔·波兹曼的描述:"在1640年到1700年间,马萨诸塞和康涅狄格两个地方的文化普及率达到

---

① 李志岭:《汉字、欧洲字母文字与中西思维方式的关系》,《外语教学》2002年第5期。
② 海德格尔:《康德与形而上学疑难》,王庆节译,上海:上海译文出版社,2011年,第19页。
③ 麦克卢汉:《理解媒介:论人的延伸》,何道宽译,南京:译林出版社,2011年,第106页。

89—95％"，而同一时期英国伦敦地区的识字率不到40％，可见这一时期的北美东海岸已经成为全球识字率最高的地区。正因如此，在当时的北美地区，印刷品"广泛传播在各类人群中，从而形成一种没有阶级之分的、生机勃勃的阅读文化"①，而公共场合的演讲也成为北美人民司空见惯的生活方式。因此，正是这种全民阅读的风气培养了美国人普遍的理性思维习惯，让18世纪的美国拥有"理性王国"的称号。

"思维的目标在于直观中直观出的东西"②。这种被直观到的"整齐划一"虽然培养并不断强化欧洲人的线性化思维方式，却导致欧洲人对周围世界的整体性、统一性或纯一性的感知能力削弱了，从而对世界的整体性的领会发生了变异，西方人厚植千年的基督教宗教信仰传统就此松动，终于在16世纪形成自上而下的宗教改革运动，同时引发了现代哲学思想、现代自然科学和现代技术的诞生。

笛卡尔关于"我思故我在"的推论无疑是一种典型的线性化思维逻辑，"自我"从此成为主宰世界内一切存在之物的主人，现代人逐渐转化为海德格尔笔下的"持存物"，最终却未能逃避被技术集-置所订置的命运。由此不难理解，那种在20世纪由许多西方鸿儒大哲所宣称的形而上学的终结，或许就是对已经丢失的整体性或纯一性的一种切身感受，是对线性化思维逻辑之局限性的一种反思，从而产生了欲求挣脱形而上学思想束缚的张力。在笛卡尔时代，当"我思"成为唯一不可怀疑者，"自我"成为确定性的主体，对象成为待确定的客体时，世界成为世界图像就成为线性思维逻辑的必然结果。到了海德格尔时代，从"此在之思""技术之思"到"艺术之思"，凸显的都是对线性思维传统习惯的克服，从而转变为一股欲求颠覆笛卡尔开创的现代形而上学的力量。在这股力量的驱动下，形成了一种通过追问"存在者的存在"或"存在的意义"以重返整体性思维的努力。后期的海德格尔在其"本有之思"中建构了一个由"天地神人"组成的"四重整体"的世界，凸显出其思维方式的根本转向。这种转向的发生不是偶然的，

---

① 参尼尔·波兹曼：《娱乐至死》，章艳译，北京：中信出版社，2015年，第36、37、40页。
② 海德格尔：《康德与形而上学疑难》，王庆节译，第47页。

一方面，海德格尔在这一时期对中国的老庄思想有了一定的接触；另一方面，图像观赏的符号指引方式与书面阅读的线性思维逻辑之间的不匹配性在海德格尔时代已经十分显著。虽然书面阅读养成了欧洲人的线性化思维模式，但图像观赏所培养的未必是整体式思维模式，与其说是非线性的模式，毋宁说是一种"心不在焉，视而不见，听而不闻，食而不知其味"（《礼记·大学》）的状态。

2. 电子图像观赏

与书面文字阅读不同，以电影和电视为代表的电子图像所形成的符号指引对思维方式的影响是另一番景象。书面文字因受严格的语法规则制约，符号意指通常是确定的；电子图像遵守的是美学原则，不仅没有严格的逻辑规范，而且图像符号的意指作用因其灵活的能指与所指必然带来解读的多义性或随意性，因此，图像符号指引的不确定性相对高于文字符号。

这里所说的书面文字主要指字母文字，而不是意音文字。以内含图像信息的意音文字和失去了图像信息的字母文字作比较，由于意音文字不仅直接呈现形象而且包含声音信息，单个意音文字所包含的信息必然大于字母文字，所以，在几乎所有的联合国文件里，中文用纸往往比英文用纸少很多，意味着由字母文字书写的书面语言比汉字书面语言拥有较高的信息冗余度，即拥有更高的意义不确定性。导致这一现象的原因在于，汉字所内含的符号化了的图像信息本身的意指是确定的。因此，在相同信息量的文本中，汉字文本比字母文本包含更多的内涵。换言之，文本所蕴含的信息与符号的类型有着直接关联，当相同的内涵以不同的符号样式表达时，存储和传递信息所需的信息量（物理存储空间）将会产生很大的差异。譬如，在电脑中存储一个汉字"树"只要占据2字节（Byte），而相同含义的英文单词tree却要占据4字节；若以英语表达四字成语"才疏学浅"（8字节），将占据更多的空间（31字节）：Have little talent and less learning。

如果以电子图像与书面文字相比较，信息量的不同就更加显著了。

譬如，以一个汉字占用2个字节来计算，按照常规的排版格式和字体大小印满一页A4纸的汉字字数大约为1 000个，其占用的存储空间约为2K字节；而就标准的数字化PAL制式电视机而言，一帧图像的信息量超过50K字节。假设以新闻播音速度来阅读一页A4纸的文字，耗时大约为4分钟，即在4分钟的时间内传播的信息量为2K字节；而由于电视以每秒25帧的速度滚动播放图像，其在4分钟内传输的信息量将高达300M字节。这些数据表明，单帧电视画面所占用的信息量远远大于单页文字的信息量。常识告诉我们，通常从一页文字中所获得的信息内涵要比从一帧电视图像获得的多得多。这里的差别在于，观看一帧电视画面所花费的时间只有1/25秒，而阅读一页文字需要数分钟，可见在两种符号类型的指引中，接受者获取信息所消耗的时间代价有着天壤之别。即使在同等时间长度内，虽然电子图像所传播的信息量远远高于书面阅读，但接受者所接收到的信息一定多于书面阅读吗？显然，接受者对信息的解码不会只局限于一页文字或一帧图像，文本的样式、风格和主题等都会影响指引效果。

因此，书面文字与电子图像指引方式的差异，不仅在于信息传播的时间效率，还在于两者属于不同性质的媒介，因而有着完全不同的显示和指引效果。正是这种对信息的不同的显示方式改变了接受者观看的方式，即接受指引的方式。对信息的观看就是与文本世界的照面，就是此在对世界的观看。由于观看方式的不同，比照意音文字与字母文字对人类思维的影响，电子图像的指引深刻地改变了现代人对世界的领会。

如前所述，字母文字的书面阅读带来比口口相传或形意音文字阅读更强的分析或理性的逻辑思维能力，这是一种线性化的而不是整体式的逻辑思维方式。在这种线性逻辑思维习惯的主导下，一种"自然主义"的倾向在西方社会逐步形成。"自然主义"倾向主张："所有方式的存在最终都可化约为自然事物或其属性，并且最终都可以自然科学的方法来说明。"[①] 这实际上是现代自然科学最终占据现代社会统治

---

① 梁家荣：《本源与意义：前期海德格尔与现象学研究》，北京：商务印书馆，2014年，第221、222页。

地位的思想基础，也是存在者整体成为自我怀疑的对象之主客二元对立思想的必然结果。根据海德格尔的看法，尽管人类一直现实地生活在一个自然的世界之中，但"生命与自然乃分属不同的存在范畴，生命绝不能依照他的自然事物，而当从其自身的本源来了解"。因此，海德格尔要从相对于作为自然的世界的外界更为本源的实存的世界（世间）来了解生命，这个世间就是此在的生活处所或存在方式，此在的存在即生命之规定，就是"在世界之中存在"。此在的这种存在基本方式，按照海德格尔的解说，就是"视"，包括"操劳活动的寻视、操持的顾视以及对存在本身——此在一向为这个存在如其所是地存在——的视……我们称之为透视"①。

作为此在存在基本方式的"视"，所能"视见"的是一种此在展开状态的澄明的境界。"视见"的日常样式是观看，意味着只能用肉眼来感知。这种日常的观看只是因为好奇，或者是为满足一种目欲，只是让某个可以通达的存在者无所遮蔽地来照面，而不是进入展开状态的澄明的境界②。据此，与电子化的图像世界的照面究竟是"视见"还是"观看"，并不能作出直接的判断，我们不妨称其为"观赏"。

由于用来阅读的书面文字相对用来观赏的电子图像具有较小的信息冗余度，其中的不确定性和无序状态必然优于电子图像，对确定性较高的、静态的书面文字的阅读应相对接近于可以通达敞亮境地的"视见"；而对变化的、运动的电子图像的观赏，虽然可能出自好奇或只是为了满足目欲，但因电子图像中的信息量过于庞杂，色彩过于丰富，背景过于复杂，反而导致冗余度过高。这些冗余的信息不可避免地会遮蔽真实，从而让观赏所得无法避免与假象的照面。换言之，对电子图像的观赏很难实现与某个可以通达的存在者无所遮蔽地来照面。何况，由于电子图像总是出自符号创作者的文化创意，充斥着想象和虚构的成分，加上信息的高冗余度，即便内涵了真实的、有意义的信息，也只会"视而不见，听而不闻"了。因此，对电子图

---

① 海德格尔：《存在与时间》，陈嘉映、王庆节译，北京：生活·读书·新知三联书店，2014年，第 171—172 页。
② 孙周兴：《后哲学的哲学问题》，北京：商务印书馆，2009 年，第 300 页。

像世界的观赏与对现实的或自然的世界的观看是两种性质不同的照面方式。

尽管观赏的对象与现实或自然的世界性质不同,但图像化的世界总还是一个世界,"视而不见"的观赏还是观看的一种形式,是属于电子和数字时代的信息接受者的一种存在方式;"心不在焉"的观赏过程多少会产生一些对指引的接受、对世界的领会,只不过领会到的是不同于现实或自然世界的图像。一个确然的事实是,人们获取信息的主流渠道正是在符号指引方式的过渡期(电子时代)发生了改变。过去的读者主要依赖被阅读的文字的指引来领会世界,以此确定自身与世界的关系;后来的观众主要借助电子图像来认识世界,由之而来塑造自身世界。这种变化所产生的影响,以不同的视角来观察可以作出褒贬不一的判断,正如古代人对文字发明将给人类带来怎样的影响所产生的争议那样。柏拉图在《斐德罗篇》中记载了一则故事:文字的发明者、智慧之神塞乌斯告诉埃及国王,文字"可以使埃及人更加聪明,能改善他们的记忆力",但国王却认为文字会在灵魂中播下遗忘,文字带来的"不是智慧,而是智慧的赝品"。苏格拉底认为,文字一旦被写下来就无法为受到的曲解和虐待而辩护,但"只有那些为了阐明正义、荣耀、善良,为了教诲而写下来的作品"才能在他人的灵魂中产生作用①。质言之,文字所记载的东西并非都是真实、可靠的信息,既可能是虚假的,也可能只是用来消遣的,但好的文字作品可以矫正人的心灵。

苏格拉底的判断同样适用于文化产业现象。且不论图像观赏是否减弱了人们的记忆能力,只是以今人的眼光看来,好的文化产品似乎就是用来消遣的,而不是用来"矫正心灵"的,所谓的"好坏"的标准已经发生了变化。不论人们如何评判好坏,即便文化产业文本都是好的作品,诚如我们前面对意音文字与字母文字的比较所得出的结论,书面阅读与图像观赏对人类思维方式的影响是现实存在的,原因就在

---

① 柏拉图:《斐德罗篇》,《柏拉图全集》第 2 卷,王晓朝译,北京:人民出版社,2003 年,第 197、202 页。

于我们现在面对的已经不是汉字那种高度抽象的、意义确定的、符号化了的图像，而是由文化创意所订置的生动活泼、意义不确定、绘声绘色的电子图像。

就在海德格尔宣告世界成为世界图像的同一时期，电影电视已经以文化工业形式用人工制作的电子图像建立起图像化的新世界。在电影电视所构建的图像世界中，运动图像与方块汉字的连续呈现有何区别呢？区别首先体现在时间秩序上。当电影胶片以每秒24格画面转动时，视觉暂留带给观众的是稍纵即逝的余晖，观众要在1秒内接受24幅图像，经由视觉暂留效应而留下连续、逼真、运动的感觉。然而，这种特性不会留给观众像书面阅读那样反复咀嚼的停顿时间，观众为了跟上影片叙事节奏必须放弃细察深究，从而不得不忽视画面中大量的背景信息。因此，尽管电影电视每秒传播的信息字节数以兆计，但观众从一幅/帧画面中所能接收的信息是有限的。尽管电影电视还同步传递着声音信息，但演员的对白已经不再像亚伯拉罕·林肯演说那种书面化的复杂长句，而代之以简短、直白、口语化的表达方式。于是，在图像观赏过程中，观众不必对角色的语言进行逻辑判断，也没有时间对角色的对话细嚼慢咽。观众只需跟随导演预先订置的节奏接受感官刺激，满足好奇所驱使的目欲，从而醉心于"凡人的、可朽的、不统一的、无理智的、可分解的、从来都不可能保持自身一致的事物"①。如此这般，与信息接受者照面的图像世界不再是海德格尔所言世界图像的世界，而是由符号创作者所提供的快感，只不过这种快感会随着图像的消逝而消逝。于是，图像化的周围世界变成一个色彩斑斓却又稍纵即逝的"快乐的世界"。正如天空中的一朵云彩，我们看到了云彩的美丽，却并不关注也关注不到云层中的水汽；当云彩飘过了，电影也散场了，但在电影散场之前，观众曾经切实陶醉于影片所建立的世界，感受到这一世界所提供的那一阵快乐。

因此，快乐——而非意义——才是图像世界为观众提供的核心价

---

① 柏拉图：《斐多篇》，《柏拉图全集》第1卷，王晓朝译，北京：人民出版社，2002年，第84页。

值所在。诚如罗斯福（Franklin D. Roosevelt，1882—1945）总统在1929年所言，美国只要有秀兰·邓波儿（Shirley Temple，1928—2014），美国就有希望，因为秀兰·邓波儿给美国带来的不仅仅是一部电影，而是一种憧憬、一种乐观，因此，带给这个国家的人民的是欢笑。换言之，秀兰·邓波儿的甜美微笑为美国人送来一朵"美丽的云彩"，为美国人建立一个"快乐的世界"。尽管那时候的美国处于经济大萧条的艰难时期，尽管美丽的云彩转瞬即逝，但快乐对当时的美国人民而言尤为珍贵。

罗斯福总统道出了一个基本事实，文化产业通过信息传播所置造的图像世界是一个基于"欢笑"或"快乐"而订置的周围世界。一位明星的欢笑足以为当时深陷艰难的美国人带来希望，从而让信息接受者团结起来建设一个象征希望的共同世界。当经由这个欢笑的、快乐的共同世界领会世界的时候，战争的阴霾似乎消散了，经济的萧条仿佛退场了，美国人不但在图像世界中获得了慰藉，获得了温暖，而且集聚了力量，从而通过希望的确立，重新建立起一个有意义的自身世界。正因如此，自第二次世界大战以来，文化产业始终是在国际政治关系与国内政权统治中所必然且必须争夺的阵地。在由图像世界订置的欢笑声中，现代人再也不必本原地、直觉地把捉和领会世界现象或此在的存在，也不必以理性的逻辑判断来领会自身，现代人的生活态度、生活方式也随着这种思维方式的转型发生了变异。

3. 看的快乐

尽管图像世界给观赏者带来的是欢笑或快乐，但并不意味着文化产业文本不具备"阐明正义、荣耀、善良"的能力，还是有许多符号创作者为产生教诲或触及灵魂的效用付出了努力。电视、广播、音像制品乃至电子游戏等样式，就其能力而言，完全可以承担起将教堂搬到起居室的责任。然而，从爱迪生、迪克森和卢米埃兄弟开始，电影始终就是用来娱乐眼球的，广播从其诞生起就是用来推销商品的，电视在其刚面世的时候就确立了以销售广告为基本手段的经营策略。以美国为例，虽然广播和电视在发展初期就开通了专注于教育的频道或栏目，但能够持续经营的总是那些以娱乐为主的媒体。为了赢得广告客户，大众传播媒体必须以标新立异的方式赢得信息受众，而赢得受众的有效路径既不是提供教化，也不是提供知识，只能是提供娱乐性、消遣性的节目。当20世纪30年代欧美经济出现大萧条的时候，广播一跃成为提供慰藉的最廉价的途径。这个时候的广播通过无线电波传送的"炉边谈话"不只是通过"改革"思想的传递坚定了人民的信心，更重要的是，通过秀兰·邓波儿们的"欢笑"为美国人民送来了希望。在第二次世界大战后美国经济飞速发展的过程中，美国的电视媒体通过快速增长的广告业务获得了蓬勃发展，这时的电视也通过提供"快乐"赢得了巨额的广告收入。

因此，20世纪电子媒体的快速壮大，尽管统治者的权力始终在场，但更重要的是得益于资本逻辑的推动。为了吸引广告客户，媒体以及依附于媒体的符号创作者首先且必须考虑的是快乐和笑声，其次才是义务和责任。换言之，是快感而不是意义承担了信息指引的义务。这是20世纪西方文化产业生存与发展的基本逻辑。这种逻辑所带来的幻境加重了人们对功利和享乐的追求，同时带来了对身份和等级的幻想。不可否认的是，此时的图像已经成为资本和统治者的权力，大众的文化辨识力、生产力和创造力已经成为资本利用的工具，欧洲的精英文化和传统艺术正是在这一过程中走向衰败。

然而，重要的还不是这种快乐世界的时效性、真假性与虚实性，而是在快感与享受的指引下，人们将本来可以沉浸于书面阅读的时间大量地转移到对图像的观赏。电子图像从此成为信息接受者认识和领会世界首选和通常的通道，以致接受者以为这些"眼见为实"的图像就是对世界的"寻视"，以为对切近照面的图像世界的观赏就是对世界图像的"顾视"，从而将对图像的观赏当成对世间或外界的观看，甚至当作对"在世界之中存在"的"透视"。人们以为文化技术通过共同世界的建立延伸了人的感觉器官，弥补了人类自身的有限性，甚至以为外部的世界就是经过CNN精心剪辑的视频画面所呈现的光影世界。于是，既已"眼见为实"，否定与批判岂非浮笔浪墨？因此，在 20 世纪 70、80 年代，当电子图像的传播进入高速发展之时，对文化工业的批判和怀疑的声浪便销声匿迹了，西方理论界不得不接受和肯定了被阿多诺所批判的文化工业，法国的社会学家以复数的"文化产业"替代被"污名化"了的单数的"文化工业"，英国的文化研究学者则以消费者"意义解码"的权力替代了阿多诺所诟病的资本统治的权力。从此，现代人对世界的领会不再是基于对世界的"视见"，对世界的"视见"变成了与符号创作者为媒体所订置的电子图像的照面，意味着信息接受者在图像世界"娱乐一番"之后一无所获。由电子图像所传播的共同世界，其效应只是让商品广告赢得更多眼球的关注，只是让娱乐明星博得更多粉丝的崇拜，只是让追求快乐的消费者在图像化了的共同世界满足一时的好奇，最终只有资本家获取了丰厚的利润。这一时期的文化产业以娱乐大众为名，事实上却变成了名副其实的广告媒介。正因如此，阿多诺将文化产业判定为"其他工业的工业"，可谓一语中的，文化产业的终极目标变成了推销广告版面或广告时段。

在《存在与时间》中，海德格尔将此在在日常生活中"特有的一种向看存在的倾向"称为"好奇"，认为早在古希腊哲学中，人们就已经从"好奇"所带来的"看的快乐"中理解认识。譬如，亚里士多德曾言："人的存在本质上包含有看之操心"；在更早的时候，巴门尼德断言："存在就是在纯直观的觉知中显现的东西，而只有这种看揭示着存在"。因此，古希腊人的"好奇"是一种古代人对世界"操心"的方式，因为"好奇"，所以去"看"，但这种"看"不是一时的心血来潮，而是要揭示存在。不过，由于现代人已经遗忘了存在，故现代人的好奇不再是为了存在的揭示，而只是一种"自由空闲"的好奇了，常常是因为无聊而产生的消磨时间的生活方式了。海德格尔写道："自由空闲的好奇操劳于看，却不是为了领会所见的东西，不是为了进入一种向着所见之事的存在，而仅止于看。"①

当海德格尔写作《存在与时间》的时候，第一次世界大战已经过

---

① 见海德格尔：《存在与时间》，陈嘉映、王庆节译，第 198—200 页。

去久远，经济大萧条尚未到来，有声电影即将兴起，美国社会正处在菲茨杰拉德小说《爵士乐的故事》中所描述的爵士时代，也就是"了不起的盖茨比"生活的"新时代"。菲茨杰拉德写道："这是一个奇迹的时代，一个艺术的时代，一个挥金如土的时代，也是一个充满嘲讽的时代。"① 虽然这个时代的电子图像几乎只有电影一种样式，但是电子图像的"看的快乐"的特征已经被海德格尔揭示出来了。这种"看的快乐"不再是因为"存在在纯直观的觉知中显现"而获得快乐；这种看也不是为了领会世界，不是为了发现意义，不是为了确定自身，而只是一种贪新骛奇；贪新骛奇是从一种新奇切换到另一种新奇，是为了简单的快乐而放纵自己于世界。在这个经由"看的快乐"而带来的世界里，诸神逃遁了，艺术远离了，大地也因此毁灭了，而失去了大地的此在就在这种存在方式中"被连根拔起了"②。换言之，图像世界虽然提供了"看的快乐"，却是一个无根的世界，一个没有大地支撑和庇护的、失去了未来可能性的空中楼阁。

诚然，在文化产业完成数字化转型前的图像世界里，信息接受者作为图像观赏者依然保留着鲜明的主体性身份和地位，尚未完全成为"存料"之"存料-部件"，用斯图亚特·霍尔、约翰·费斯克等人的说法，接受者还拥有着"解码""领会"或"意义再生产"的权力。尤其在第二次世界大战刚刚结束的那段时期，人们依然对周围世界充满了希望，对现代技术充满着期待，对征服自然满怀激情，对享受快乐不遗余力。然而，当人们以为20世纪80年代已经迎来图像世界的鼎盛期时，不会想到作为主体的"自我"也将转换为共同世界的一个"像素"或一个"比特"，淹没于数字化的图像世界。1983年，当第一款图形用户界面（GUI）亮相于苹果个人电脑屏幕上时，人们还无法预料未来的生活、工作乃至思想将会为终端屏幕上的图像所订置或摆置，对周围世界的认识以及对自身世界的领会都将基于屏幕上图像符号的指引。这种指引方式以触目的声、光、电所组合的影像来刺激感觉器官，使文本信

---

① 引自菲茨杰拉德的小说《爵士乐的故事》，原文：This is a time of wonder, a time of art, a time of big spenders, but also a mockery of the time。
② 海德格尔：《存在与时间》，陈嘉映、王庆节译，第201页。

息的斑斓色彩成为最切近的感性直观对象，接受为意识的表象状态。

康德所言的"感性"是一种接受刺激的能力，我们先天的接受能力在康德看来取决于时间和空间两个因素，因此，时间和空间被康德称为感性的"先天的直观形式"。从感性到知性，即从表象的接受到认识的自发性，要经历对感性直观的对象的思维过程。康德写道："知性不能直观，感官不能思维。只有从它们的互相结合中才能产生出知识来"；"空间和时间是一切感性直观的两个合在一起的纯形式，它们由此而使先天综合命题成为可能"[①]。换言之，我们对世界的认知以及对自身的领会总是以时间和空间的直观形式为基础。后文化产业所置造的图像世界，正是在时间和空间两个维度影响了大众的信息接受方式，影响了"数字人"对世界的直观、认识和领会。质言之，文化产业现象是通过改变了先天的时间和空间秩序而改变了现代人经验世界的方式。

不宁唯是，时间与空间在后文化产业时代已经成为可以生产和消费的对象。在时间维度，信息的"生产—传播—接受"结构中每一环节的信息发生了从连续到离散的转变，信息的离散化或碎片化让线性化思维逻辑大打折扣，影响了接受者的思维方式；在空间维度，数字技术所订置的共同世界已经实现了从现实到虚拟的跨越，时间的碎片化实际上也带来了空间的碎片化，从而影响了接受者的知觉方式。后文化产业时代的信息接受者不但自身成为"在虚拟世界之内"存在的存在者，也在共同世界成为传播信息的媒介，成为"被观赏"的信息、被娱乐或被消费的对象。换言之，在数字环境中生存的消费者的主体性地位已经颠倒了，而颠倒的原因依然是"技术集置"，颠倒的结果是"无力自拔"。

第二节　时间序列：从连续到离散

作为技术术语，离散（discrete）是相对连续而言的，离散就是不

[①] 康德：《纯粹理性批判》，《康德三大批判合集》上，邓晓芒译，北京：人民出版社，2009 年，第 48、36 页。

连续。数字时代的电子通信都是以离散的脉冲形式传输信号，信息存储都是以离散的开关状态记录数据，计算机对数据或文本的处理都是以离散数学为基础。数字时代的这种离散性特征，带来了信息离散化、时间碎片化和空间虚拟化的图像世界。

在文化技术数字化之前，文化产业文本创作已经开始了打破先天的或自然的时间序列和空间秩序的努力。譬如，最早的电影短片《工厂大门》(Les portes de lusine, 1895年) 或《水浇园丁》(L'arroseur arrosé, 1895年) 都是连续的画面展示，不久之后，这种自然的、连续的时空展示方式就被"蒙太奇"手法打破了，目的是要通过秩序的调整来创造更好的艺术效果，实际上是要实现效果更好的"看的快乐"。这种打破秩序的意愿与努力在有了数字与网络技术的助力后一发不可收拾，符号创作者从此可以按照想象来任意构建图像世界的时空秩序，现代人的时间观念与空间观念就在不知不觉中跟随符号的指引发生了变异。

信息接受者接受指引的过程，是以纯粹的时间和空间直观形式直观图像世界的文字或图像符号并产生思维的过程，因此，消费者在流逝的时间序列中与图像世界打交道，意味着其生命在"看的快乐"中流逝。与图像世界照面，就与此在"在之中"一样，是一种"操心"的行为，必然在切近照面的过程中获得对世界的某种领会。按照海德格尔的解释，领会是此在存在的一种基本样式，只要在世界之中存在，就不可避免地发生领会。由于此在可以"首先与通常从它的世界方面来领会自身"[①]，所以，接受者与图像世界照面，意味着同时获得对自身的领会。又因此在的本质是"在世界之中存在"，是以自然的时间和空间生活在世界之中并领会自身，一旦自然的时间序列与空间秩序被打破，信息接受者将塑造出一个不同的自身世界。

1. 时间成为对象

虽然文化产业文本具备对象性特征，但诸如影片、电视剧、流行

---

① 海德格尔：《存在与时间》，陈嘉映、王庆节译，第170页。

音乐等产品却不是有着一定物理空间尺度的"有形"产品，不是可以在自然的空间中可以直观的东西，而是按照某种时间序列分布的、有着一定时间长度的"无形"产品。这类产品不像桌子、锤子、鞋子等器具那样有着可以被视觉感知到的长度、宽度和高度，而可以作为视觉对象在一瞥之间一窥概貌。在与图像世界的照面中，信息接受者必须借助文化技术，在符号创作者所订置的时程内，通过阅读、观赏或浏览等方式实施对文化产品的体验、解码和领会等过程，在过程中接受信息的指引。

这类无形的文本的时程往往是标准化的。例如，抖音短视频的时长被规定为15秒，电影影片的长度通常为90分钟或120分钟，一集电视剧的长度通常为45分钟，流行歌曲的时长一般在5分钟以内，法律规定黄金时段的电视剧插播广告不得超过18分钟①……不过，除了影、视、听等具有明确时长的文本之外，也有一些文化产品的体验和接受不受时程约束，但依然要消耗时间去体验。就纸质媒介的阅读而言，虽然每位读者阅读的速度是自主的，但在阅读过程中，已经阅读的、正在阅读的与即将阅读的文字串联起连续时间序列的信息传达过程，没有这种时间序列的连续，就不可能达成完整的信息传递，不可能获得完整的意义领会。因此，文字或语句的摄入过程也是时间流逝的过程。从接受者的角度来看，书面文字阅读的"时间自主"与电子图像观赏的"时间桎梏"，正是前后文化产业时代之信息接受方式的一种基本差别。前者是主动、自在、自由的接受方式，后者是被动、促逼、订置的接受方式。无论是自在还是促逼，是自主还是订置，信息的传递和接受都是在时间流中发生，即使对工艺品的鉴赏也必须消耗一定的时间长度去品味。品味意味着需要一个过程，需要一定的时间长度才能品尝到滋味。

海德格尔在《存在与时间》中阐述时间概念时指出："古代对存在者之存在的解释是以最广义的'世界'或'自然'为准的，而且事实

---

① 国家广播电影电视总局令第61号：《广播电视广告播出管理办法》。该办法自2010年1月1日起施行。

上是从'时间'取得对存在的领会的……存在者的存在被把握为'在场',这就是说存在者是就一定的时间样式即'现在'而得到领会的。"① 在海德格尔的阐述中,将来比现在有着更在先的地位,现在虽然从曾在而来,但将来总在不断地变为现在。不过,海德格尔的这一表述表明,没有此在的存在就没有时间,没有时间就不可能有存在者的在场,人类总是在时间中领会自身的存在,并且在时间中才成为在此的存在者。就文化产业消费者而言,虽然对文本的观赏未必是一种对存在的领会,但观赏或体验必然是以时间的流逝为代价,因而观赏过程就是在时间的流逝中通过对曾在、现在和将来的把握来认识世界。当我们将文化产品之文化意涵界定为一种特殊的生活方式或作为一种过程来看待的时候,已经预示并决定了文化产业所生产的是一种"过程",而信息接受者所消费的就是由符号创作者生产并由信息媒介传播的"过程"。换言之,从消费的角度来看,消费者消费的虽然不是一种物质性、空间性的对象,却是一种"时间性产品"。在对"时间性产品"的消费过程中,消耗掉的并不是文本本身,既不是符号创作者创作的符号,也不是符号所提供的信息。与物质消费不同,文本或信息并不会因为消费而消耗,消耗掉的只是属于消费者体验的时间,是消费者自身生命的一段过程。换言之,消费者的生命时间成了消费的对象和被消耗的商品。

诚如海德格尔所言:"时间只有在人在的情况下才成其为时间。没有一种时间是人不曾在其中的;所以如此,不是因为人是从永恒而来又在人一切永恒中去,而是因为时间不是永恒,而且时间只有作为人的历史的此在才成其为一个时间。但是如果人处于此在中,那么人能在此的一个必需条件就是:人在领会。"② 换言之,人之所以能作为"此在"的人,在于人是能够领会"此在"的存在,而"在领会"必然是在时间中领会。在图像世界中领会世界,也就是在时间中领会世界。因此,消费者虽然用金钱购买了"时间",却只不过以原有的生活方式

---

① 海德格尔:《存在与时间》,陈嘉映、王庆节译,第29—30页。
② 海德格尔:《形而上学导论》,熊伟、王庆节译,北京:商务印书馆,2014年,第87页。

换取一种由符号创作者订置的生活方式,从而品尝到一种不同于寻常的"滋味",进而在这种交换的过程中满足了"好奇"或"目欲",满足了所企求的感官刺激或精神放松。然而,购买所得的"时间"无疑是消费者自身生命的一部分,依然是用来认识世界和领会自身的自然过程。消费者的自然生命的长度并未因此而延伸,照样随着购买来的"时间"的流逝而流逝,改变了的只是自身生存的体验,或者说产生了一种新的生活方式。在这种新的生活方式中,消耗掉的是自身原本的那种自然、自由、自在的生命过程。

由于消费者不得不按照符号创作者订置的节奏接收信息、享受快乐、体验生命,有时还要被迫观赏一段莫名所以的商品广告,所以,这一生命过程在消费过程中陷入一种被"时钟"或"时间节奏"摆置的订置状态中。这是一种不同于前文化产业时代的生命体验方式。纸质媒介的接受者按照自然的时间节奏阅读文字,是一种自然、自由、自在的节奏,存在与时间是自然、自由、自在的关系。在后文化产业所置造的图像世界中,以电视新闻节目为例,今天的《新闻联播》不会与昨天的重复,错过了播放时间意味着错过了节目内容;就算没有错过播放时间,也只能在最后 5 分钟才能看到国际新闻;而在精彩的娱乐节目中间,无论你多么不情愿、不喜欢,你都无法避免广告的骚扰……这种被订置和摆置的"时钟"将现代人的生活经验肢解成一个个离散的段落,形成一种被动的生活方式和一种离散化的生活体验。

这种被生产出来的"时间性产品"就是我们所说的文本,是一种不同于艺术作品或日用器具的"物"。在电子通信技术出现之后,大多数文本可以通过电子或数字媒介传达给信息接受者,从而让更广泛的消费者的生命体验投入到文本建立的世界。最早以电子方式传递文本信息的两种媒介分别是电报和电话。诞生于 19 世纪 30 年代的电报以离散的脉冲信号(通与断)传递信息,相隔半个世纪之后出现的电话则以连续的电流信号(正弦波)传递信息,可见,信号的离散化并非数字时代的专有特征,而是一种比连续的电子模拟信号更早出现的信息传输技术。广义而言,文字也是一种不连续的信号表达方式,每一个方块汉字或拼音字母都是独立的离散信号,只是语法让文字这种离散的符号连字成句而成为可以阅读的书面语言；因为有了约定俗成的语法，读者才能从离散的象形符号或字母符号中获得连贯的意义。口语也是离散信号，口语传递的信息往往是断续的、不完整的甚至不符合语法结构的，但当口语片段被前后连贯起来，或者被书写成书面语言之后，离散的声音片段就形成连贯的、完整的含义，从而传递出确定的信息。质言之，离散性是信息传播的基本特征。

电影以一幅幅画格展示图像，又以蒙太奇手法拼贴剪辑镜头，就是以技术和艺术手段对运动图像的一种离散化处理，电影（不论是胶片电影还是数字电影）总是以离散的图像信号展开叙事或抒发情感；电视信号的离散化程度更进一步，不但运动图像被分割成一帧帧画面，而且每一帧画面被分解为一行行扫描，彩色电视将每一行的每一个像素分解为红绿蓝（RGB）三色；流行音乐也是由许许多多音符的流动或不同乐器的配合而合成了旋律。与桌子、锤子、鞋子等器具不同，虽然影、视、听等文本的图像不断地从接受者的视域或听域中消逝，又不断地从视域或听域中涌现，但已经消逝的、正在显示的与即将出现的图像由于视觉暂留效应构建起连续的、运动的图像和声音信息，成为接受者在当下所体验和接受的对象。这种视觉暂留效应就其本质而言是一种"视觉记忆"，因为有了记忆功能，已经消逝了的"曾在"才能与正在到来的"将来"一起变成连续的、有意义的信息。所以，无论是文字的阅读还是电影的蒙太奇，之所以能产生连续的"印象"，都源自大脑的记忆功能。由此我们发现，虽然自然世界中的万物拥有连续的生长过程，但人类对自然世界的认识却首先是通过离散信息的获取，并在对离散信息的获取和传播的过程中，通过我们的"记忆""联想"与"整理"，获得对自然世界的领会。迄今为止，人类还无法以连续信号实现对自然世界保持原真性的复制和传播，在图像世界的建立过程中，我们只是采撷了生活经验中的一些片段，而不是一种连续的生活世界的呈现。

就符号创作者而言，为了更好地表达意境、讲好故事、吸引消费者的注意力，时间就成为一种按照订置来摆置的对象。以电影《盗梦空间》（*Inception*，2010年）为例，这是一部被称为"发生在意识结构内的当代动作科幻片",影片通过对不同层级的梦境的刻画,营造了一种"以空间换时间"的创意效果,然而,这里的时间流逝却完全背离了物理规律,而成为可以任由导演解释和摆置的一个"工具"。电影《敦刻尔克》(Dunkirk,2017 年)同样继承了这一逻辑,40 万名被困士兵在沙滩上的一周、营救民船在海面上的一天与英国空军在天空中的一小时,变成了在观众视野中相同的时长,被勾连成一个完整的故事。这种对时间的操弄完全颠覆了我们对时间的日常理解,并且已经成为文化创意普遍采用的一种表现手法。

因此,虽然我们在与图像世界照面的过程中"经验"到了一个连续的故事,但这种连续性并非源自自然时间的连续流动,而是源自接受者在自我意识中对时间的一种整理和重组,一种对曾在记忆的调动、对当下环境的领会和对将来结局的预设,是接受者的思维活动将离散的信息片段领会成为连续的故事。不过,这些经验的片段并不只是来自"曾在"和"现在",更主要的是源自"将来"。将来代表着结局或命运,唯有结局或命运才是人类共同操心的主题。换言之,如果没有信息接受者对将来的操心,曾在和现在的信息就是没有意义的信息。因此,图像世界是由采撷自曾在、现在和将来的经验与想象的片段通过蒙太奇手法构建的离散信息的世界,本质上是由人工制造的离散时间片段拼接起来的一种境域,只不过这种由时间片段拼接串联而成的境域通过媒介传播建立了一个此在与他人共时、共在的周围世界,成为接受者所体验的连续的生活方式。

在数字时代到来之前,电子通信系统都是以连续的正弦波信号传播信息的,只是这种连续的信号传输方式并不等于原真信息的本真传递,因为连续信号在传播过程中比离散信号更容易受到外界干扰,更容易在物理载体中发生衰减,并且如果要在信号接收端通过技术手段剔除干扰,连续信号比离散信号更加困难,从而更容易在信号接收端造成各种杂音或信息丢失。这一时期的电视信号在空中或电缆中的传播虽然是连续的,但运动图像在电视的生产与接收设备中已经被点阵化了;无线电广播虽然是以连续的电磁波信号发送信息,但在空中传播的也是经过高频载波调制后的信号,节目内容更是被广告和主持人分割成一个个时间片段……

因此，从印刷文字、胶片电影到显像管电视，文化技术史就是图像世界的离散性不断被强化的过程。离散性的加剧所付出的代价，是相同的消息占用了更多的信息量，形成更大的信息冗余，意味着离散信号的传播相对连续信号的传播有着更高的不确定性，从而恶化了意义的无序状态。由于此在总是"把自身领会为在世的存在"[①]，总是通过对自身与世界的关系的领会来领会自身，所以，当图像世界以一种意义无序状态来照面的时候，此在对自身的领会就变得茫然莫知所措了。

2. 意义的无序状态

在后文化产业时代，文本信息在生产、传播和接受各个环节都已离散化为比特，信息的存储变成以二进制数编码阵列的存储，信息的传播变成电子脉冲信号的传递，信息的接受变成对发光点阵的观赏。换言之，这一时代的信息都已转化成以比特为单位的离散信号，对信息的解码将取决于信息编码的规则。这种规则正如西方语言的语法一样，若非精通，当面对复杂的长句时，必将百思不得其解。如果这种信息的编码/解码过程仅仅存在于技术层面，编码规则只需交与工程师来解决，但是，后文化产业的文本生产或信息传播往往是符号创作者、作家、艺术家、工程师或企业家等集体的创意，甚至还有信息接受者的共同参与，不同文化环境和专业背景的信息接受者对信息的解码就呈现出一种千姿百态的局面。因此，如果依然认为文化产业是赫斯蒙德夫所说的"社会意义的生产"，或如思罗斯比所说的"象征意义的传递"，就变成了一厢情愿。实际上，无论是生产的意义还是传递的意义，都已经难以本真地传达信息接受者。

诚如时下许多网络用语（如又双叒叕、蓝瘦香菇、吃瓜群众等）只能在特殊的圈子内流通、为特定的群体所理解，对信息的领会与理

[①] 海德格尔：《存在与时间》，陈嘉映、王庆节译，第 357 页。

解已经与信息接受者的文化修为失去了必然关联，从而对信息的解码必须通过布尔迪厄所阐释的"习性"① 概念来解释。譬如，接触过美剧的观众都有这样的体会，能够为美国观众提供"笑点"的情景，常常令中国观众莫名所以，特殊文化生态中的"哏"通常不易或不能为不同文化环境中的观众所发现和领会。同样，在全球文化互联的背景下，中国电影何以在走向国际的征途中依然步履蹒跚，表面看来是我们"讲故事的能力"依然逊于好莱坞的编剧和导演，但"讲故事的能力"所体现的正是不同文化背景的思维逻辑，处于地球两端的信息接受者还没有因为文化互联建立起标准化的解码语法。

换言之，虽然不同地域的信息接受者已经处于同一条信息公路的文化互联中，但共同世界的信息解码仍然处于离散的"文化语法"状态，不同部落的游牧人仍然生活在不同内涵的文化空间中。尽管不同的信息接受者在相同的时程，甚至在同一时刻与同一部影片照面，但各自领会到的常常是不同的意义；而且在大多数情况下，由于"数字人"通过互联网看到了越来越多的来自不同专业领域的信息，所以，信息接受者往往自以为已经"无所不知"，并且认为唯有自己的理解才是正确的。事实上，正因为信息的不确定性，导致所领会的意义往往是相互矛盾的概念。就 2019 年春节期间上映的科幻电影《流浪地球》而言，有人从中看到了"中国人的价值观"，也有人从中看到了"美国人的精神"。因此，与其说数字化的信号离散带来的是进一步的信息不确定性，毋宁说进入了一种意义领会的无序状态。

信息离散带来的意义无序奠基于由时钟脉冲所摆置的信息有序。数字技术的基本特征是信号的数字化（离散化），离散化的信号并非一群自由散漫的"乌合之众"，而是在传输过程中必须严格遵守时钟脉冲的摆置，因而是一种严格接受数字时钟订置的井然有序的离散量。譬如，电影总是以每秒 24 格画面、电视总是以每秒 25 帧（或 30 帧）画

---

① 习性（habitus）是布尔迪厄关注的基本概念之一，是人们作为生活于某种特定的文化或亚文化群的一员而获取的基本资源，是一种认识性的和激发性的机制，它使个人的社会语境的影响得以具体化。习性提供了一种渠道或媒介，让信息和资源被传导到它们所告知的行动中。

面匀速播映，电视、广播总是在规定的时刻、以固定的时长播放新闻或广告；电影胶片的每一个画格、电视扫描的每一帧画幅乃至流行音乐的每一个音符等，无不严格地按照固定的时间间隔（时钟脉冲或节拍）有序流动，从而形成流畅的运动画面或悦耳的音乐旋律，这与书面文字阅读的信息摄入过程构成了鲜明对比。

因此，节奏有序的时钟脉冲是后文化产业时代信息离散化的必要条件。在此基础上，离散的电子脉冲或数字比特才能被集置，从而形成有序、连续、有效的信息传送，这也是数字技术得以成立的基本原理。换言之，时钟是所有数字应用装置或系统的心脏，没有基准的数字时钟对离散信号的集置，就不可能实现有效的信息传播；没有数字时钟脉冲的持续存在，就无法与数字化的周围世界照面，图像世界将不成其为世界。就此而言，时间并非只是一个供我们测量的普通物理量，也不只是一种认识世内存在者的直观形式，而恰恰是我们得以接受信息的前提和规范，进而是藉以认识世界和领会自身的尺度。

在时间尺度所限定的框架内，或者说在这种时间的数字集-置中，不同地域、种族或年龄的接受者，不得不以相同的节奏、在相同的时程内观赏同一部影片、同一条新闻、同一个故事，而且所看到的是同一个原因，接受的是同一个结果，因而培养出来的就是一种"同一性"或标准化的逻辑思维方式。故此，数字时代的文化互联虽然让不同民族或地域的文化交流和资源共享在技术上成为可能，但由于媒体话语权的不同，弱势媒体必然臣服于强势媒体，人们的思维倾向将为强势媒体所吸引，最终导致思维方式在与共同世界共处照面的过程中被"强势文化"所同化。换言之，文化互联的共同世界虽然在表面上增进了不同国家和种族文化之间的交流，从而推动了文化的多样性或多元化发展，但是在相同时间尺度的规制下，数字化文本建立的图像世界恰恰促成了思维方式的趋同。所谓的文化殖民或文化霸权，至少在这一层面已经成为现实。

思维方式的趋同并不必然意味着不同地域或不同人群的文化趋同或融合，相反，正因为思维方式的趋同，使得在不同文化族群生存的人们都产生了"文化主体性"的觉醒，从而在共同世界中形成一种普遍性的"我思某某"的存在方式。以这种方式去领会世界或世内存在者,自我之外的一切存在者就统统变成了怀疑的对象,变成了自我所要征服的对象。现代思维方式的趋同就在事实上增强了现代人凸显自身身份的主体意识,从而更加注重彰显和保护自我族群的文化个性,主动抵制文化同质化现象的发生。譬如,无论是电影、电视、音乐,还是其他类型的文化产业文本,总是由不同的人、不同的团队或不同的媒体在讲述着属于自身文化的故事或自我认同的价值观,成长于不同文化环境中的信息接受者,一定会按照自我对世界的理解和审美趣味有针对性地选择不同的文本对象,汲取自己所认同的意义。

在第二次世界大战之前,美国社会一直是以欧洲文化为中心的精英主义文化传统占主导地位,随着美国文化工业的不断壮大,美国的精英知识分子便摒弃了欧洲文化中心的精英主义思想,建立了以好莱坞为代表、以大众文化为特点的美国文化。然而,在美国文化向全球扩张的过程中,法国社会的知识界和艺术界敏锐地意识到保护法兰西民族文化独立的重要性,表达出了对"标准化的影像""标准化的生活方式"以及"标准化的社会模式"的深刻担忧。于是,法国政府在20世纪90年代初的关贸总协定谈判中,果断地提出反对把文化列入一般性服务贸易,达成了旨在保护法国文化生长环境的"文化例外"原则。按照这一原则,法国政府一方面坚决反对文化市场的自由贸易,同时推出了系统的文化政策和规划,将庞大的政府支出用于法国电影、音乐等领域的发展。这一政策充分体现了法国人的文化自觉和文化自信,也直接促成了法国"新浪潮"电影的全球影响力。20世纪90年代,"法国票房收入的税收一半以上来自美国电影",法国政府将这部分的收入都"直接投入到法国的电影工业"[①]。

思维方式的趋同并非必然导致多元文化的融合或生活方式的趋同,这是我们对文化的多样性和多元化持有希望或信心的基础。然而,文化创意的出发点从来不是以满足多样性或多元化为旨归的,大众传播

[①] 理查德·F. 库索尔:《法兰西道路:法国如何拥抱和拒绝美国的价值观与实力》,言予馨、付春光译,北京:商务印书馆,2013年,第253—254页。

媒体对文本的选择向来都是以满足最大多数受众的需求为目标，而不是以标新立异的方式来满足小众需求。由于娱乐与享受是人类需求的共性因素，因此，文本的创意、生产和传播一定是以尽可能地满足娱乐和消遣为旨归。于是，无论讲述的是多么不同的故事，在相同的时间内、以相同的节奏来提供最佳的娱乐内容，便成为媒体企业共同的指引。

换言之，尽管基于文化自觉的文化政策可以保护文化的多样性，但图像化的周围世界却一定是以快乐为指引的世界。在这个快乐的世界里，接受者所接受的信息是否有意义已经无关宏旨，信息的不确定性或意义的无序状态不再是符号创作者所要操心的问题，相反，意义的无序状态让现代人不必操心于意义，不必牵挂于"作为在世的存在者所是的那个存在者"[①] 的自身的领会，从而可以逃到常人中去，闪避自身之本真的能在，尽情地在共同世界中经验快乐逍遥的生活方式。

3. 时间的碎片化

早在 20 世纪上半叶，观赏电影的唯一渠道是遵照电影院的排片时间表，与一群观众在同一个空间、同一个时程内观赏同一部影片。影片中运动的图像和流动的声音作为被知觉的信息成为观众表象的对象，在被订置的放映时间内，观众的意识全程沉浸在光影所展示的情景中，跟随图像和声音的节律而活动。互联网技术打破了这一束缚，观众拥有了更多观赏电影的渠道和方式，既可以通过电视屏幕观赏影片，也可以通过网络在电脑前观赏，还可以在移动智能终端移动播放影片；既可以一次性看完整部影片，也可以分割成多个段落在不同的时间自由地观赏。总之，电影观众已经无需全身心地沉浸到连续的故事情节中，数字存储和播放技术让"时间的离散"成为现实。于是，数字人既可以随心所欲地在任何时间或地点观赏电影，也可以提前获知电影故事的结局；既可能完全沉浸到故事场景中不能自拔，也可能完全置

---

① 海德格尔：《存在与时间》，陈嘉映、王庆节译，第 367 页。

身于情节之外，一边观赏影片，一边浏览朋友圈消息，从而成为本雅明所说的"心不在焉的主考官"。在这些情景中，接受者已经获得打破电影叙事节奏的能力，拥有了调整或控制时间节奏的权力。这种权力或能力，表面看来是一种对信息接收的漫不经心，而实质上是"时间的碎片化"。

从此，信息接收过程不再受制于时间自然流逝的制约，不再必然地需要耗费连续的、成片的时间，接收信息的时刻不再受制于媒体节目表，信息接受者可以将一部电影或电视片打散为多个段落在不同的时段去观赏……这种情形仿佛回到了前文化产业时代对书面文字的阅读，信息接受者可以根据自己的时间节奏自由、自在、自主地安排对文本的观赏。然而，随着移动互联网时代的到来，当移动智能终端成为信息接收的主要窗口之后，数字人已经自觉自愿地将原本属于自己的所有碎片化时间都奉献给微信、微博、今日头条、抖音等社交媒体，奉献给数字化的图像世界。于是，数字人所拥有的生命体验时间，在八小时工作期间奉献给了"上司"，在八小时之外的休息时间奉献给了"文本"，几乎所有的碎片化闲暇都被充分地利用起来了，似乎无时无刻不在与共同世界中的"他人"一起共享着"看的快乐"。表面上，数字人似乎最大限度地提高了时间效率；实际上，对碎片化信息的"捡拾"从此成为习惯，不仅完整的信息变成了碎片，且现实生活中可利用的连续时间反而越来越少了，于是，生活与工作也随之碎片化了。

时间的碎片化是信息传播由连续的信号技术发展到离散的信号技术的现实后果，而与此同步发生的是信息的不确定性和意义无序状态的恶化。一方面，信息离散化使信息的生产、存储、复制、传播和接收更加方便，信息量急剧膨胀，人们已经无暇接收"全部"的可以接收和想要接收的信息，专家学者即便对自己专业领域内的信息也不再可能全面涉猎了；另一方面，为了接收尽可能多的信息，只能借助于搜索引擎的关键词搜索，获得有限、零星且真假莫辨的消息；普通的网民、"游牧人"或"流浪者"等只能将所谓"名人""公知""大V"的言论当作权威的评论、知识或值得浏览的消息。如果认为这些人的言论并不可信，在共同世界共处的他人中还有谁的言论是可信的呢？

面对信息离散化置造的茫茫宇宙，信息接受者已经不再习惯于花费连续的时间凝神于长篇文字的阅读，甚至没有连续的时间享受对电影电视的观赏，更不可能以静思来面对每一条接收到的信息作出逻辑或理性判断，而只能在时间碎片中忙里偷闲地巡视一番，"东瞧瞧西望望"，形成一种被称为浏览的信息接受方式。浏览的对象虽然既可以是文字，也可以是图像，但不再是细嚼慢咽的阅读，也不再是耽于快乐的观赏。

《楚辞》中有云："白露纷以涂涂兮，秋风浏以萧萧"。这里的"浏"意谓秋风疾速，面对无以计数的网站、视频和社交媒体，信息渴求者必须快疾如风地采摘碎片化的风景和五彩杂陈的花草。浏览的英文单词 browse 源自法语的 brost，意指"嫩芽"，16 世纪进入英语中从"牛羊吃草"转义为"随便观看"的意思。后文化产业时代的信息接受者正如在草原上漫不经心的牛羊一样，只吃嫩芽，只看标题，只是为了满足一时的好奇，以免漏过他人已经知道的消息，或者提前知道一点他人尚不知道的消息。然而，这些消息中所蕴含的征兆或端倪却并非浏览者所关心的东西。浏览的出发点是好奇，浏览的过程是闲谈，浏览的结果是模棱两可，浏览者的基本特征是喜新厌旧。这一番情形正应合了海德格尔描述的那种"常人统治"的景象。海德格尔用"沉沦"一词来指称此在被抛入一个"常人"世界的情形，认为"常人"的世界是一个庸庸碌碌的日常生活世界，那么，后文化产业时代的接受者与海德格尔笔下的那种"常人"是否存在着某种关联呢？数字人是否已经作为"常人"而成为那些"在日常共处中首先与通常'在此'的人们"？数字人与他人在此共处是否意味着此在已经"失落于常人自身"，导致"沉沦"成为现代生活方式的一种变式？

如前所述，数字时代的信息接受者可以与其他物理空间中的接受者在同一时刻、同一时程接收信息，意味着接受者在图像世界中与他人共在，与他人共时相处。海德格尔的此在概念并不是一个孤立的、封闭的、作为主体的"自我"，此在的世界本就是一个与他人共处的世界，此在就在他人之中，在世界之中也就是与他人共同存在于世。唯有如此，此在才有可能被抛入日常的"常人"世界。"沉沦"的状态是海德格尔对此在日常存在之基本方式的一种描述，这种日常存在的基本方式有三种样式：好奇、闲谈与两可。在"常人"的世界里与他人的共处中，"本己的此在完全消解在'他人的'存在方式中，而各具差别和突出之处的他人则更其消失不见了……'常人'怎样享乐，我们就怎样享乐；'常人'对文学艺术怎样阅读怎样判断，我们就怎样判断；竟至'常人'怎样从'大众'抽身，我们也就怎样抽身；'常人'对什么东西愤怒，我们就对什么东西愤怒"。于是，此在不再是其自身，而是已经失落于'常人'，即"此在因沉沦而逃避，逃到'常人'中去"①。

这一情景对生活在后文化产业时代的我们并不陌生，毋宁说是对图像世界中的数字人之"沉沦"式生活方式最切中时弊的描述！在苍茫无垠的信息宇宙中，每一位粉丝都是依靠网络中的"公知""大V"所发布的"公众意见"获得某种"领悟"！对一个普通的"游牧人"或"流浪者"而言，"公知"的意见就是大家的意见，大家的意见就是我的意见，我的意见就是值得转发以供分享的"公众的意见"；人们虽然有时会批评这种意见，批评其"透视能力"之低劣，但每个人又在追随或转帖这种意见。这种意见是否"闲言碎语"，是否通达，是否会遭受批判，其实并不重要了！一旦真的有人在意了"我的意见"，最好有"公知""大V"转帖或批评了我的意见，就意味着"我的意见"已经成为大家好奇的对象，"我"已经成为被大家浏览的对象，于是，"我"也具备了在网络社会中成为"公知"的可能，意味着自己可能将很快成为拥有众多粉丝关注的"大V"了，从而成为主流媒体关注的对象，成为某一机构资助的对象。因此，在大多数情况下，数字人所追求的是一种随波逐流的存在方式，一种庸庸碌碌的闲谈、好奇、两可的沉沦方式。于是，此在消散在了"常人"的世界之中，被抛入了"常人"的公众意见之中，而"闲言就在这类鹦鹉学舌、人云亦云之中组建起来"，并且迅速地"通过笔墨之下的'陈词滥调'传播开来"。

诚然，消费者对数字信息的浏览通常是出于好奇。这里的好奇就是贪新骛奇，既不是为了把捉现象，也不是为了认识真理，而常常是

---

① 以上引文见海德格尔：《存在与时间》，陈嘉映、王庆节译，第147、196、362、366页。

为了寻找快乐或消磨闲暇时间，甚至是有意识地放纵自己于世界。这种贪新骛奇的特征正如海德格尔所描述的："此在一面期待着切近的新东西，一面也已经忘却了旧的。"这种喜新厌旧般的忘却是彻底的忘却，因为被忘却的东西只不过因为瞬间的好奇而曾经匆匆一览，不可能在意识中形成深刻的印迹。因此，"他们不能重演曾在之事。而只不过保持和接受曾在的世界历史事物余留下来的现实之事，以及残渣碎屑与关于这些东西的现成报导……它背负着对其自身来说已成为不可认识的'过去的'遗物，去寻求摩登的东西"。于是，残留在信息接受者意识中的不过是空空如也，浮云飞过留下的还是一片空空的蓝天，唯有好奇的心态继续保持着对闲言的兴致，一旦有碎片的闲暇，还会带着好奇去继续浏览，去寻找另一片浮云。按照海德格尔的阐述，闲言与好奇的结果引发了"两可"，"两可"就是模棱两可，就是"无法断定什么东西在真实的领会中展开了而什么东西却不曾"。模棱两可的态度又"把先行的议论与好奇的预料假充为真正发生的事情，倒把实施与行动标成了姗姗来迟与无足轻重之事"。海德格尔在这里描述的依然是一种常人的沉沦式的生活方式，也是失去了"自身"的"数字人"的"大家"的日常生活状态。然而，海德格尔并没有把"此在之沉沦"视作一种消极的评价，认为这种沉沦仅仅表明此在不再立足于自己而生存，此在只是"从它自身跌落"了，跌入了一个"非本真的日常生活的无根基状态与虚无之中"①。

既然跌入了虚无之中，此在就无法沉沦着从公众意见来经验世界、领会自身了，公众意见也变成了虚无。这种虚无导致此在处身于一种"畏"的"处身情态"之中，只是此在畏之所畏的却不是任何在世界之内的存在者，也不是任何一件"上手事物"，而是一种茫然状态。找不到真实，不知道未来，无疑是一件可怕的事情！换言之，畏之所畏的一定是某种不确定的东西，畏之所畏的是世界的不确定性或意义的无序状态，是一种看不见、摸不着的虚无缥缈。于是，"数字人"与"他

---

① 以上引文见海德格尔：《存在与时间》，陈嘉映、王庆节译，第201—202、207、442页。

人"共处照面的图像世界就成为海德格尔所说的"无何有之乡"①。

因此,从连续的电子信号到离散的数字信号,也就是从文化产业的过渡期到以互联网为主体的后文化产业时代,与接受者切近照面的共同世界进入了一种完全的不确定性和意义的无序状态中了,"无何有之乡"所描绘的正是这种文化生态。这是文化技术的不断演进所带来的传输信号从连续走向离散的转变给当代社会所置造的代价。海德格尔所言称的"常人"世界并不等同于数字化的图像世界。不过,当"数字人"伴随着移动智能终端的普及而将碎片时间都用于碎片化信息的获取之后,信息的不确定性和意义的无序状态更加显赫了。在这种情况下,移动"数字人"所领会到的图像世界的意义与常人跌入"无何有之乡"的情形并无多少分别。

信息的离散化带来了时间的碎片化,碎片化的时间带来了世界的无序,其后果并不是思想的丰富和文化的多元,反而是思维模式的一致性、生活方式的同一化,具体的表现就是深度的消失、主体的消失、距离的消失和风格的消失。如前所述,时间是经验世界和领会自身的尺度,意味着时间是领会世界意义的视域,是塑造自身世界的关键。当时间变成了碎片,阅读与观赏变成了浏览,意义变成了无意义,生活与存在就变成了游戏。在这个"被浏览"和"被游戏"的世界里,浏览新闻可以奖励"积点",发表评论可以得到"勋章",关注公众号可以收到"红包",遇到"知音"可以获得打赏……网络世界中的信息体验,无论是具体的网络游戏文本,还是专家的"真知灼见",都变成了一种游戏体验,"我思故我在"就变成了"游戏故我在"。当信息接受者变成了浏览者或游戏者,所关心的就不再是世界的意义,也不再有世界的意义,关心的只是贪新骛奇、闲言碎语,从而游戏其中。虽然我们仍然以为自己是世界的浏览者,但在事实上已经成为信息草原上的"游牧者";虽然曾经以为"媒介是人的延伸",但"数字人"已经成为网络的延伸或媒体的延伸。浏览者因为沉沦而被彻底订置入数字技术的集-置中了,已经不由自主地转变为技术集-置的存料-部件,

---

① 海德格尔:《存在与时间》,陈嘉映、王庆节译,第216页。

心甘情愿地接受着媒体和媒介的订置和摆置。人成为网络的延伸，意味着"数字人"已经成为数字媒介，从而成为技术的工具或手段，"上帝"的子民已经异化为技术的子民。

第三节 空间形式：从现实到虚拟

从"我思故我在"到"游戏故我在"，是从世界图像的时代到图像世界时代的转变，其过程不仅在于信息在时间维度的离散化，而且是在空间维度的离散化，信息在物理空间的存储、分布或处理方式的离散化实际上是时间碎片化的前提。譬如，电子计算机在发明之初曾经采用继电器、电子管或磁环等器件存储运算结果，采用打孔纸带存储执行指令，都是以二进制形式存储或处理连续信息的物理方式，正是这样的方式奠定了数字技术发展的基础。现在，虽然信息的存储与处理依然离不开物理装置，但云技术已经让"无所不在"的计算、存储和分享的理念付诸现实，而区块链作为一种去中心化的数据库技术已经让信息在物理空间上的离散化分布做到了极致……从此，信息的存储空间不再是"数字人"操心的对象了，事实上，同一条信息可能被分割成无数个无意义的数据块存放于不同的空间或不同的载体。譬如，我们在电脑屏幕上浏览的网页，其中显示的图片、文字或视频往往是来自不同服务器的信息。这些服务器可能存在于地球上的不同角落，这些信息可能直接取自亚马逊的云服务器，也可能依赖谷歌跟踪软件的智能计算。"游牧人"只要知道"自己需要什么"，需要的信息就会呈现在终端屏幕上。既然信息的来龙去脉不再清晰，信息的真伪虚实也就无从辨别。好在跌入"常人"世界的"游牧人"并不在意信息所蕴含的意义，在意的只是能够游戏其中，只是那种漫不经心的状态，或者那种可以随意点评他人的快感。随着虚拟现实、人工智能、区块链乃至量子计算与通信等新的文化技术的不断推进，一个没有物理尺度、没有物理边界的虚拟现实的空间即将成为"游戏故我在"的平行世界，一个真正的虚拟世界将成为信息接受者日常经验的世界。

1. 不在场的在场

古代社会的大众信息传播主要依靠口口相传,信息的发送者与接受者面对面同时"在场",因此,可以称为"在场"的交流方式。"在场"的交流并非只有口头语言,诸如眼神、表情、姿势乃至情感等符号都参与交流,因而都扮演了媒介角色。在前文化产业时代,诸如图书、报纸、刊物、明信片、贺卡等纸质媒介的出现,让人类可以依赖书面文字通过书写和阅读交流信息,这时的信息发送者与接受者不再面对面,而是一种背靠背的关系,眼神、表情、姿势等符号失去了效用,阅读者只能依靠默读、思考或想象来揣测书写者的情感或用意,因此是一种"不在场"的交流方式。在文化产业过渡期,虽然口口相传、书面阅读与图像观赏并存,但观赏其实是阅读的一种延伸,只不过信息的媒介、创作的符号和传播的方式发生了变化,接受者与发送者依然是背靠背的关系,因此,还是一种"不在场"的交流。不过,这一时期的信息突破了物理空间的束缚,实现了现场直播、远距离信息输送,为更广泛的信息接受者建立了共同世界。这种情形诚如海德格尔在一篇演讲中所发出的感叹:"时间和空间中的一切距离都在缩小"①。进入后文化产业时代,虽然文字阅读与图像观赏的接受方式依然如故,但不同国家或文化的人群已经能够突破地域或国界的障碍与共同世界共时照面,在数字网络所构建的虚拟空间中实现了远距离、实时性、交互性的接近面对面的互动。虽然这种方式依然缺乏眼神、表情、姿势等交流,但"在场/不在场"的特征变得模糊了。

后文化产业时代为文本样式带来的变化主要表现在两个方面:一是交互性,信息传播实现了从被动接收到互动交换的转变。早期的网页聊天室、BBS论坛、即时通讯应用(IM)以及后来的各种移动社交媒体,都基本实现了从"背靠背"到"面对面"的转变。虽然这种"面

---

① 海德格尔:《物》,孙周兴译,载孙周兴选编:《海德格尔选集》下,上海:上海三联书店,1996年,第1165—1167页。

对面"只是接受者与接受者之间的实时信息交流,还不是信息接受者与符号创作者之间的互动,但信息接受者已在事实上成为信息的生产者和传播者。二是视频化,信息生产实现了从"曾在"的静态图像展示到"现在"的动态视频播放的转变。YouTube 提出的"播放你自己"的口号直接促成了个人视频分享行为在社交媒体上的普及,消费者不仅可以发布过去制作的视频,而且可以现场直播当下发生的实况(即时视频)①。这一模式不仅催生了数量众多的短视频分享平台,而且让各类传统社交媒体都内嵌了视频发布功能,使得主流的智能终端 APP 都走上了两种信息传播方式的复合应用方向,兼顾了远距离互动与视频即时播放功能,导致那种"远距离"与"背靠背"的隔阂感大为消减,一种似是而非的"在场感"日益增强。

上述两个基本特征主要体现在文本样式上。就信息接受方式而言,显著的影响则是信息接受的移动化和终端化特征所带来的。虽然报纸杂志也可以视为移动化的媒介,但报纸杂志的信息承载是有限的,而数字移动带来的信息却是实时更新的、没有边界的;虽然电视、电脑也属于终端型信息接收装置,但移动智能终端以及各种可穿戴设备延伸了人类的感觉器官,信息的存储与处理不必由终端完成,实际上已经成为人类附随的"感觉器官"。因此,随着移动通信速度、终端存储容量和电池续航能力的不断提升,以及物联网、虚拟现实和人工智能技术的介入,诸如眼神、表情、姿势、气味、体温、经纬度、海拔、速度、角度、湿度、压力等符号元素都可以在数字空间发挥信息交流的媒介作用了,由电子图像和数字视频构建的图像世界因此成为一个高仿真的日常生活世界,数字化的文化生态得以建立。

这一文化生态的基本特征是:通过空间直观形式的调整改变了人类的知觉方式。现实的生活空间拓展到虚拟的数字空间,而虚拟的数字空间变成社交、娱乐、工作和学习的日常周围世界,"数字人"在数

---

① 各种视频直播平台已经遍及财经、体育、教育、娱乐、游戏、社交与企业等各个行业应用领域。国内知名的直播平台有腾讯体育、乐视体育、猿辅导、斗鱼、熊猫直播、R‐HUB、天鸽直播等,已经从泛娱乐发展到垂直应用领域。相对而言,短视频生态更趋活跃,涉及音乐、资讯、美食、美妆、摄影、娱乐等生活方式或生活分享的各个方面。

第四章 时空游戏：自身世界的塑造

空间中的互动时间实际上已经超过现实自然空间中的社交活动时间。这种由智能终端、移动网络、物联网、虚拟现实、云技术和人工智能等技术构建的信息传播方式，既不同于口口相传时代的"在场"式交流，也不同于书面阅读时代的"不在场"交流，既是"不在场者"在场，又是"在场者"不在场。

需要指出的是，这里"在场"一词是在字面意义上来理解的，不是一种哲学诠释，因此，不能与古希腊语"在场"（ousia）[①]的含义相混淆。按照海德格尔在《诗人何为》一文中的解释："所谓在场，自古以来被称作存在（Sein）"，"在场同时也遮蔽自身，所以在场本身即不在场"[②]。以移动社交媒体上那种"心不在焉"的交流方式来看，虽然即时视频提供了"眉目传情"的可能，但信息的生产者或传播者一定会利用编辑、滤镜或特效等功能有意识地遮蔽真实，"心不在焉"的"闲言碎语"所折射的就是一种"人在心不在"的状态，一种"视而不见、听而不闻"的效果，究其本质是一种"不在场"。因此，在后文化产业时代的虚拟时空中，"数字人"之间的信息交流方式不过是一种"在场者不在场"。但因这是一种隔着终端屏幕的远距离交流方式，屏幕上的"数字人"似乎在场，我们不妨将这种交流方式称为"不在场的在场"。

进入21世纪，纸质媒介与电子媒介都实现了文本信息的数字化生产和传播，信息接受者也习惯了数字化的文化消费。依托于互联网和移动智能终端的新兴媒体生发出各种各样的文化产业新样式或混合形态的信息媒介，接受者逐渐习惯了从网站和手机而不是从报纸和电视获取新闻消息或观赏影视产品，习惯了从移动智能终端APP而不是台式电脑的网页观看视频节目，数字化的文化消费已经成为普遍性的大众生活方式。人们越来越多地带上偏振眼镜观赏3D电影，越来越多地沉迷到角色扮演游戏证明自身存在的价值，越来越多地借助社交媒体结识朋友、交流信息、传递文件、营销商品、传播思想……21世纪最

[①] 通常译为"实体"，海德格尔则译之为"在场""在场者"。
[②] 海德格尔：《林中路》，孙周兴译，第258页。

大的文化企业不再是传统的大众传播媒体，而是互联网或移动互联网信息服务企业或社交平台服务商。信息以电磁波的速度突破国界、边境、高山和海洋等地形障碍穿梭于全球各地，人们在互联网的空间里仿佛找到了赫胥黎描述的那个"美丽新世界"，享受着"看不到边"的幸福生活。尽管人们并未对浩瀚的数字信息宇宙与自然的现实世界畛域不分，毕竟，现实中上到手头的事物还仅仅是一台电脑的键盘或一部手机的屏幕，但是屏幕对面的那个他者却时时刻刻与自己互动着或思念着，鲜活的文字、生动的图像与即时的视频源源不断地流入手边的终端，人们可以透过屏幕这扇窗户及时地捕捉到全球各地已经发生、正在发生乃至即将发生的事情，也可以通过社交媒体向全球各地发送自己的心得体会、生活视频或旅途见闻。当21世纪初出现Web2.0①技术后，所谓的参与式文化（participatory culture）已经让每一位信息接受者可以自由地选择收听广播和收看电视的时间、地点或终端了，每一位爱好者可以自主剪辑、上传、评论或营销视频节目。从此，"数字人"之间不仅可以随时地互相分享文件、分享心情、分享成功与失败，而且由共同的兴趣爱好而集聚在一起的"线上部落"集聚成为一股更具凝聚力的社会力量，并同时成为活动于现实社会的"线下社团"。人们已经不再分辨（也无法分辨）何为现实、何为虚拟，无论是现实社会还是虚拟空间，线上（online）和线下（offline）的一切活动都已成为现实生活中不可或缺的有机组成部分，成为习以为常的实际经验着的生活世界的一部分。

因此，这时的周围世界已经是一个失去了现实与虚拟之分际的世界，是一个现实与虚拟交融的世界。交融意味着不再是水与油的泾渭分明，不再是物理空间的简单叠加，而是水乳交融、浑然一体了。就年轻一代的大多数而言，虚拟的互联网世界已经成为首要或唯一的文化生活空间，比较充分地展示其虚拟生活方式的文化产业样式就是数

---

① Web2.0于2004年提出，其形成的参与式文化特征有：（1）用户分享，用户可以得到需要的信息，也可以发布自己的观点；（2）信息聚合，信息在网络上不断积累，不会丢失；（3）社群聚合，聚集的是对某个或者某些问题感兴趣的群体；（4）平台开放，用户因兴趣而保持较高的忠诚度和积极的参与度。

字游戏。数字游戏（包括网络游戏但不限于网络游戏，网络游戏包括客户端游戏、网页游戏和手机游戏等）集图像处理、动漫、虚拟现实、人工智能等数字技术于一身，融合了音乐、美术、设计、影视、文学、历史、地理、军事诸领域的创作元素，已经成为后文化产业的重要组成部分。数字游戏所呈现的空间是一种典型的"不在场的在场"的信息传播方式，它既是一个图像化了的与他人共同照面的共同世界，又是一个虚拟化了的独善其身的自身世界；作为信息接受者的"游戏玩家"，既是一个虚拟世界场景中的角色，又是一个社交媒体舞台上的"常人"。

2. 游戏的空间

游戏在古希腊时代就是哲学家关注的一个主题，或许与游戏作为人类最古老的一种交往方式、对话方式甚至存在方式有关。海德格尔在《诗人何为》中提到，古希腊哲学家赫拉克利特如此谈论游戏："世界时间是儿童的游戏，是游戏的跳棋；王权乃儿童的游戏。"[①] 在赫拉克利特留下的残篇中，他把"存在"思为"世界时间"，意味着游戏与"存在"有着某种内在关联。作为一种古老而普遍的活动形式，游戏并非人类所独有的行为，动物也在游戏，甚至一切的生物都在游戏。就一般意义的游戏而言，它显然不是一种理性思维的活动，不是一种计算性或工具性的活动，因此，游戏本身并不需要寻求外部的规定，游戏着的人只是以游戏的方式建立与世界的关系，并在游戏中尽情地自我表现、自我享受。在自我表现与享受过程中，游戏者"在世界之中存在"，塑造出"在游戏"的自身世界。

"在游戏"的世界应该是一个自由的世界、自在的世界、自然的世界。作为现代经济形态的游戏产业（主要是指电子游戏或网络游戏）是否依然自由自在，取决于游戏玩家看待游戏的态度。只是这种游戏不再是在一个自然的环境中自我表现了，而是要借助游戏软件、操作手柄和电子屏幕，才能与游戏的世界照面。最早的电子游戏是1958年

---

① 海德格尔：《林中路》，孙周兴译，第268页。

由物理学家威廉·希金伯滕（William Higinbotham，1911—1994）开发的一款依托电子管技术，由示波器实现的乒乓球互动游戏。1970年代前期出现了借助电视机屏幕的视频游戏，后期诞生了家用游戏机，1980年代出现便携式游戏机，1990年代电子游戏机和游戏手柄生产形成庞大的产业形态。这种产业形态表面上似乎与文化产业现象的"生产—传播—接受"的本真结构形式相去甚远，但即便就20世纪的游戏产业而言，一般的游戏生产企业在硬件上所获得的边际利润都远低于游戏软件所创造的附加值，每一款游戏文本都会提供一个特定的文化背景和想象的世界图像，每一个游戏玩家可以在虚构的环境中设定自己的角色、演绎自己的故事、传播自己的思想、接受游戏世界的信息。不论是20世纪的电子游戏还是21世纪的网络游戏，实施游戏活动都离不开三个环节的配合，分别是游戏软件、游戏硬件和游戏玩家，分别对应于文化产业现象的生产、传播和接受环节。游戏软件是在生产环节由符号创作者创作的文本，游戏硬件（主机、屏幕和手柄等）是游戏文本信息传播的媒介，玩家则是信息接受环节的接受者。游戏的过程也是一种包含符号指引与信息接受的信息体验过程。

　　与文化产业的其他样式不同，如果将游戏空间看作一个世界，每个玩家都可以用自己的方式打开这个世界、重置这个世界，并且在游戏世界扮演一个自由选择的角色。换言之，玩家即使在同一个游戏中，与其切近照面的也未必是一个相同的世界。由于玩家角色可以根据喜好自行设置，因此，游戏世界不仅是一个与他人共时、共建、共在的共同世界，也是一个拥有独立空间的自我塑造的自身世界，并且可以随着角色等级的提升获得一种真实的参与感、成就感或荣誉感。在游戏世界中，每一个玩家可以拥有自身的梦想，就像在现实世界中一样发挥个人的天赋，既可以通过游戏中的对战获得光荣与梦想，也可以通过无拘无束的虚拟社交获得放松、快乐或情感交流。因此，游戏的世界不仅是儿童、少年的世界，也是成人、老人的世界；不仅是男人的世界，也是女人的世界。不过，网络游戏毕竟是一个由文化创意订置的文本，追逐利润的资本家一定会让游戏技术的摆置作用发挥到极致，煞费苦心地让游戏玩家欲罢不能，因而是一个更加容易失落自身

第四章 时空游戏：自身世界的塑造

的世界。游戏玩家，不论其年龄或性别，一不小心就会沉沦于这个与现实世界平行的空间，沉迷于由自己在游戏世界中所扮演的角色塑造的世界，从而忘记"回家之路"。

在电子游戏产业与互联网融合之初，有人认为数字游戏将与流行音乐一样成为新世纪正统的流行艺术形式，甚至将取代音乐、电影、图书和电视等。实际上，游戏产业的确包含音乐、美术、电影、文学、漫画、军事、历史和地理诸领域信息元素或创作手段，因此似乎印证了德国哲学家伽达默尔（Hans-Georg Gadamer，1900—2002）在《真理与方法》（1960）中所言，游戏是"艺术作品的存在方式"。另一方面，随着移动互联网技术应用的日益普及，唱片和纸质出版的营业额与利润逐年下滑，信息接受者用于电视观赏和图书阅读的时间越来越少，而数字游戏的样式和文本却在不断推陈出新，具体包括客户端游戏、网页游戏、社交游戏、移动游戏、单机游戏、电视游戏等，不仅有需要花费大量时间的大型角色扮演游戏，也有适合白领工作间隙短暂休憩的网页游戏，还有适合移动中的人们打发无聊的手机游戏，以及按照不同年龄段或专业群体提供的题材各异的游戏文本（儿童游戏、军事游戏、康复游戏等）。仅就中国而言，2021年中国游戏用户规模已达6.66亿人[①]，游戏用户已经从青少年扩展到老年、儿童和家庭妇女等群体。然而，数字游戏在21世纪的蓬勃兴起并未摧毁或消融既有的文化产业诸样式，只是在与电影、电视、流行音乐、动漫、视频和网络文学等样式的协同发展中，构建了一个与现实世界相对分离的虚拟生活空间，为"数字人"提供了一种更加生动、逼真、催人沉醉的娱乐休闲方式。

在游戏的空间内，如果只有那种由符号创作者置造的虚拟场景，无论这种人工场景多么逼真或引人入胜，依然是视觉与听觉的对象性世界，玩家与玩家之间虽然拥有了"不在场的在场"的信息交流方式，却无法产生在现实空间中那种可以由身体的感觉器官感知的知觉体验，

---

① 根据中国音数协游戏工委、中国游戏产业研究院、伽马数据共同发布的《2021年中国游戏产业报告》，2021年，中国游戏用户数达6.66亿人。

依然是一种"在场者不在场"的互动，是一种远距离、不接触或背靠背的信息交流方式。技术没有停止推动游戏发展的脚步，分布式处理、跨服务器架构、虚拟现实应用、人工智能的实用化、通信速度的不断提升与智能终端的多元化等，都在悄然改变"在场者不在场"的现状，吸引游戏玩家的因素甚至已经不再是"对战"而主要是"社交"了。伴随着游戏空间功能的这种改变，其他文本样式也在朝着游戏化的方向发展，于是，游戏与社交就成为数字化图像世界的两个必备功能，现代人也越来越习惯于以虚拟世界的经验来经验世界。

在推动虚拟世界生活化、游戏化的技术中，物联网（Internet of Things, IOT）将在更基础的层面改变感知世界的知觉方式，从而引发消费者信息接受方式的革命。物联网是"物物相连"的信息互联网，其核心是对物体的智能感知、识别和近距离无线通讯。作为物联网的一种典型应用形式，二维码识别已经成为移动智能终端的标准配备。随着各种传感器与通信技术的不断升级，物联网能够提供感官刺激的信息媒介将不再局限于视觉和听觉领域，能够直接改变人类感觉器官和中枢神经系统的装置已经指日可待。物联网技术正在冲破人类通常只能依靠身体器官感知外部世界的局限性，并且让每一个信息接受者的自身信息（如血压、体温、脉搏、位置等）也作为数字信息在网络中获得传播，从而实现人与人、物与物、人与物之间的实时信息共享。于是，文本的世界与自然的世界将被融合在一个共同的图像世界内，现实空间的信息与影视、动漫、社交媒体、网络游戏等信息一起，都以图像形式进入人们的表象状态，世界图像的图像与图像世界的图像相混合，切近照面的将是一个万物共舞的游戏世界。

如果说信号的离散化改变了信息的存储与传播方式，带来了时间的碎片化，物联网技术改变的是对周围世界的知觉方式，带来了空间的模糊化。影响空间秩序的不只有物联网技术，还有增强现实技术、虚拟现实技术乃至生物工程技术。如果将克隆（clone，无性繁殖）看作是复制"人"的技术，将基因编辑看作是设计"生命"的技术，虚拟现实就是克隆或编辑"世界"的技术。过去的人类只能通过视觉、听觉、嗅觉或触觉等身体器官感知外部世界，现在已经不再受制于肉体的有限性，而可以通过各种接触式或非接触式传感器感知速度、温度、湿度、压力、经纬度、加速度、海拔、水平度、垂直度等以前依靠身体器官无法精确感知的信息，物联网让传感器信息实时地传输到虚拟现实系统，将构建起一个完整、精确、现实的虚拟生活世界。

尽管数字游戏产业已经为虚拟现实世界搭建起雏形，让许多人在游戏空间内初尝"梦想可以成真"的切身感受，但是我们尚未进入真正的虚拟世界。然而，当微软公司将其操作系统命名为视窗（Windows）时，当苹果公司将其浏览器命名为旅行（Safari）时，这些产品的开发者已经将电脑或网络隐喻为一种与现实世界平行的空间，已经在实在的物理空间之外开启了一扇虚拟世界的大门，为现实空间中的自然人在虚拟世界中铺设了一条"旅行者"的道路。这扇大门和这条道路，由于智能手机的出现，已经如影随形地成为感觉器官或中枢神经的延伸。随着各种可穿戴设备（wearable device）[①] 进入跨国企业的生产线，诸如 VR 眼镜、VR 手套、VR 鞋垫、VR 背心、智能头盔、智能手表、智能手环、智能配饰等虚拟现实装备将与智能手机一样成为"数字人"的"上手事物"，成为人类日常配备的感觉器官，从而必然影响后文化产业的发展方向。尤其是当所谓的强人工智能、脑机接口、人类增强与细胞计算等技术相继成为科技热点之时，可以想象人类的知觉系统将不仅不再困囿于肉体的桎梏，而且会拥有多套的知觉体验系统，从而在虚拟世界领会到一种真实的"在场"的感觉。未来的游戏空间或许将不再是一个作为对象的视听世界，游戏玩家将身临其境，进入一个可以现实性生活的虚拟现实的世界。

3. 虚拟现实的世界

在由虚拟现实、物联网与人工智能等技术构建的世界中，每一个在现实生存的自然人可以拥有一个在虚拟空间活动的"人替"，在自然

[①] 在国家统计局《文化及相关产业分类（2018）》中，可穿戴智能文化设备制造与电视机制造、音响设备制造等一起被纳入作为文化相关领域的"文化消费终端生产"类别。

世界中存在的每一个物也可以拥有一个外形与功能相同的"物替"。我们将这种世界称为虚拟现实世界。在虚拟现实世界中，人们将体验到一种类似于在平行世界（parallel universes）间往来的生活方式，同时接受来自虚拟和现实的知觉体验，体验两种世界的生活方式，在现实与虚拟间穿梭切换。以这种方式生活的人将更多地与他人的"人替"交流互动，他人也更多地与"我"的"人替"交流互动，此在的共同世界将变成由"人替"共处的世界，而自身世界将变成一个由"自身"与"人替"共同建构的世界。这些交流、互动或生活并非是虚拟的，而是现实的，并且依然受控于自身意识。无论知觉来自自身的肉体器官或"人替"的传感装置，人类的意识系统依然只有一套，被感知的表象和被影响的情感还要在自身的意识中汇整、融合、决策，并且接受"我思"的怀疑，同时影响"自身"和"人替"的行为。

这里的描述没有考虑人工智能在未来对人类思维的僭越，我们权且假设人工智能的干扰只是"人替"的一种行为，而非人类意识的决策者。然而，人工智能逐步替代"我思"而成为"自作主张"的主宰者并不是科学幻想，就像文字的出现削弱了人类的记忆能力，电脑的出现削弱了人类的写字能力，人工智能削弱人类的计算、推理和决策能力并非是不可想象的后果。就现实而言，无人驾驶汽车的商业化进程已经起步，机器人与人工智能的结合将为行走于现实世界的"人替"铺平道路；我们的日常驾车行为已经习惯了依赖导航软件选择行车路线，根据语音指令变换车道，几乎不再怀疑软件导航的正确性或安全性。因此，人工智能的未来发展方向不只是技术伦理的问题，而是人类的惰性或依赖性必然要让人工智能替代更多的人类思维、决策行为和任务执行，而不是像目前的工业机器人那样只是替代体力劳动或重复性任务。一旦人工智能的计算能力进一步升级，不仅游戏的空间将不再是玩家可以主宰的世界，现实的空间也将成为供"人替"游戏的世界。就目前而言，在游戏空间中的存在者整体还是与"数字人"切近照面的图像世界，依然是"数字人"在表象状态中表象的对象，因此，我们暂时还能够将游戏的世界当作日常周围世界的一个社交媒体和一个平行空间，我们也确实在网络社交媒体中已经习惯了在不同的社交媒体群组或网络游戏世界中体验着不同风格或主题的"闲言碎语",习惯了以不同的"昵称"扮演着不同的角色,习惯了在不同游牧部落中进行着文化时空的穿越。一旦虚拟现实时代真正到来,我们也已经做好了在虚拟空间与现实世界中穿越的准备,而不再有丝毫的违和感。

面对这种与传统生活世界截然不同的虚拟空间,我们难免要怀疑,这种时空穿越式的生活方式是否还能称其为此在"在之中"的世界?如前所述,海德格尔的世界概念既有存在者层次上的世界(既可以是外界,也可以是世间),又有存在论层次上的世界(存在者或此在的存在方式)。海德格尔将此在规定为"在世界之中存在",表明了"此在的一种存在方式",因而此在"在之中"的世界是存在论层次上的世界,即"存在论—实存论"的世界。在前文论述中,我们将通过世界图像化建立的图像世界称为"增强现实的世界",虚拟化的图像世界被叠加在自然的现实世界中,虽然既不是"自然的世界",也不是"实存的世界",但属于在图像世界中生存的现代人的存在方式,因而"增强现实的世界"也可说是存在论层次的世界。那么,一个由虚拟现实技术构建的游戏的空间与所谓的"增强现实的世界"有何不同呢?虚拟现实的世界依然是存在论层次的世界吗?

如前所述,在虚拟现实世界之内与人们照面的对象,其身份将不再仅限于社交媒体中的信息接受者,不再是一般的"他人",而可能是游戏世界中具有某种特定身份的角色(战友或敌人、人类或妖魔、军人或平民等)。这些角色既可能是其他信息接受者的"人替",也可能是自己的"人替"。无论作为角色还是作为人替,都是由数字技术订置的虚拟对象,游戏玩家在与虚拟对象照面的过程中与世界建立起因缘关联,形成了一种虚拟化的生活方式。一旦游戏玩家脱离游戏空间的知觉体系,就无法体验到这些角色或"人替"的存在,角色以及角色背后的人替都将成为虚无。因此,虚拟现实世界中的"人替",不论其是否具备物理形态,究其本质,它们属于虚拟之物而非现成之物,并不具备人类生命的特征。但是,一旦我们的知觉系统与虚拟现实世界建立起联系,"人替"或"物替"就以表象的方式成为我们意识状态的一部分，成为我们可以清楚感知的对象物。因此，"在虚拟世界之中"是"数字人"的一种特殊的存在方式，只是因与其打交道的对象并非自然之物，所以，虚拟的世界不是一种自然的世界，也不是存在者层次上的世界，而是一种如此在的世界一样的"存在论—实存论"的世界概念。我们不妨将之称为"在虚拟世界中存在"的存在方式，即属于游戏玩家在此存在的世间。虚拟的或游戏的世间虽然不是一个自然的空间概念，但是"在虚拟世界中存在"的游戏玩家也必须以空间直观形式来审视这个世间、认识这个世界，游戏玩家所扮演的角色对其周围环境必然具备空间方位和距离长度的知觉能力，唯有如此，才能在游戏世界自由行走，才能在"任务"执行过程所向披靡。

这里对虚拟现实世界的描述只是奠基于对数字游戏空间的理解，在数字游戏文本建立的游戏世界中，每一位熟悉大型角色扮演游戏的玩家对游戏世界都拥有必须的空间感和方位感。诚如康德在《纯粹理性批判》中所言，所谓的空间只是存在于主体自身而非事物本身的属性，空间本来不是一个经验性的概念，而是一种先验性的东西。游戏玩家对游戏空间的知觉能力与自然空间有着本质的区别，而且计算机随时可以帮助游戏玩家即时、准确地计算方位与距离。所以，游戏的空间实际上是计算的对象或计算的结果，但这一结果对已经习惯于将网络世界当作虚拟空间来看待的"数字人"而言，已经成为自然的"三维空间"之外的第四维度。所谓的"三维空间"，只是现代人建立在长、宽、高概念上的传统认知，是一种局限于人类视觉知觉能力的对世界的感知方式，是人类对可感知世界的一种人为的规定，而未必是世界整体的呈现。譬如，我们迄今为止还无法在"三维空间"内寻找到灵魂、情感或欲望的存放之所，但我们并不能就此肯定灵魂的不存在。因此，我们也不能武断地否定空间的第四维度的存在，至少虚拟现实的世界已经为厌倦了"三维空间"的"数字人"提供了一个宣泄或逃匿的维度。

在后文化产业时代到来之初，互联网所构建的网络世界已经被作为浏览者的"数字人"想象为一个与自然空间并驾齐驱的平行空间领域。这一空间领域虽然一直以来被称为虚拟的世界，却在事实上从来不是一个虚假的世界，而是一个由文本信息构建的现实存在的世界。诚如我们在对"增强现实世界"的描述中已经说明了的，我们每天都能从这个所谓的虚拟世界中获得信息，获得指引，不管这些信息或指引有意义或无意义，这些信息实际上都占据着某一台服务器的物理存储空间。就网络世界的功能而言，所谓的网页只是作为一种新媒介替代了传统的报刊和杂志来传递新闻或知识，虚拟的网站与纸质的书籍所承担的无疑是相同的功能，即信息的存储和传播；各种类型的即时通讯应用（IM），在最初面世的时候就是作为一种在网络世界中的通讯工具而发明，其基本功能几乎是电话、传真、手机与寻呼机（Beeper, BP）等传统通讯设备的克隆，现在已经转化成为我们每天使用的通讯工具、社交手段或办公用具。换言之，曾经被我们看作虚拟空间内虚拟之物的那些文本，已经成为数字人的"上手用具"了，成为"在虚拟世界之内"存在的现成之物了。

诚然，虚拟现实世界并不等同于增强现实的世界，虚拟现实的世界未必是现实与虚拟的叠加。我们所说的虚拟现实世界，主要指由虚拟现实技术建立的与现实脱离的数字空间，是通过模拟现实环节而创建的让"数字人"沉浸其中的虚拟生活。由于虚拟现实技术依然处于发展的初级阶段，所以，我们能看到的大型数字游戏与其他文本样式所构建的虚拟应用还只是虚拟现实世界的雏形。诚如增强现实世界一样，数字技术在将"现实"不断虚拟化的过程中，也在将虚拟世界的虚拟之物不断地工具化、功能化、现实化，从而成为供现实世界的自然人使用的现成之物，未来的虚拟现实世界最终还是会发展成为增强现实的世界。只是当我们习惯了虚拟现实生活之后，已经把虚拟当作现实来看待了，或者当成自然空间的第四个维度来生活了。以微信为例，我们已经习以为常于以移动互联网技术为支撑的社交媒体生活，已经无法分辨也不再分辨那种与微信朋友圈闲聊的空间究竟是虚拟的还是现实的世界，这样的方式已经成为后文化产业时代真实的生活状态。

微信作为一种现实的社交方式依然要依赖于文字或图像的导入，依然要依赖于智能终端的使用。在未来的虚拟现实世界里，我们可能不再使用手机，不再手写文字，人工智能的语言识别已经可以将自然语言转换为准确的文字，未来还可以把意识直接转换为可以传输的信号，手机屏幕未必一定要由VR眼镜来替代，空气粒子也可以成为显示介质，空间就将成为一幅现成的、巨大的信息显示屏。在虚拟现实技术尚未普遍应用于文本生产和信息传播的时候，所谓的虚拟世界依然还是由内容网站、社交媒体、网络游戏、动画电影等数字样式构建起来的对象性文本。因此，在目前的数字文本样式中，虽然利用数字技术生成了逼真甚至立体的视听一体化的虚拟场景，或者在一定程度上使用了初级的虚拟现实技术，但在大多数情况下，它们还只是一些信息离散化的文本样式，还无需借助物联网技术或特制的可穿戴设备，以自然的方式在虚拟环境中与各种"人替"或"物替"产生"在场的"交互作用和相互影响，多数人还没有体验到那种身临其境、感同身受的虚拟现实感，从而还无法依靠经验想象虚拟现实与增强现实的区别。一旦可穿戴设备全面应用于文化产业诸样式，未来的"数字人"必将陷身于一种沉浸式的切近体验之中，在各种VR设备的帮助下完成与自然的世界的切换或穿越，从而在虚拟的多维空间中被各种"人替"和"物替"包围，并且自己的身体也将以"人替"的形式现身并活动于虚拟世界，甚至在机器人技术的帮助下以"人替"方式行走于日常生活世界。

因此，未来的文化产业将是由结合了人工智能、机器人、大数据、物联网、第N代通信技术甚至量子技术的虚拟现实技术主宰的产业。当这一天到来的时候，我们可能不再需要坐在起居室的沙发上通过电视或电脑浏览新闻，而可以让"人替"直接穿越到新闻发生的现场，以"在场者"的身份通过身临其境的方式现场感知战场的硝烟、竞选的氛围或工地的喧嚣……信息传播将不再是大众传播媒体的专业，甚至现有的媒体组织或机构将消失殆尽，文字、图片、视频、语音等将在虚拟世界里融合为一个整体的数字信息世界，一个无法分辨虚拟与现实的虚拟现实世界。因此，由虚拟现实技术转化而成的未来的增强现实世界与我们现在对增强现实的理解将是一种完全不同的体验。

在这个虚拟化了的世界中，此在的自身世界将随着对世界的体验的改变而改变。无论是作为游戏世界的玩家或角色,还是作为数字信息的浏览者或游牧部落的游牧人,即使不再操心于世界的意义,依然会执着于确立自身。问题在于,认识自己的途径还是要依赖对世界的"观看",而"观看"世界的方式又取决于思维方式。然而,"美不自美,因人而彰",当思维方式改变之后,即使共同世界没有变化,也必然是"横看成岭侧成峰",何况周围世界每天都在不以人的意志为转移地发生着变化。在这种情况下,在虚拟现实世界中存在的数字人将如何领会世界的意义?

4. 在虚拟世界中存在

虽然增强现实世界与虚拟现实世界都可以称为虚拟世界,但虚拟现实与增强现实作为两种不同的文化技术对信息接受者的指引方式并不相同,增强现实世界依然是一个以现实为主的三维空间,虚拟现实世界则是一个以虚拟为主的多维空间。如果电子图像的信息传播带来了增强现实世界,带来了时间碎片化的代价,导致人类思维方式的变化,虚拟现实技术通过虚拟现实世界的建立带来了怎样的影响呢?如果虚拟世界是一种"存在论—实存论"的世界,"在虚拟世界中存在"的此在又将如何通过观看世界而领会自身呢?

海德格尔在《存在与时间》中写道:"在世界之中存在就等于说,寻视而非专题地消散于那组建着用具整体的上手状态的指引之中。任何操劳向来都已经如其所是地依据于对世界的熟悉。在这种熟悉中,此在可能失落自身于世内照面的东西,神魂颠倒于这些东西。"[1] 因此,无论是现实的还是虚拟的周围世界,此在对世界的领会都源自世界所显示的指引,因为"指引与指引的整体性在某种意义上对世界之为世界能具有组建作用"[2]。海德格尔用一种特殊的用具(标志)来比喻指引的含义,认为标志是一种指引,指引是一种关系,因此,某某东西

---

[1] 海德格尔:《存在与时间》,陈嘉映、王庆节译,第89页。
[2] 同上书,第90页。

的标志就代表了一种被显示出来的关系方式。毋庸置疑，后文化产业所建立的虚拟世界一定是由符号创作者创意、制作和生产的文本世界，必然是一个由符号所构建的世界，数字化符号为虚拟世界提供了指引，从而为在虚拟世界中存在的此在建立了与世界的关系。由于文本信息中的每一个符号都是标志，因此，图像世界中的符号都是一种显示着的关系的指引。不过，这种关系总是文化创意的结果，因而必然是人造的、非自然的或随机产生的，虚拟世界在这一层次上凸显出其"虚拟性"之"虚假性"的特征，因此是一个确然的"非真"的世界。

这个"非真"的世界已经逐步成为由文化产业建立的信息宇宙的主体，容纳了不计其数、千姿百态的符号，因此，"在之中"的此在在眼花缭乱的符号指引中难免迷失于虚拟世界的五光十色和尘俗喧嚣中。于是，虚拟世界之内的符号标志所建立起来的因缘关系，就为信息接受者指引出一种纷乱无序的"何所向"，为此在订置出一种不同于现实世界的迷茫的自我领会。这种领会将影响此在的存在之领会，直接参与着此在的"自我"的组建，从而影响此在自身世界的塑造。不过，信息接受者实际上仍然同时生存于现实世界与虚拟世界之中，同时经验着现实与虚拟两种不同类型的生活方式，此在其实是在现实与虚拟世界的双重领会和双重组建中，构建起一种数字化的"世界整体"的意蕴结构，切近照面的周围世界因此变成一个似真非真、似假非假的，由现实和虚拟空间共同组建起来的共同世界。此时的现实世界，由于我们总要把空间事物纳入到时间中来观看，也因"时间的碎片化"而变成碎片化的"现实"了。在此情形下，此在与在世界之内的既真也假、既实也虚、碎片化的存在之物所建立的因缘结构将难以"导向此在的存在本身"①，从而失去对"何所在"的领会与"何所向"的指引，虚拟现实技术所构建的只能是一幅虚无的世界图像，一个"无何有之乡"。

在虚无的世界图像中，除了当下的快乐是可以切身感知的确定性的东西，其他的一切都变成意义无序的东西，人类的知觉系统已经无

---

① 海德格尔：《存在与时间》，陈嘉映、王庆节译，第90页。

从感知到实在的东西。如果说信息的离散化对自然的时间秩序的克服带来信息的不确定性，带来时间的碎片化，世界的虚拟化对生存空间的拓展带来的就是知觉的纷乱，从而造成意义和价值的虚无。因此，这种无序和纷乱意味着此在知觉到的是一个虚无的世界。

以美国游戏公司暴雪娱乐（Blizzard）出品的多人在线角色扮演游戏《魔兽世界》（World of Warcraft）为例，这是一款深受游戏玩家欢迎的大型多人在线角色扮演游戏。首先，这款游戏有着丰富的人际互动交流平台（称为频道），既有作为公共互动的本地频道、交易频道、本地防卫和组队频道，又有玩家之间"点对点"的"密语"通道，甚至可以通过一些特殊的动作指令达到与对话目标"翩翩起舞"的效果。这种互动交流并不限于游戏内容本身，而是有着极强的延伸性，许多玩家因为这种交流而成为现实中稳定的朋友或伴侣。其次，这款游戏设置了一个庞大恢弘的故事背景，从而创建了一个完整的、周围化了的生活世界。这个世界既没有地域、历史上的边界，也没有文化和故事结局的边界。从整个宇宙的形成到最新的"德拉诺大陆"的开放，游戏描写了一万多年的历史，且其历史至今没有完结。再次，每一位玩家以角色身份融入游戏世界，所演绎的生存模式的连贯性与戏剧性犹如真实的人生般有始有终，不但不断生产和丰富着游戏世界的信息和意义，而且通过自己的创造和冒险谱写出仿佛自身成长的故事，从而在游戏过程中获得比现实更多的、独特的愉悦感或成就感。于是，每一位玩家沉迷于这一虚拟世界，内化于这一共同世界，不但建立了一套特殊的文化符码和社会组织（如公会），而且让每一位玩家在这一文化环境中形成特殊的自我认知，通过对"自身"的反复修饰塑造出一个更加符合自身设定的理想化的角色形象。就玩家而言，魔兽世界就是一种生活方式，每天上线，每天做"任务"，每天参加"公会"活动，每天享受着一些快乐，每天在任务、互动和快乐的积累中成长；然而，每天也会有一些缺憾，这些缺憾又成为玩家继续游戏的动力……诚如一位资深玩家所言："也许这就是一种沉迷，但对我来说，我沉迷的并不是游戏中肆无忌惮的杀戮，而是那份自我满足的归属感。"①

《魔兽世界》带来的这种沉迷一定会遭到人们的怀疑或批判。在2007年加拿大蒙特利尔游戏展上，IGF（Independent Games Festival，独立游戏节）设计创新奖获得者乔纳森·布罗（Jonathan Blow，1971— ）指出，《魔兽世界》就像毒品一样，其规则就是"愚人生活的意义"。"愚人生活的意义"意味着"意义的丧失"，虚拟世界的符号指引关系就变成了一种无关紧要的关涉。这种关涉可以轻而易举地通过程序员的技术之手进行调整，可以根据创意策略为符号创作者任意摆置。于是，"结果"不再必然是逻辑推论的结果，而总是某种预先订置的"先行洞见"。一种订置受制于另一种订置，一种摆置促逼着另一种摆置。订置本来只是人类的一种活动，被海德格尔用来指称人对自然的一种技术促逼方式，但是接受着"似真非真、似假非假"的符号指引的数字人已经无法规避数字技术的摆置，从而成为"在订置中出于订置、为了订置而被订置者"②。

对现代技术进行追问的海德格尔虽然还处身于文化产业过渡期，但已经看到广播和电影作为被订置的"存料"摆置了西方社会的大众生活。海德格尔提出一个假设：如果无线电收音机某一天突然消失了，那将带给人们怎样的六神无主、束手无策和无聊空虚？对今天已经初尝虚拟世界生活方式之"禁果"的数字人而言，如果没有网络和智能手机的陪伴，造成的严重后果将难以想象。在移动支付日益普及的中国大陆，对很多人来说，一旦离开了智能手机，将会陷入一种寸步难行的尴尬；对一个每天都在使用 Word 软件写作的人来说，一旦软件或电脑出现瘫痪，带来的沮丧和崩溃感都深有体会。因此，我们不禁要问，文化产业现象通过现代技术所带来的"订置状态"，真如海德格尔所言那样已经干预和影响到人的本质了吗？

海德格尔在《集-置》一文中写道："一切都在'集-置'中根据相

---

① 付强：《我心中的〈魔兽世界〉》，《互联网天地》2009 年第 9 期。
② 海德格尔：《集-置》，载孙周兴编译：《存在的天命：海德格尔技术哲学文选》，杭州：中国美术学院出版社，2018 年，第 98 页。

同者对相同者的持续的可替换性而得到摆置。"① 现代技术带来了文化产业，文化产业带来了丰富的文化生活，然而，数字文化技术特别是虚拟现实技术在带来信息的离散化和世界的虚拟化的同时，却并未带来世界的切近和真实，在世界之中存在的个体此在已经变成了一个个被淹没在常人中的可有可无的存料-部件，每一位数字人已经变成虚拟世界这架巨机器上随时可以被替换的标准件。标准件与标准件之间的关系不是为了相互配合，而只是为了相互替换，它们可以在距离上很近，却永远不会产生交集。海德格尔在同一篇演讲稿中写道："技术之本质自始就是不准许切近与疏远的。"② 换言之，在虚拟世界中存在的数字人之间，只是一种相互平行的关系，既不切近，也不疏远。虽然技术本身或许既带不来切近，也带不来疏远，但技术应用的后果已经带来一个不确定的世界和未来，而数字人通过文化产业的中介已经深陷于现代技术的集-置中。在这个技术构建的世界里，每一个人变成了随时可以被摆置、被替换的人替，不仅是自己的人替，而且可以是他人的人替。因此，在现代社会中，或许某一项具体的技术应用只是发挥着工具或手段的作用，但技术集-置的本质带给现代人的必然是对生活世界的疏远。正是这种与世界的疏远、与他人的疏远，带来了人类生存的危机，即海德格尔所说的"危险"。危险的直接表现形式就是此在自身的失落，即与"自身"的疏远，人类生存失去了赖以生存的根基，进入一个被连根拔起的时代。

诚如前文所述，文化的最初含义是一种对自然的悉心照料，然后成为对人类自身社会发展历程的关心。随着文化产业的发展，文化的概念演化为此在"在之中"的生活方式，传统的艺术作品则成为传播的文本，作品的真理绽放变成文本的机械复制，连续的信息变成离散的信息，现实的世界走进虚拟的世界，虚拟的世界成为一个"无何有之乡"。在这一演变过程中，推动文化产业发展的是文化技术，世界图像完成了从图像世界的图像到全球文化互联的演化。信息的离散化与

---

① 海德格尔：《集-置》，载孙周兴编译：《存在的天命：海德格尔技术哲学文选》，第107页。
② 同上书，第108页。

世界的虚拟化使得以时间和空间直观形式寻视操劳的信息接受者对世界和自身的领会获得更多的不确定性。这种世界的不确定性以及意义无序，在于文化产业文本虽然在表面上开启了一个"美丽新世界"，却从此失去了对自然的照料和关心，从而失去了像艺术作品一样制造大地的可能，导致文本的世界失去立身的根基，文化创意失去"涌现"的可能，人类失去一个庇护之所。当人们走入数字技术宰制的时代，陷入数字文化产业之集-置的数字人便不由自主地跌入一个与常人厮混的虚无的世界之中。

面对这一虚无的世界，唯有"快感"和"纷乱"指引着此在的领会，于是，在虚拟世界中存在仿佛成为"游戏"。一方面，文本信息的传播方式已经从连续转变为离散，时间因此成为对象并且碎片化了，图像的观赏因为不再有连续的时间而变成信息的浏览，"我思故我在"变成"游戏故我在"；另一方面，数字人只有在游戏的空间中才能扮演一个由自我设定、拥有归属感的角色，能够通过虚拟现实世界感知到新奇、刺激和愉快，能够尽情地歌唱、打闹和欢笑，尽情地自我表现，从而"征服"与其照面的对象。因此，数字文化产业的文本信息建立了一个数字化的虚拟世界，一个随心所欲的欢乐的游戏世界，此在在游戏中领会自身，为自己塑造了一个"在游戏"的自身世界。然而，数字人的游戏与赫拉克利特所说的"世界时间"并无关联，而只是在碎片化时间的促逼下，在虚拟化的世界中期待着美丽的云彩。

第五章

归本生发:技术世界的沉思

> 唯从开端而来,当今之物才变成在存在历史上昭然若揭的。①

---

① 海德格尔:《哲学论稿:从本有而来》,孙周兴译,北京:商务印书馆,2016年,第55页。

文本建立的世界，不论称其为图像世界还是虚拟世界，都是奠基于现代技术而与信息接受者切近照面的周围世界，因此，与其说是文化的世界，毋宁说是技术的世界。

在文化产业生产环节，对象性特征确立了文本与作品的分际。这一特征不仅是由文化产业的经济属性所决定的，也是由现代技术本质和现代形而上学的历史进程所决定的，文化产业的起点因此被追溯到古登堡的年代。在传播环节，信息媒介与文化创意的技术性特征使各类文本样式都成为受现代技术摆置的存料，技术与媒体相互订置或摆置，加剧了技术集-置对政治、经济和社会的影响力；广告性让文化产业成为"其他工业的工业"，则是技术集-置的具体表现。在接受环节，信息的碎片化与世界的虚拟化改变了直观世界的时空秩序，线性化逻辑不再是普遍的思维方式，重构了周围世界的意蕴，导致此在"逃到臆想的常人本身的自由中去求轻松"①，最终跌入无何有之乡，塑造了"在游戏"的自身世界。

无何有之乡不是空无一物的世界，而是以文本为存料的与他人共在的周围世界。它借助文化技术与此在照面，提供了现代化的生活方式，成为人们趋之若鹜的"在之中游戏"的共同世界。在无何有之乡游戏的此在，在美轮美奂却真假莫辨的电子图像或数字视频的指引下，由于不再或无法寻获"存在者的存在"或"存在的意义"而沉沦于虚无，导致虚无主义浪潮伴随文化产业的繁荣昌盛蔓延至现代社会的各个角落。这一点也体现在西方文化产业基础理论的范式演变中，从文化工业批判、文化主义研究到后现代消费文化理论，无不代表着那些思想家们所处时代文化生态的基本样貌。直到鲍德里亚写作《消费社会》的年代，"虚无主义"一词成为后现代主义理论家们自我标榜的标签。尽管理论家们对虚无主义的解读不尽相同，褒贬不一，但虚无主义的思潮在事实上已经成为当代技术社会的基本特征。

---

① 海德格尔：《存在与时间》，陈嘉映、王庆节译，北京：生活·读书·新知三联书店，2014年，第317页。

第五章 归本生发：技术世界的沉思

在尼采看来，虚无主义意味着"最高价值的自行贬黜"，意味着人的生存意义出现了问题。而在胡塞尔看来，就是现代社会出现了一种"厌倦"的情绪。因为厌倦，所以要贪新骛奇；因为厌倦，所以要寻找慰藉；因为厌倦，所以只能通过追求快乐来消磨时间、寻找刺激；因为厌倦，所以要逃离现实去寻找避世之所。20世纪的电子影像所建立的图像世界应合了欧美大众因厌倦而产生的内在心理需求，既为大众提供了新奇、刺激、慰藉与快乐，也为资本家提供了更多赚取丰厚利润的机会，统治者则藉此获得了话语权。于是，消费者耽于享乐中，以为重新拥有了生活的目标，重新获得了幸福的未来，资本家则发现凡是可冠之以文化之名的东西必然蕴藏着巨大的财富……文化产业现象就在这样的社会氛围中满足了各个阶层的需求，尤其发挥了提供官能上、精神上的刺激剂和麻醉剂的作用，从而与虚无主义思潮形成了相互依存、相互促进的关系，虚无主义本身成为加速文化产业成长的温床，而文化产业的扩张又推动了虚无主义的蔓延。然而，这种关系会不会只是电子与数字时代的一种特殊现象？如果现代技术是文化产业的存在方式，而文化产业的诞生与现代形而上学的起点处于同一历史时期，现代技术或现代形而上学在文化产业现象与虚无主义之间扮演了怎样的角色？这些问题将引领我们从文化产业现象的整体意义方向来沉思技术化的周围世界。

第一节 不确定性：从惊奇到怀疑

1. 上帝死了

"虚无主义"（Nihilism）一词最早出现在德国哲学家耶可比（F. H. Jacobig, 1743—1819）于1799年致费希特（J. G. Fichte, 1762—1814）的一封信中，指责康德哲学必然导致虚无主义，认为康德的批判"使得人不再有认识上帝、灵魂等传统形而上存在的能力，也没有认识物自身的能力"①。Nihilism 的拉丁语词源 nihil（虚无）意指人类的感官感知不到任何东西存在，即"什么都没有"。海德格尔从存在之命运的思考出发，认为"虚无主义的虚无意味着根本就没有存在……在存在者之为存在者的显现中，存在本身是缺席的。存在之真理失落了。它被遗忘了"②。因此，在海德格尔看来，虚无是与存在相对的概念，虚无是存在之遗忘，"虚无主义在其本质中就是一种与存在本身同时进行的历史"。

在 19 世纪之前的欧洲社会，虚无主义或虚无主义者是一个饱含贬义的名词③，在当代社会的日常使用中也总被当成一种现代社会的病症来看待。不过，在尼采将虚无主义作为一个严肃的哲学问题考察并且对之进行系统解说之后，虚无主义在理论界成为一个中性的哲学概念。在尼采哲学中，虚无主义是一种价值的贬黜，意味着"一切目标都消失了"④。尼采在其遗著《权力意志》中写道："虚无主义：没有目标；没有对为何之故的回答。虚无主义意味着什么呢？——最高价值的自行贬黜。"⑤ 海德格尔通过对西方形而上学历史的仔细梳理，对尼采的思想进行了深入解剖，认为虚无主义是一种"存在之离弃状态的本质后果"⑥。他在《尼采》（1961）中写道："在尼采的眼里，虚无主义也决不只是崩溃、无价值和摧毁之类；相反地，它乃是历史性运动的一个基本方式。"⑦ 尼采将虚无主义划分为消极的虚无主义、积极的虚无主义等类型，把叔本华的悲观主义看作消极的虚无主义，而把自己称为完全的、积极的虚无主义者，尼采哲学的所有努力就是试图以积极的虚无主义克服消极的虚无主义。

---

① 刘森林：《物与无：物化逻辑与虚无主义》，南京：江苏人民出版社，2013 年，第 92 页。
② 海德格尔：《尼采的话"上帝死了"》，孙周兴译，载孙周兴选编：《海德格尔选集》下，上海：上海三联书店，1996 年，第 816—817 页。
③ "虚无主义"一词在清末从俄罗斯引入我国时常被作为民粹主义、民意党、无政府主义的同义词使用。梁启超在其 1903 年发表的《论俄罗斯虚无党》一文把虚无主义与虚无党混淆在一起。
④ 海德格尔：《哲学论稿：从本有而来》，孙周兴译，第 165 页。
⑤ 尼采：《权力意志》，孙周兴译，北京：商务印书馆，2013 年，第 399 页。
⑥ 海德格尔：《哲学论稿：从本有而来》，孙周兴译，第 165 页。
⑦ 海德格尔：《尼采》，孙周兴译，北京：商务印书馆，2010 年，第 29 页。

第五章　归本生发：技术世界的沉思

在尼采之后的100年中，虚无主义由隐而显、由弱转强，形成一股势不可挡的思想潮流，由德国、俄罗斯迅速蔓延至全球各地。然而，现代虚无主义的表现并非肇始于尼采写作的时代，而与文化产业的发展历史属于同一个过程，换言之，与西方资本主义或者说西方现代社会的发展过程是同步的。如果将尼采在《快乐的科学》中喊出的"上帝死了"与马丁·路德将古登堡的印刷术赞誉为"福音事业勇往直前的推手"联系起来，就会发现，正是从基督徒将《圣经》文本作为阅读的对象开始，欧洲人的自我意识开始苏醒了，欧洲人从此成为一切存在者中的主体，技术成为这一主体用来征服存在者整体、完成"自我确证"的工具或手段，而世内的一切存在者成为对象的表象，即海德格尔所言之"世界图像"。

在尼采发表《快乐的科学》的同一年（1882年），法国科学家马莱摄录下空中飞鸟的飞翔过程。这是人类第一次能够记录自然世界中运动物体的连贯动作，既标志着电影时代即将到来，也预示"世界图像"将朝着电子图像化的世界发生转变。而当电子图像世界到来的时候，胡塞尔及时发出了"欧洲科学的危机或欧洲人的危机"的警示。其时，虽然席卷欧美工业国家的经济大萧条已然结束，但法西斯主义的纳粹掌握了德国政权，有声电影与无线电广播已经成为经济和政治双重的工具。胡塞尔作出的判断是："欧洲最大的危险是厌倦。"虽然没有直言虚无主义的概念，但胡塞尔所说的"危险"或"危机"所指的就是科学不再关涉价值，世界落入了虚无，生存失去了意义。胡塞尔写道："在19世纪后半叶，现代人的整个世界观唯一受实证科学的支配……单纯注重事实的科学，造就单纯注重事实的人……它从原则上排除的正是对于在我们这个不幸时代听由命运攸关的根本变革所支配的人们来说十分紧迫的问题：即关于整个的人的生存有意义与无意义的问题。"① 因此，胡塞尔所说的"危机"，指向的就是欧洲虚无主义问题，也就是人类生存之意义的问题，即"此在之存在"的问题。

---

① 胡塞尔：《欧洲科学的危机与超越轮的现象学》，王炳文译，北京：商务印刷馆，2001年，第15—16、404页。

在胡塞尔之前的欧洲社会，还是纸质媒介一统天下的前文化产业形态，欧洲人生活其中的日常周围世界主要是一幅由自然世界中的存在者的表象所构建的图像，反映在表象者表象状态中的是海德格尔所称的"世界图像"。在这一时期，虚无主义的表现主要在以屠格涅夫（Ivan Sergeevich Turgenev, 1818—1883）为代表的俄罗斯文学作品中得到了呈现。在1861年出版的小说《父与子》中，屠格涅夫塑造了一个虚无主义者形象——巴扎罗夫。这是一个年轻的平民知识分子，不但蔑视贵族阶层，而且否定现存制度，否定爱情，否定宗教，否定一切自然科学之外的东西，认为真理只掌握在自己的手中。因此，屠格涅夫借用小说中其他人物的口如此评价这个形象："一个什么也不尊重的人"，"一个用批评的眼光去看一切的人"，"一个不服从任何权威的人"，"他不相信原则，却相信青蛙"[1]。

在屠格涅夫之前，哲学家叔本华（Arthur Schopenhauer, 1788—1860）已经对这个"作为意志的表象的世界"进行了悲观主义的思考，那种被尼采称为"消极的虚无主义"的情绪已经在叔本华的著述中表露无遗。在叔本华看来，"生命由于其本身的意志，最终注定陷于无价值和无意义的境地"[2]。进入20世纪之后，信息的电子化、离散化以及因此而生成的信息量的膨胀带来信息的不确定性和意义的无序状态，这一现象日益成为西方社会普遍的、显著的文化特征。尼采的预言随即在欧洲的艺术作品、文化产品和现实生活中逐渐显露，相继出现的达达主义、解构主义、朋克运动等艺术流派就是20世纪虚无主义的具体表现，虚无主义思想通过欧洲的各种文艺刊物、影视产品、流行音乐和艺术作品等迅速传遍全球各地。

兴起于第一次世界大战期间的达达主义艺术运动是典型的现代虚无主义现象，是一场波及视觉艺术、诗歌、戏剧和美术设计等领域的文化运动，不但直接催生了后来的超现实主义流派，而且对此后的文化产业文本创作产生了持续的影响。达达主义不仅是一种艺术风格，

---

[1] 刘森林：《物与无：物化逻辑与虚无主义》，第121页。
[2] 格奥尔格·西美尔：《叔本华与尼采》，朱雁冰译，上海：上海人民出版社，2009年，第7页。

而且是一种思想和态度。它试图通过废除传统的艺术和美学形式而达到一种"反艺术""无意义"的境界,实际上是对野蛮的第一次世界大战的抗议。因此,这场运动又被称为"无政府主义艺术运动",其行动准则是"否定一切、破坏一切、打倒一切"。第一次世界大战是欧洲历史上破坏性最强的战争之一,1 000多万人丧生,2 000多万人受伤。正是为了应对这场战争,欧洲人制造出了飞机、坦克、毒气和远程大炮等大杀伤力武器,虽然现代技术因此获得空前发展,却让整个欧洲陷入恐惧的噩梦中,不仅摧毁了人们相对稳定的物质生活基础,而且摧毁了人们对真理、道德的精神信仰。身处战火纷飞的年代,达达主义者们认为理智和逻辑是当代社会产生世界大战和经济灾难的根本原因,因此,拯救世界的唯一途径就是无政府主义、感性和直觉,以至"荒谬"成为达达主义艺术的基本特征。

关于"达达"(dada)一词的来源,有一种说法认为这是从法德字典里随意找到的一个单词,指的是儿童玩耍的木马,其含义为空灵、糊涂、无所谓,正符合达达派所希冀的那种非理性、无意义的状态。另一种说法认为,"达达"表示婴儿呀呀学语期间的最初发音,是对周围事物的纯生理反应,达达主义宣称文艺创作应该像婴儿学语那样排除思想的干扰,只应表现感觉器官所能感触到的印象。因此,达达主义的所谓"无政府主义",是要从日常生活世界中发现活生生的体验与乐趣;所谓"否定一切",是要颠覆理性主义的传统,重新创造一个崭新的世界。从这一层面来看,在虚无主义的思想或氛围中,恰恰蕴含着巨大的创造性力量。

在达达派的代表人物中,最具影响力的当属法国艺术家马塞尔·杜尚。他的那件标有R. Mutt签名的现成品作品《泉》曾经被评价为"艺术史上让人最无法忍受的作品之一"[①]。既然一只现成的小便池都能堂而皇之地以艺术的名义参加美国的独立艺术家展览,还有什么不能成为艺术品呢?达达派就是用这种激进、前卫的艺术表现手法向艺术传统提出无情的挑战。这种挑战反映出来的是身处第一次世界大战期

---

① 克雷纳、马米亚:《加德纳艺术通史》,李建群译,长沙:湖南美术出版社,2012年,第767页。

间的西方人的苦闷心理和精神空虚，从而形成了虚无主义的情绪。这种情绪在达达派的宣言和声明中随处可见："达达派知晓一切。达达派唾弃一切。达达派只说'知道的事'，达达派没有固定的观点……达达派嘲笑所有被神圣化的事物……"① 因此，达达主义的基调就是怀疑一切既有的事实，摧毁一切历史的传统。这种建立在对旧秩序的毁灭基础之上的激进的破旧立新观，不仅影响了同时代的人，影响了此后大量的现代及后现代主义艺术流派的生成和发展，也影响到文化产业的符号创作。既然一切神圣的事物都被打倒了，对大众而言就只有快乐成为唯一有意义的追求，而资本家也毫不犹豫地通过创造和传播快乐来获得利润回报了。

尽管达达主义者声称"一切皆为虚无"，信奉"破坏就是创造"，并且嘲笑一切神圣之物，但他们把自己当成西方社会的救世主，怀揣着打破旧有秩序、拯救现实世界的梦想。换言之，尽管虚无主义者否定真理的存在，却又对"真理不存在"之确定性深信不疑。因此，达达主义本身就是一种矛盾的、徘徊的、怀疑的思想，20世纪虚无主义的种种努力和表现，都处处透露出这种自身逻辑的混乱。这种逻辑混乱也表现在尼采的思想中。尼采虽然大声宣布"上帝死了"，意欲推翻由笛卡尔奠基的现代形而上学大厦，但其内心装着的却是对欧洲文明的热切关怀；在尼采将一切传统形而上学体系（包括苏格拉底哲学）视为否定生命和现实世界的价值体系的同时，却从故纸堆里找出一个查拉图斯特拉②，试图创造一个新的上帝来实现"永恒轮回"。

2. 怀疑的情绪

现代虚无主义的矛盾思想逻辑源自人类赖以生存的周围世界确定性的失落，对确定性的追求则源自体现现代人特征的那种怀疑的情绪。

---

① 克雷纳、马米亚：《加德纳艺术通史》，李建群译，第768页。
② 查拉图斯特拉是琐罗亚斯德（约公元前628年—公元前551年）的波斯语译名。琐罗亚斯德教在汉语中又称拜火教或祆教。尼采在《查拉图斯特拉如是说》中将查拉图斯特拉描述为一个先知，并借查拉图斯特拉之口来阐述自己的思想。

第五章　归本生发：技术世界的沉思　　　　　　　　　　　　　　　219

发生于20世纪上半叶的两次世界大战、30年代的经济大萧条以及70年代的石油危机，无一不是现实世界之不确定性的具体表现，这些现象进一步促成了怀疑情绪的加剧。巧合的是，美国的好莱坞正是在两次世界大战期间异军崛起，而美国的纸质媒介正是在石油危机时期进入了黄金时代。

　　怀疑情绪被海德格尔认作由笛卡尔开启的现代形而上学的基本情绪。在海德格尔看来，正是"我思故我在"这一理性主义基本逻辑，为现代社会确立了一种以怀疑（Zweifel）为特征的"处身情态"（Befindlichkeit）①。因此，现代虚无主义与现代形而上学思想有着密不可分的关联性，晚年胡塞尔所说的"科学的危机"所指称的就是现代哲学的危机，即现代形而上学的危机。在胡塞尔和笛卡尔的视域中，哲学或形而上学是科学，而且是关于最高的和最终的问题的科学，享有着"诸种学问的王后的尊严"。在胡塞尔看来，笛卡尔哲学开创了对全新的"普遍科学"的追求，企图"将一切一般有意义的问题以严格科学的方式包含到理论体系的统一性中，包含到必然明白的方法论中，和无穷的但是合理安排的研究进程之中。因此，世世代代无限增长的、由理论联结着的、唯一的终极真理体系，应该回答一切可能想到的问题——事实问题和理性问题，暂时问题和永恒问题"②。

　　这种追求或梦想在胡塞尔之前始终没有获得现实性的回应和证明。哲学家所设想的"真正的、普遍的方法"，这种对真理或对象的确定性的探求，只是在实证科学的局部领域获得了确定无疑的成果，在形而上学方面却屡遭失败。当实证科学成果不断地将过去种种自明的真理证明为谬误时，笛卡尔所开创的理性的"自我迷信"便随之破灭了，以致西方哲学家不得不反躬自省，在日益加深的怀疑的情绪驱使下，深陷于对形而上学的可能性能否成为真正的可能性的迷思中而愁肠百

---

① 孙周兴：《后哲学的哲学问题》，北京：商务印书馆，2009年，第296页。Befindlichkeit在《存在与时间》中译本中译为"现身情态"，指的是"在存在者层面上最熟知和最日常的情绪、情绪状态"，是一种此在实存论上的存在方式。
② 胡塞尔：《欧洲科学的危机与超越论的现象学》，王炳文译，北京：商务印刷馆，2001年，第20、18—19页。

结。于是，不仅上帝成为怀疑的对象，而且形而上学本身也成为怀疑的对象了，导致哲学家们只能以"单纯注重事实"的方法，为现代社会制造"单纯注重事实"的人。

单纯注重事实的方法依然是一种怀疑的方法，依然是一种充斥着怀疑情绪的处身情态。这一处身情态既不是始于20世纪的胡塞尔，也不是始于17世纪的笛卡尔，诚如尼采所言："自哥白尼以后，人就从中心滚到未知的X中了。"① 在哥白尼之前，地球在欧洲人看来是宇宙的中心，并且是静止的。人与宇宙都是上帝的创造物，此在"在之中"的世界是由上帝为人类安置的世界，是一个有序的世界、稳定的世界、不变的世界。在哥白尼之后，地球突然变成众多行星中的一员，而上帝却不知去向了。因此，尼采所说的"未知的X"，所指的就是虚无的世界，以哥白尼日心说为起点的现代自然科学则在现代虚无主义的形成过程中发挥了关键作用。屠格涅夫在《父与子》中所塑造的虚无主义者巴扎罗夫的形象，其实是一位"唯科学主义者"，所谓"不相信原则，却相信青蛙"，指的就是只相信通过对青蛙的解剖所看到的东西。由于上帝不知去向，宗教的权威随之消失，人类的理性从此代替上帝获得了至高无上的地位。于是，欧洲人只能基于理性的理解力和想象力去研究自然科学，通过自然科学成果去认识世界、领会世界。这是欧洲人思维方式的一场彻底革命，也是现代自然科学真正的起点。换言之，哥白尼革命的意义就在于彻底打破了中世纪的基督教上帝为人类安排好了的那种超稳定秩序。

秩序既已损毁，一切复归混乱。失去了天国的人类，灵魂也失去了归宿，于是，生命和道德便一起丧失了根据。中世纪的欧洲人因为近神而获得尊严，因为尊严而拥有道德，因为道德而支撑了尊严，但秩序的打破让欧洲人的尊严感丧失殆尽了。从此，欧洲人的任何思想和行为不再以道德为准则，而只能接受理性思维的批判，导致"科学万能"成为现代人普遍的信仰。人们相信：只要凭借现代自然科学的研究成果和现代技术的发明，就可以征服自然、征服世界，就可以满足

---

① 尼采：《权力意志》，孙周兴译，第149页。

个人的欲望，获得绝对的自由，求得永久的幸福。然而，"现代人的悲剧正是从这一天开始的"①。换言之，欧洲社会在尼采之前的三百年中，已经处于一种由怀疑的情绪所引起的隐而不显的现代虚无主义的氛围中了。在哥白尼之后的欧洲社会历史中，欧洲人虽然以理性的姿态探寻着世界的确定性，却让"以往人类的全部理想主义正在转变为虚无主义——转变为对绝对无价值状态即无意义状态的信仰"②。

诚然，将现代虚无主义的起因完全归咎于理性或科学可能是一种主观主义的判断。在海德格尔看来，虚无主义的起因就是哲学基本情绪的转变，现代哲学的基本情绪已经从苏格拉底时代的"惊奇"转变为笛卡尔时代的"怀疑"。只不过从"惊奇"到"怀疑"中间经历了从"苏格拉底-柏拉图哲学"到中世纪经院哲学长达千年以上的漫长过程。

海德格尔将从"前苏格拉底"时代的思想到"苏格拉底-柏拉图"时代的哲学转变称为"存在历史"上的第一个转向，而将引领这一转向的基本情绪称为"惊奇"③。与此在日常沉沦的"好奇"不同，惊奇是在领会的基础上对存在者的叹为观止的考察："惊奇于存在者存在，惊奇于人本身存在着，在人所不是的存在者中存在着。"④ 与古希腊人的"惊奇"不同，现代人的"好奇"在海德格尔看来只是"贪新骛奇"，而不是求得理解。古希腊哲学的"惊奇"源自对存在本身的视见和领会，不但是"哲学的开端"，而且"承荷着哲学"，"贯通并且支配着哲学"，"是一种既接纳又开启的让存在者之存在自行开启的情调"⑤。

然而，这种被称为"惊奇"的哲学基本情调很快就消失了！当欧洲社会进入中世纪的漫漫长夜时，欧洲人就不再惊奇于本身的存在了，因为人与存在者已经被认为是上帝的创造物了，上帝创造了万物成为一件理所当然的事情。到了笛卡尔开启的现代哲学，存在者的存在不但不再"自行开启"，而且早已被人们遗忘了。因此，当基督教上帝的

---

① 周国平：《尼采与形而上学》，南京：译林出版社，2012年，第12页。
② 尼采：《权力意志》，孙周兴译，第360页。
③ 孙周兴：《后哲学的哲学问题》，第299页。
④ 海德格尔：《哲学论稿：从本有而来》，2016年，第57页。
⑤ 转引自孙周兴：《后哲学的哲学问题》，第295页。

世界轰然崩塌之时，欧洲人茫然了，"怀疑的情绪"便自然地喷涌而出，哲学走向一种因怀疑而引发的对关于"确定之物"的追问，现代哲学的基本情调从此转变为"怀疑"。虽然"怀疑"也可以认为是"惊奇"的一种，但这样的"惊奇"不再惊奇于存在，而只是惊奇于存在者的确定性。至此，"确定性就成了真理的决定性形式"，所要追问的东西变成"那个在确定之物意义上真实存在着的存在者是什么"①，而不再追问"存在者的存在"和"存在的存在"。

一旦存在者的确定性成为哲学的基本问题，就只剩下一件事情是确定的，那就是"我在怀疑"或"我在思维"。然而，究竟是怀疑的情绪带来了存在者的不确定性，还是存在者的不确定性带来了怀疑的情绪呢？一个确然的事实是，笛卡尔所处的时代距离古登堡开创的金属活字印刷业已经过去两百年，虽然其时现代意义上的报纸刚刚出现，但《圣经》以及数以千万计的各类书籍早已进入千家万户，欧洲社会的文化生态在广泛的书面阅读文化的影响下已经产生深刻的变化。

这种变化至少表现在两个方面：首先，独立思考和逻辑思维能力大为提升，建立起了欧洲人的主体性地位和自由思想的多样性；其次，广泛的"知识"传播和更大的"信息量"带来了信息冗余，加剧了此在对世界领会或认知的不确定性，这种不确定性的增长在独立的逻辑思维过程中又加剧了怀疑的情绪的爆发。在这一过程中，诚如马丁·路德所言，由于印刷产业成为欧洲宗教改革思想的传播工具，大大加速了统治欧洲千年的由天主教会所主导的罗马政教体系的瓦解，从而为欧洲国家从封建社会过渡到资本社会奠定了思想和文化基础。由于宗教改革使基督教上帝的权威遭受重创，所以，宗教秩序的崩塌在所有欧洲人的心灵上覆盖了一层厚厚的不确定性阴云。换言之，欧洲社会在笛卡尔之前的一个相当长的时期内，已经处于一种传统价值崩溃的状态，处于一种价值崩溃所带来的未来世界不确定性的茫然不知所措中了，而世内的一切存在者也早已成为"我思"怀疑的对象。笛卡尔只是将这种情绪的转变上升到形而上学的高度，同时将原本非对象

---

① 参见孙周兴：《后哲学的哲学问题》，第 301—303、304 页。

化的上帝也转变为沉思的对象了。

因此，这一对象化或客体化的过程并不是在笛卡尔时代一蹴而就，而是《圣经》自15世纪作为印刷文本被古登堡印刷和贩卖之日起，基督教上帝的权威已经遭到贬黜。正是从《圣经》被大批量机械复制开始，欧洲人对基督教上帝的信仰可以不再取决于神父的言说，可以通过阅读者个体独立的"我思"获得自由、自主的领会了。从此，进行"我思"的"自我"在事实上取得了独一无二的主体性地位。既然制造世内一切存在者的上帝已经成为"我思"的对象，在世界之内存在的一切存在者就无法逃避成为被怀疑的对象的命运了。从这一刻起，存在者的存在既不依赖于作为表象的对象的存在者，也不依赖于自我的感觉器官捕获的表象的图像，唯有"我思"成为怀疑和确定一切的基础，唯有作为"自我"的人成为我们所生存的这个世界的主宰，作为客体的世界因此成为"自我"意欲征服的对象。只有征服了世界，才能凸显并确保"自我"的主体性。欧洲人正是从那个时候开始跨过了大西洋，绕过了好望角，走上了殖民扩张与掠夺的道路。

3. 虚无主义效应

当"我思"成为怀疑和确定一切存在者的基础，世界就变成了叔本华笔下的作为意志和表象的世界，或者海德格尔笔下的世界图像。但在这个由意志和表象共同构筑的世界内，意志是决定性的因素，而不确定的表象则是意志的客体化。在叔本华看来，意志永远表现为某种无法满足又无所不在的"欲求"，世界的本质就成了某种无法满足的欲望，从而形成一种否定生命的悲观主义的虚无主义情绪。于是，怀疑、苦闷、压抑、迷茫、失落、矛盾、焦虑与疯狂等情绪，便成为虚无主义时代的精神症候。在尼采看来，"主体其实只是一种虚构；当人们谴责利己主义时所讲的自我，根本上是不存在的"[1]。于是尼采只能借助于"强力意志"的构建来肯定生命，声称要以积极的虚无主义克

---

[1] 尼采：《权力意志》，孙周兴译，第400、455页。

服叔本华那种消极的虚无主义。

在尼采看来，消极的虚无主义是"精神权力的下降和没落"，而积极的虚无主义是"提高了精神权力的象征"。因此，尼采孜孜以求的依然是要建立一套新的价值哲学体系，试图通过"重估一切价值"来构建一种新的世界秩序。尼采自认为找到了一条抵抗虚无主义的道路，可以通过对德国古典哲学的扬弃，抵抗或者"治疗"导致欧洲现代危机的虚无主义病症。然而，尼采的这一努力却遭到了海德格尔的否定。

海德格尔也是一位虚无主义的抵抗者，只是看待虚无主义的视角与尼采不同，所选择的途径也不相同。在海德格尔看来，尼采从价值角度出发，把克服虚无主义的希望寄托于"重估一切价值"，意味着要重新建立一套形而上学的价值体系，因而并未跳出形而上学的窠臼。这种新的价值秩序的创建依然是笛卡尔式的现代形而上学思维逻辑，不但不能克服虚无主义，反而促成了虚无主义的"完成"。海德格尔写道："虚无主义不能从外部来加以克服。仅仅用另一个理想……来取代基督教的上帝，从而试图把虚无主义强行拆毁和排除掉——这样做，是克服不了虚无主义的。"海德格尔认为："虚无主义的本质根本就不是人的事情，而倒是存在本身的事情。"[①] "虚无"不是一个价值概念，而是与"存在"相对的概念。虚无主义产生的根源不在于价值体系的崩溃，而在于对存在的遗忘。对虚无主义的克服，必然的路径只能是追问存在本身，只有对被遗忘的存在的揭示才能从根本上克服虚无主义。

同一时代的阿多诺对海德格尔的观点提出了挑战，声称海德格尔的"基础本体论是更糟糕的虚无主义"。阿多诺认为虚无主义的虚无是生命本身之意义的虚无，这一点与海德格尔的思想其实并无二致，但阿多诺无法认同海德格尔将意义之源归之于主体与客体之外的第三者，而是强调"生命意义之虚无在于主体与客体关系之失衡"[②]。尽管两位思想家的哲学立场各异其趣，却以令人惊讶的一致性将超越虚无

---

① 海德格尔：《尼采》，孙周兴译，第464、1058页。
② 杨丽婷：《阿多诺与虚无主义：从其对海德格尔的批判谈起》，《江苏社会科学》2012年第2期。

主义的希望寄托于艺术，阿多诺提出了"审美救赎"，寄望于艺术的"批判性"；海德格尔提出了"艺术救渡"，寄望于"真理的自行发生"。但是，无论是"审美救赎"还是"艺术救渡"，两位思想家的路径所指都不是"文化工业"，而是异口同声地对20世纪由现代技术所订置的文化和文化工业采取了批判的态度。即便如此，当20世纪的艺术审美变成了审美经济，艺术作品变成了文化产业文本，所谓的"审美救赎"或"艺术救渡"也就仅仅停留在形而上学的思想层面。无论是文化产业的文本传播还是当代艺术作品的创作，实际上都与虚无主义思想结伴而行，一起走向了极致的"虚无"。

在20世纪的文化产业实践中，虽然文本披上了一件审美的外衣，符号创作者被冠之以艺术家的称号，电影、电视、流行音乐也拥有媒体艺术的头衔，但文化产业领域的资本家却只热衷于生产"时间产品"、销售广告时段，离散的电子信号所拼凑的图像世界不仅没有发挥救赎或救渡的效用，反而助长了徘徊于世界门口的虚无主义登上了世界舞台的中央。至此，就像老鹰乐队的成名曲《加州旅馆》中所唱的那样，虚无主义的潮流已经是："你想什么时候退房都可以，但你永远无法离去。"① 在文化产业过渡期，在资本逻辑和文化技术的"强力意志"的催化下，虚无主义情绪已经从文学和艺术领域扩散到政治、经济和文化的各个层面，尤其在文化产业文本所建立的图像世界中得到了充分呈现。而文化产业也在虚无主义的土壤中获得了丰富的创造力和广阔的市场空间，进而推动虚无主义浪潮蔓延到全球各地。

《了不起的盖茨比》是菲茨杰拉德1925年出版的代表作，小说精准地描述了美国爵士时代虚无主义思潮的现实表现。穷职员尼克因为一个偶然机会认识了隔壁的大富翁盖茨比，挥金如土的盖茨比魂牵梦绕着住在河对岸的黛西。然而，盖茨比心目中的这位"女神"只是一个凡尘俗世的物质女郎，最终盖茨比成为自私而残忍的"女神"的牺牲品，瞬间的璀璨留下的却是永恒的幻灭。小说中的三位女性，黛西、

---

① 老鹰乐队（Eagles）是1970年代早期成立的摇滚乐团体。歌词原文是：You can checkout any time you like, but you can never leave.

黛西的女友、黛西丈夫的情妇，自私、空虚、金钱至上是她们的共性，对金钱的贪婪和内心的孤独正是20世纪虚无主义的基本特征。菲茨杰拉德抓住了20世纪20年代美国社会的主题，成就了一部伟大的作品。2013年，由巴兹·鲁赫曼执导、莱昂纳多主演的电影《了不起的盖茨比》是同名小说第五次搬上银幕。很少有一部20世纪的小说能够在好莱坞的舞台上享受此等殊荣，况且还是一部缺乏火爆动作场面的"爱情片"，背后的原因与其说是故事的精彩或华丽的视觉冲击，毋宁说小说中那种"浮华背后是沧桑"的美国梦获得了跨越时空的共鸣。那种泡沫般的幻像，在过去的一百年中一直就在我们的周围世界上演，而且愈演愈烈，每一位观众或读者都能从中找到熟悉的影子和情感的共鸣。盖茨比的"真爱"无疑既是一种"意志"的欲求又是一种"生命"的抗争，但他一败涂地；菲茨杰拉德"设计"的结局令人唏嘘，但21世纪的我们感受得尤为真切。

　　盖茨比所处的爵士时代曾经被称为美国的"新时代"，刚刚在第一次世界大战中取得胜利的美国看上去到处充满财富和机会，人们对技术的进步和崭新的生活方式趋之若鹜，导致凡勃仑所说的"炫耀性消费"成为"新时代"的潮流。在1929年夏季的三个月中，美国通用汽车公司的股票价格由268美元上升到391美元，美国钢铁公司的股票价格从165美元上升到258美元，全国上下一片欢腾。到了9月份，美国的财政部长还在信誓旦旦地向公众保证："这一繁荣的高潮将会继续下去"。然而一个月后，华尔街股市突然暴跌，价格下跌的速度令股票交易所的行情显示器都跟不上翻牌的节奏。这一天被称为"黑色星期四"，是美国证券史上最黑暗的一天。股票市场的崩溃直接导致86 000家企业破产，5 500家银行倒闭，1 700万人失业，引发了美国经济持续四年的大萧条，且一直蔓延到欧洲和其他工业化国家。经济大萧条给美国带来了自杀、焦虑、彷徨等一连串的社会问题，大众生活遭受严重影响，社会治安严重恶化，未来充满了不确定性。处于生命本能衰竭过程中的现代人，只能把最后的希望寄托于精神世界，只能到文本建立的图像世界中去寻求安慰、刺激或麻醉，爵士乐则为处于"一切皆虚妄"境地中的彷徨者提供了适宜的宣泄方式。

爵士乐是一种由欧洲白人音乐与非洲黑人音乐"混血"而成的音乐表现形式，适宜即兴演奏或演唱，在产生之初是一种不登大雅之堂的非正统的艺术形式。在20世纪最初的十几年中，爵士乐主要在新奥尔良发展，后来才逐渐转向芝加哥、纽约等地，直至风靡全球。由于爵士乐从黑人田间歌曲中吸收了众多元素，所以有着特别复杂的节奏和独特的音色运用，爵士乐那种既粗嘎又圆滑的节奏、既窒闷又响亮的音色、既刺耳又柔美的旋律、既野蛮又抒情的情调等，那种鲜明的强烈对比所崭露出来的情感，正适合于宣泄迷茫无助的虚无主义情绪。爵士乐之不受规矩约束、打破传统主流、遵循内心意愿的表现形式，恰好与那个时代的情绪特征相应合，与20世纪初的思想潮流产生了共鸣。因此，爵士乐自然而然地成为人们寻找慰藉、探索信仰、发出呐喊的工具。

尽管20世纪20年代被称为爵士时代，但爵士乐娱乐的对象主要是中产阶级，依然为西方社会的正统音乐人士所不喜，而更多普通大众的宣泄渠道只能选择报纸、杂志和无线电广播。在大萧条即将到来的时候，20个成年人中大约有19人是报纸的读者，大约四分之三的成人是杂志的读者。经济危机不仅没有给报纸和杂志造成伤害，反而让报纸成为失去依托的心灵的栖息之所，公共图书馆则成为一个可以随便翻阅、打盹瞌睡的温暖的避风港。根据美国图书馆协会的估计，自1929至1933年，新增的借书人大约有200到300万人，总的图书流通增长了近50％。著名的《读者文摘》月刊在这一时期从最初的25万份订户猛增至后期七八百万份发行量。不过，在各种排遣空虚无聊的文化产业样式中，最受欢迎的莫过于无线电广播。当时的美国总统富兰克林·罗斯福正是通过无线电收音机这一信息传播新媒介，向美国民众宣扬了其著名的"救济、复兴和改革"新政，为深陷痛苦与迷茫的美国民众送去了慰藉和希望，同时打造了其独具特色的大国领袖风范。

进入21世纪，诚如那位曾经沉迷于《魔兽世界》的资深玩家所言："我们是孤独的一代人，文化的断层和生活的压力让我们茫然焦虑。是的，我们会去夜店乱蹦乱跳，我们会去卡拉OK放声歌唱，我们在客户面前侃侃而谈，我们在同学会上意气风发，只是当我们深夜归来打开自己的房门时，我们虚弱得只想哭泣……在这个也许快乐、也许悲伤、也许释然、也许抑郁的现在，何不在生活之余单纯地娱乐一下呢……"① 当代社会的"数字人"虽然已经生活在一个五光十色的周围世界，却依然自称是孤独、茫然、焦虑的一代。虽然已经"虚弱"得只想哭泣了，却可以立刻生龙活虎地投入到"艾泽拉斯大陆"的"腥风血雨"中去……不只是为了逃避孤独、压力和茫然，更重要的是期待慰藉、温暖和希望。在一个被技术集-置所禁锢或隔离的时代里，慰藉、温暖或希望似乎也只能在文化产业提供的文本中去寻找了。

4. 文化产业的合理性

美国文化产业正是在经济大萧条和第二次世界大战的特殊历史阶段以"创造快乐"为名展翅腾飞，美国也从此以"输出快乐"的方式而一跃成为文化输出强国。显然，如果将这一现象仅仅归结于军事斗争的胜利成果，就无法解释电影、广播和图书等行业在经济大萧条时期的蓬勃发展；如果归结于经济发展的因素，也无法解释残酷的战争何以推动了电影和广播事业的壮大。毋宁说，这一现象的发生得益于现代虚无主义的孳生和滋养，虚无主义在全球的蔓延在无形中为美国文化产业浇灌出一片肥沃的土壤。

换言之，正是虚无主义的思想潮流和社会氛围在事实上成为文化产业发展的刺激剂和催化剂，不仅为美国文化产业带来了现实的市场需求和强大的创造力，也提升了美国文化的影响力。然而，这一结果究竟是发生于特定历史阶段的偶然现象？还是虚无主义之于文化产业现象的一种必然关联？海德格尔在《尼采的话"上帝死了"》一文中阐述了这种关联的内在逻辑。他写道：

> 上帝和教会圣职的权威消失了，代之而起的是良知的权威，突兀而起的是理性的权威。反抗这种权威而兴起的是社

---

① 付强：《我心中的〈魔兽世界〉》，《互联网天地》2009年第9期。

会的本能。向着超感性领域的遁世为历史的进步所取代。一种永恒幸福的彼岸目标转变为多数人的尘世幸福。对宗教文化的维护被那种对于文化的创造或对于文明的扩张的热情所代替。创造在以前是《圣经》的上帝的事情,而现在则成了人类行为的特性。人类行为的创造最终转变为交易。①

海德格尔虽然没有挑明文化产业的概念,但文化产业之产生的合理性和必然性在此得到了阐释。文化产业现象经过几百年的发展,在今天看来的确给世界带来了信息量的迅猛增长,从而带来更多的不确定性,但世界的不确定性并不是在文化产业诞生之后才发生的,"怀疑"的"处身情态"并非直接肇始于文化产业的创意订置,毋宁说"上帝死了"才是《圣经》成为贩卖的对象、思考的对象的真正肇因。

在海德格尔看来,虚无主义乃"一种历史性的运动,而不是何人所主张的何种观点和学说……从其本质上来看,虚无主义毋宁说是欧洲历史的基本运动"。换言之,虽然虚无主义现象在19世纪才进入文学家、哲学家的视野,但虚无主义并不是在现代社会才产生的现象,而是作为一种历史的基本运动古已有之。海德格尔断言:"对尼采来说,虚无主义绝不只是一种堕落现象,而毋宁说,虚无主义作为西方历史的基本过程同时、并且首先是西方历史的法则。"② 尼采所说的"上帝"与其说是基督教的上帝,毋宁说是以"上帝"之名来指称一切传统的观念和价值,代表着整个超感性的世界。这一超感性领域自晚期希腊和基督教对柏拉图哲学的解释以来,已经被当作"真实的和真正现实的世界",感性世界反而是红尘苦海,是"完全表面的、非现实的世界"。由此看来,尼采所说的"上帝死了"不是说基督教的上帝死了,而是基督教的上帝"已经丧失了它对于存在者和对于人类规定性的支配权力"③,即由中世纪宗教所规定的超感性世界已经对欧洲社会失去了作用力和生命力,中世纪的形而上学对欧洲人而言丧失了它的真理

---

① 海德格尔:《林中路》,孙周兴译,上海:上海译文出版社,2014年,第212页。
② 同上书,第214、216页。
③ 海德格尔:《尼采》,孙周兴译,第718页。

和意义。所谓的虚无就意味着"一个超感性的、约束性的世界的不在场",导致"不再有什么东西是人能够遵循和可以当作指南的了"①。推而论之,产生于古罗马时期的基督教也是一种对古希腊超感性世界秩序的颠覆,只是用基督教的超感性世界代替了已经不在场的旧的超感性世界,基督教本身也是虚无主义的一种结果和构成。在15世纪之后,随着基督教权威的丧失,基督教的上帝世界崩塌了,但欧洲人对尘世幸福的追求依然要创造一个安身立命的新世界,于是,引发出一股文化创造的激情。

换言之,既然"上帝死了",在世界之内存在的存在者不再由上帝创造了,深陷红尘苦海的现代人就只能依靠自己的双手为自己订置一种新的生活方式,从而创立一个不再依赖于上帝的新世界。这个新世界只能通过"人类自身的行为或活动"来实现,只能奠基于现实的生活世界,即只能通过建立一个"文化的世界"寻找新世界的意义。于是,每一件文化产品都成了为这个新世界奠基的存料或存料-部件,资本家则在置造这个新世界的过程中赚取他们的利润,从而热心地投入更多的资本用于新的"文化创造"。于是,文化创造便成为一种"交易",规模化的、系统化的和标准化的文化交易形成了一种新的经济形态,这种新的经济形态便是文化产业现象。

因此,在基督教的超感性世界崩塌之后,在尘世凡人创造新世界、建立现代化生活方式的过程中,文化产业现象就成为虚无主义历史的必然产物。质言之,文化产业现象的"必然性"与"合理性"是由虚无主义的历史命运所决定的,文化产品的生产和传播是人类在现代虚无主义环境中创造新的生活世界、追求美好生活方式的必然选择。

奠基于数字文化技术的后文化产业所置造的信息泛滥也是不争的事实。诚如前文所述,信息泛滥带来了信息的不确定性,加剧了意义的无序状态,人们在图像化的共同世界中娱乐和享受的同时,对世界的认识和对自身的领会愈益迷茫。在文化产业的生产、传播和终端技术的推动下,从短片、长片到字母的嵌入,从无声、有声到多声道,

---

① 海德格尔:《林中路》,孙周兴译,第211—212页。

第五章 归本生发：技术世界的沉思

从宽银幕、彩色再到数字化，电影一跃成为文化产业最主要的样式之一，开启了电子图像观赏的信息接受新模式，为现代人建立了一个电子化图像的新世界；从黑白到彩色、从无线到有线、从模拟到数字，电视的崛起成为信息传播的主流媒介，突破了人们过去只能从书面文字认识世界的局限性；而以计算机和互联网技术为基础的数字化信息传播则为现代人建立了一个没有边界的虚拟化的文化互联世界。

在此过程中，信息传播在技术上从连续信号转变为离散信号，接受方式从书面阅读转变为图像观赏，生活方式从现实世界转向虚拟世界，意义的无序让怀疑的情绪不断上扬，导致现代人深陷于压抑、畏惧和茫然的状态。同时，媒体对利润的追逐更加肆无忌惮，符号创作者似乎不是在生产信息或符号——对于一个意义丧失的时代，意义的生产显然已经不再是必须的了，而只需加工、生产和传播粉丝和流量，就此培养出一代代更加贪新骛奇、追求刺激、寻找归属的观众。于是，日常的此在消散于常人的世界，物质主义、享乐主义、个人主义、相对主义在图像化、数字化的文本信息的强烈刺激下走向极致。

创造快乐、传播快乐并享受快乐，这样的追求并不是仅存于后文化产业时代的社会现象，而是现代人一种普遍的意志或欲望。诚如叔本华所言："人的本质就在于他的意志有所追求，一个追求满足了又重新追求，如此永远不息。"这种与生俱来的、永无休止的"追求、满足、再追求"的欲望本质，导致一种后果："人从来就是痛苦的"，而且人从来就是"无聊"的。于是，叔本华写道："人，彻底是具体的欲求和需要，是千百种需要的凝聚体。人带着这些需要而活在世上，并无依傍，完全要靠自己；一切都在未定之天，唯独自己的需要和困乏是肯定的。"[①]

尽管虚无主义的肇因不能归结为文化产业现象，但现实表明，文化产业所生产的不只是文本本身，还有与信息接受者切身照面的世界。这一世界并不是一个确定性的对象，而是一种不确定的境域，带来的

---

① 叔本华：《作为意志和表象的世界》，石冲白译，北京：商务印书馆，2014年，第358、425页。

是人与世界、他人和自身之间不确定的关系。这种不确定性不断地刺激有所追求的普遍意志，也不断地满足永不知足的现代人的欲求，又不断地创造和生产出一个个新的和更新的需要，却从来没有提供真实的、可靠的避风港湾，从而让孤独、无聊、茫然、焦虑的现代人跌入"需要—满足—再需要—再满足……"的循环链，且始终保持着一种满足的"幸福"与需要的"痛苦"之间的张力。

第二节　超真实性：从艺术到技术

1. 艺术的退场

作为一种处身情态的转变，从惊奇到怀疑是一场从艺术的世界到技术的世界的社会变革，或者从艺术的世界到文化的世界的生态转变。如果说从惊奇到怀疑是"存在之遗忘"的历史过程，从艺术世界到文化世界的原因就是文本建立了"世界"却遗弃了"大地"。正是在怀疑成为现代哲学的基本情绪之后，技术替代技艺成为人类自我确证的工具，欧洲语言中出现了"文化"一词，欧洲社会出现了"有文化"与"无文化"的对立，文化从此成为关注的话题。然而，文化毕竟不是一种突然出现之物，文化的意涵在欧洲社会一直处于不断的演变过程中，无论是作为人类"理智的逐渐完善"，还是人类的行为和活动，文化必然是一个过程，与之关联的总是"人的冲动力的变化和人生关系的变化"①。只是在这一过程中，人的冲动力已经变成一种纯粹的征服对象的欲望，在"我思故我在"成为唯一的真理之后，作为"存在之真理"的艺术就难逃"终结"的命运了。

自柏拉图时代起，欧洲人一直致力于通过超感性世界的构建，试图寻找事物的本质或真实性，获得对世界确定性的领会。不论是柏拉图的"理念世界"，还是基督教的"上帝世界"，都不但没有带来切近

---

① 文德尔班：《哲学史教程》下卷，罗达仁译，北京：商务印书馆，2013年，第256页。

第五章　归本生发：技术世界的沉思

的真实的照面，反而在现实的周围世界中充满了苦难。虽然战争、瘟疫、灾荒、饥饿等在两千多年中从未停息，但基督教的上帝只存在于神父的言说，始终不见其踪影。所谓超感性的世界或神性的世界，所营造的只有幻影，只是虚无，导致古代欧洲人始终处身于虚无主义的历史氛围中，现实的世界往往是残暴虚假的，而真实的世界总是蔽而不显。

就在《圣经》进入千家万户的同一时期，古希腊哲学家的原始文献从拜占庭回流到欧洲，一场反抗经院哲学的运动由此兴起。欧洲人终于发现：那个已经统治了一千多年的超感性的、神性的世界既不是确定的世界，也不是真实的世界，因此，怀疑主义的思想早在笛卡尔之前已经弥漫于欧洲社会。当笛卡尔发现"所看见的一切事物都是假的……记忆所提供的东西没有一件是真的"[1]时，"怀疑一切"便成为笛卡尔哲学的唯一确然、明晰、可靠的出发点。怀疑只能是"我"在怀疑，因此，"要怀疑，要梦想，要受骗，我就必须存在"[2]。于是，笛卡尔发现了一条自认为绝对可靠的真理："我思故我在"。不过，这一真理表明的只是"我的思维"的存在，而不是别的东西。由于"我思"的存在，证实了有一个"进行思维的东西"的存在。这个"进行思维的东西"可以称为"我"或"自我"，但"我"或"自我"不是我的身体，不是其他任何物质性的东西，我的身体和思维以外的其他东西依然被"我思"怀疑着，是被怀疑的对象。因此，笛卡尔的贡献在于构造出一个独尊"我思"的世界，一个理性的世界。从此，理性替代基督教的上帝拥有了至高无上的权威。在这个理性至上的世界中，"惊奇"失去了存在的合法性，人无需惊奇于自己的存在，只要我在思维，我就必然存在；人只需惊奇于我思之外的东西，但这种"惊奇"不是惊奇于存在，而是对存在者之确定性的怀疑。怀疑的方式是理性，理性思维成了奠基在"怀疑一切"的情绪基础之上的推理和计算的工具。于是，世界上一切"我思"以外的存在者都成为与主体相对立的客体，

---

[1] 梯利著、伍德增补：《西方哲学史》（增补修订版），葛力译，北京：商务印书馆，1995年，第309页。
[2] 文德尔班：《哲学史教程》下卷，罗达仁译，第70页。

成为怀疑、理解、肯定、否定、意愿或拒绝的对象。

客体作为被怀疑的对象，意味着不确定性乃是客体的基本特性。问题在于，由这些被怀疑的对象的整体所构成的现实世界，其不确定性既非意味着不真实，也非意味着虚假性，而只是在"我的思维"中存在的一个对象世界。这个对象世界在表象状态中被怀疑，而成为海德格尔所说的世界图像。在对世界图像的观看和怀疑的过程中，我们试图寻找和发现存在者的存在，试图判断世界的真实性。换言之，世界图像的世界虽然不确定，但依然存在着真实性。然而，随着文化产业的繁荣与壮大，世界图像被图像世界的图像遮蔽了，信息泛滥与信息的高冗余度让现代人无法对世界的真实性作出可靠的判断。资本家的逐利本性决定了，文化产业通过文本的生产和传播所建立的图像世界从来不以呈现真实为目的，毋宁说是以"超真实性"替代了真实性。

这里的"超真实"（hyperreality）是自称为虚无主义者的鲍德里亚在其"拟像理论"中采用的一个后现代概念，指的是"用模型生成一种没有本源或现实的真实"。鲍德里亚认为，这种没有本源或现实的真实"与任何真实都没有联系"，它既不是对现实的模仿，也不是对真实的伪装；既不反映存在和表象，也不展示原因和结果。因此，鲍德里亚所言称的"超真实"只意味着"用关于真实的符号代替真实本身的问题"。换言之，超真实的世界是一个符号的世界，是"真实的不在场"。

在鲍德里亚看来，超真实的世界是后现代社会的文化特征，是通过大众媒体看到和认识的世界，即文本所建立的图像世界，也就是由媒体营造和操控的符号所构成的世界，是一个文化的世界。在这样的世界中，切近照面的是由模型和符号决定并由技术手段传播的图像。当这个超真实世界成为"我思"的表象中的表象状态，这些由符号构成的图像将遮蔽海德格尔所言称的世界图像。于是，与图像世界切近照面的观赏者，看到的是一幅"与任何真实都没有联系"的世界图像，一个没有本源或现实的超真实的世界，即一个失去了大地的世界[①]。

---

① 参鲍德里亚：《仿真与拟象》，载单世联主编：《文化产业研究读本》（西方卷），上海：上海人民出版社，2011年，第346—349页。

第五章 归本生发：技术世界的沉思

超真实并非是后现代社会所独有的特征，而是随着艺术的退场，已经在欧洲社会存在久远的文化现象。若以尼采的视角来看，柏拉图的"洞穴"之外的理念世界、基督教的无法达到的彼岸世界以及康德视域中无法证明的"物自体"的世界，这些超感性的领域都是超真实的世界。只不过尼采在废除了这些超感性世界的真实性之后，也创造了一个查拉图斯特拉的世界。查拉图斯特拉的世界依然是一个超感性领域，因而也是一个超真实世界，只是尼采认为可以通过"强力意志"的建立让查拉图斯特拉的世界成为一个真实的世界。尼采认为，古代人之所以相信超真实的世界是真实的，只是因为"从现实世界中得不到任何意义、任何目标，于是人们推断这个世界可能是虚假的"。由于这个经受到的虚假的世界总是带来痛苦，所以，人们想象出一个有意义的、真实的世界，人们以为"真实的世界"就是"真理的世界"，而"真理的世界"一定是能够带来幸福的世界①。

尼采认为这样的"真实"都是虚构出来的：哲学家虚构了一个"理性的世界"，宗教家虚构了一个"神性的世界"，道学家虚构了一个"自由的世界"②。换言之，在尼采的视野里，真实的世界并不存在。然而，如果真实的世界不存在，虚假的世界也就不复存在，"因为虚假世界只有作为真实世界的对立面才能成其所是。如果取消了真实世界，也就必定取消了虚假世界"③。因此，如果要重新建立一个真实的世界，就必须"重估一切价值"，重新建立一套不同于以往的价值体系。海德格尔认为尼采的这一构想反而让尼采自己陷入了虚无主义的窠臼。不论尼采的"重估一切价值"是否能够建立起真实的世界，他毕竟揭示出自柏拉图以来的形而上学的虚无主义本质，因此，他把苏格拉底以降欧洲形而上学的历史统称为虚无主义。

无论是理念世界还是上帝世界，不论其是否真实，或者是既不真实也不虚假的"虚构"的超感性世界，其"权威性"却是每一个作为

---

① 参孙周兴：《未来哲学序曲：尼采与后形而上学》，上海：上海人民出版社，2016年，第78—80页。
② 尼采：《权力意志》，孙周兴译，第1088—1089页。
③ 海德格尔：《尼采》，孙周兴译，第238页。

此在的人能够切身感受到的，且并未因此就感受到生活在虚无之中。尤其自进入现代社会以来，理性的权威通过笛卡尔的"我思故我在"获得了至高无上的地位，这依旧是一种来自超感性世界的权威。这种权威一直延续至今，并且不断为以怀疑为特征的技术革命的成果所加强，导致"我思"之外的一切存在者都只是"在表象状态中成为存在着的，这一事实使存在者进入其中的时代成为与前面的时代相区别的一个新时代"。这一新时代的本质特征是世界成为图像，就是思维之外的一切存在者成为怀疑的对象，即理性思维的对象。从此之后，"人类活动被当作文化来理解和贯彻了"，而存在者的对象性特征构成了人类一切行为和活动的形而上学基础。

于是，"艺术进入了美学的视界内……艺术成了体验的对象"，意味着"艺术对于我们现代人已经是过去的事了"。因此，所谓从艺术世界到技术世界的转移，或者说从艺术世界到文化世界的转型，意指的就是从进入"现代"社会的那一刻起，艺术的世界就已经终结了。历史表明，正是从那一刻起，手工艺人从艺术家的群体中分离了出来，设计师从手工艺人群体中独立了出来；建筑师、画家、雕塑家等因为从事脑力劳动而成为可以从"上帝"那里获得灵感的艺术家，而依靠自己双手制造物品的工匠则成为不需要灵感且与艺术无关的体力劳动者……于是，艺术和技术都从技艺中分离了出来，意味着艺术退出了此在的周围世界，艺术不知去向了，此在的自身世界从此成为一个疏离了艺术的世界。

这一转变在海德格尔看来是一种从"世界"到"世界图像"的转变，实际上是从"在之中"到"在之内"的转变，"这样一回事情标志着现代之本质"。关键不在于"我思"或我思着的"自我"摆脱了以往的束缚而成为"自己"，而在于当"自我"成为主体之际，人就成了一切存在者的关系的中心，在世界之内的一切的现存之物都变成了拥有"自我"的人的对立之物。换言之，人与世界的关系发生了突变，世界变成了人的对象，世界不再是此在"在之中"的世界，不再是"在世界之中存在"，而是"在世界之内生活"。于是，作为主体的人只会从自身的立场或利益出发，去衡量、利用、支配或统治作为客体的存在者，现代的基本进程变成了"对作为图像的世界的征服过程"①。只有征服了在世界之内存在的一切存在者，才能确保人的主体性地位持存。现代社会的"一切活动和行为"——海德格尔称之为"文化"——都将为"自我"的主体性之"自我确证"提供服务。文化从此成为服务于"自我确证"的工具，成为征服世界的手段；文化不再是艺术与哲学，而是技术与科学。

于是，"自我确证"成为现代社会的最高目标或最高价值，而征服世界只是实现最高目标的一种方式或一个步骤，因此，才有了作为"合目的的工具"和"人之行为"的技术从技艺中抽离出来，成为征服世界（服务于最高价值）的工具或手段。由于处身于现代社会的人类只有在征服世界的过程中才能获得"自我确证"，所以，现代技术就此拥有了至高无上的摆置现存之物的权力。质言之，艺术退场之后的文化世界必然是一个技术统制的世界，即技术集-置的世界。

这里的技术与古代的技艺是两个截然不同的概念。古希腊的技艺是一种"知道"，现代技术则是对自然的"僭越"或"促逼"。古代技艺是"在有所知的产-出（Hervor-bringen）的意义上的制造与建造"②，现代技术却是对作为图像的世界提出蛮横的订置要求，按照某种预设的后果摆置一切的在场者。这种"蛮横的订置"的形式之一就是文化创意，其"预设的后果"就是文化产业现象之文化创意的成果，预设的过程就是创意的过程，创意的过程就是拘囿于文化产业生产技术、传播技术和终端技术之集-置的订置过程。因此，文化创意从根本上而言也是为了满足"自我确证"的目的，订置过程就是技术集-置的过程。换言之，创意就是"促逼"，从而创意就是现代技术的一种表现方式。由于创意的目的就是技术的目的，因而目标就是要满足现代人作为"一切存在者的关系的中心"欲求，而非创造一个真实的世界。所以，文化创意所创造的图像世界只能是一个超真实世界，从而是一个与大地没有张力、冲突或争执的世界，一个失去了"出-现"或

---

① 以上引文见海德格尔：《林中路》，孙周兴译，第71、84、88页。
② 海德格尔：《形而上学导论》，熊伟、王庆节译，北京：商务印书馆，2014年，第18页。

"涌-现"可能性的世界。

华特·迪士尼（Walter Elias Disney，1901—1966）无疑是创造超真实世界的高手，我们可以从迪士尼产品世界获得一些对超真实世界的领会。1928年，一只有着圆滚滚的大脑袋、圆滚滚的大耳朵和可以自由拉伸仿佛没有骨骼的四肢的米老鼠在电影银幕上诞生了。这只名叫Mickey的小老鼠总是吹着口哨，哼着小曲，充满活力，以乐观、活泼、充满奇思妙想的性格很快成为电影明星，受到全球电影观众的欢迎和喜爱。米老鼠机智勇敢，正直善良，虽然常常因不自量力而深陷麻烦，但又幽默乐观总能凭借智慧圆满地解决问题。米老鼠虽然只是创意所置造出来的卡通形象，却变成了美国人心目中真实的价值追求。米老鼠在经济大萧条的时代为美国观众输送了精神力量，带来了欢笑；在第二次世界大战期间为美国大兵增添了战斗勇气，带来了力量；也在当代社会为不同国籍的孩子们带来快乐的童年生活……米老鼠所处身的图像世界尽管处处展示出对和平、乐观的价值观的赞美，却并不是对现实社会美国人真实生活方式的写照。米老鼠的世界（无论是动画世界、游戏世界还是主题乐园）既不是现实世界之现象的呈现，也不是现实世界之映射的表象，而是一个脱离了现实的由模型建造的超真实的世界，一个奠基于技术的文化世界。换言之，米老鼠的世界只是为现实世界中的"真实的不在场"送来一份慰藉。迪士尼的动画电影或迪士尼建造的主题乐园虽然先行创造出一个模式或模型，让生活在现实中的人获得了对"超真实的事实"的逼真体验，但这种"事实"既不是某种真实的投影，也无法用理性的推论获得证实，它不过是通过技术手段生产和再生产出来的真实的图像，只是将文字版的童话故事换成动态影像或建筑场景，藉以满足信息接受者"自我确证"的意志或欲望。

同样，《魔兽世界》也是一个精心置造的超真实世界。加利福尼亚大学洛杉矶分校的三位毕业生为这个"魔兽世界"虚构了一个宏大的历史背景模型，设计了自上古时代一直到未来的历史事件和英雄人物，游戏玩家就在这个模型中执行任务、参与冒险、征服怪物、探索未知……无论是遍布"巨魔""虫族"等文明遗迹的艾泽拉斯，还是作为

"兽人""食人魔"等种族之故乡的德拉诺,都不是真实的世界。尽管其中的许多场景看起来很真实,例如,塞拉摩岛的建筑多以哥特式风格为主,暴风城的修道院参照了巴黎圣母院的样式,潘达利亚充满了浓郁的中国元素……但是,这些不过是对现实环境的素材借用,为的是达到以假乱真的视觉效果。因此,《魔兽世界》逼真的场景、恢弘的音乐、沉浸式的生存体验虽然带给玩家真实的参与感、归属感甚至荣誉感,但这些真实的感觉并不是世界的真实,不会有"存在之真理"的涌现,而只能是"自我确证"的欲望得到满足的一种方式。

2. 真实的不在场

当我们将某种信息交流方式称为"不在场的在场"时,所指的是"他人"的不在场。就图像世界的整个发展历程而言,始终不在场的不是"他人",而是"真实"。首先,图像化的共同世界不是现实世界的摹本,共同世界的图像生成于模型而不拥有本源,因而只是经由文化创意虚构的符号的集合;其次,图像世界的照面者以其扮演的角色遮蔽着自身而淹没于常人,导致在场者本身不在场。这些情形究其本质都属于"真实的不在场",被海德格尔称之为世界的没落:"世界的没落就是对精神力量的一种剥夺,就是精神的消散、衰竭,就是排除和误解精神"。这种对精神的排除和误解是"将精神曲解为智能",但这里的智能并不是智慧,而是"单纯的理智",是"可以训练和批量分配的",本质上是一种"精神的假象并且掩盖了精神的匮乏"。于是,精神沦落为工具,精神的世界就此变成了工具的世界(技术的世界),而"个体的人就企求在这种文化的创造和保持中达到自身的完成"。换言之,人类已经把建立自身精神世界的任务交给了技术,把对自身世界的塑造与对未来的希望或企求都寄托于由技术摆置的智能了。从此,"作为为目的而设的智能的精神与作为文化的精神最终就变成了人们摆在许多其他东西旁边用来装饰的奢侈品与摆设"[①]。

[①] 以上引文见海德格尔:《形而上学导论》,熊伟、王庆节译,第46—49页。

海德格尔描述的此番情景，现在已成为人们习以为常的现象。然而，精神之为精神，意味着其既不是智能也不是工具，精神必然是"向着在的本质的、原始地定调了的、有所知的决断"①。换言之，精神世界之决断的前提不是线性思维逻辑的判断，而是此在的存在，是一种由人之本质已经原始定调了的东西。问题在于，文化创意并不在意"存在的本质"，也不关注那种"原始的定调"。文本的生产和传播虽然在口头上声称是为了"满足精神的需要"或"提供意义的传播"，实践中却只是为了让媒体或资本家实现利润最大化，从而必须制造快乐，以强烈的声、光、电等信号来刺激、吸引消费者的感觉器官。因此，文化创意逻辑只是利用"精神的假象"来掩盖"精神的匮乏"，通过对精神的排除，让超真实的事实通过对此在的精神力量的褫夺，使得消费者在与图像世界照面的过程中丧失判断力或决断力。

尽管文化产业被认定为生产精神产品的产业，但超真实世界所提供的只是感官的刺激或快乐。由于超真实并非真实，所以，文化产业生产和再生产的只能是尼采所揭露的那种"谎言"。不过，被尼采称为"谎言"的那种东西，其目的不是为了欺骗，而是要借助"谎言"的形式让深陷迷茫的现代人相信生活，激活强力意志，重新拥抱对未来的希望。尼采写道："为了生活，我们必须有谎言……为了生活，谎言是必须的，这一点本身依然也归属于这种可怕而可疑的此在特征。"②。在尼采看来，不仅文化是虚假的，谎言是必需的，而且形而上学、道德、宗教和科学等都不过是不同的"谎言形式"③。质言之，由于超感性世界和现实中的感性世界都不是真实的世界，真实的情形就变成了"压根儿就没有一个真实的世界"④。然而，此在总还要在现实世界中生活，就必须不断地以谎言的形式来置造信仰，并且不断生产和再生产谎言，以使信仰持以为真，以使人生抱有希望。于是，当古代的形而上学大厦已经崩塌、基督教的彼岸世界已经消失、欧洲科学以及欧洲人的危

---

① 海德格尔：《形而上学导论》，熊伟、王庆节译，第50页。
② 尼采：《权力意志》，孙周兴译，第904页。
③ 孙周兴：《未来哲学序曲：尼采与后形而上学》，第75—76页。
④ 尼采：《权力意志》，孙周兴译，第403页。

机已经显现时，谎言的生产和再生产需求反而逆势增长了，从而作为一种经济形态的文化产业，以述说谎言为手段，在现代社会获得了巨大的发展动能和市场空间。因此，文化产业在虚无主义历史的土壤中生长、发展、壮大，其根本原因就在于其利用谎言的生产和传播，帮助现代人确保了主体性地位的持存。换言之，文化产业现象不仅是现代社会发展的必然，而且是现代人生存的必须。

前文述及，前文化产业时代的美国人正是通过托马斯·潘恩那本仅有50多页的小册子《常识》，认识到"北美应该独立于英国之外"的合法性。美国的独立战争在起初并非一场目标明确的战争，华盛顿、富兰克林、亚当斯（John Adams，1735—1826）等人在战争初期都对战争的合法性感到茫然和犹豫。正是《常识》一书为当时依旧是英国殖民地的北美大地播撒了自由的思想、独立的精神，提出了要建立一个现实中尚不存在的"人人平等"的共和政体国家的目标。"天赋人权""人人平等""自由民主"等在当时的北美和欧洲都不过是超真实的理想，但潘恩的《常识》让殖民地人民蓦然惊醒，无论潘恩所宣扬的"人人平等"是真实的或虚假的，自由与独立的思想从此深入人心，成为北美人民行动的指南。

到了20世纪，文化产业文本为身心俱衰的现代人提供官能上、精神上的刺激剂和麻醉剂的作用就更加显扬昭著了，尤其是在遇上经济危机和战争阴霾的年代里，图书、广播和电影都为处身灾难和痛苦中的人们置造了一个又一个既虚幻又真实的世界。图像的世界或许是虚假的，但每一位现代人在与图像世界照面中所感受的快乐却是现实而切身的。到了21世纪，虚拟现实、增强现实等技术置造的超真实的世界已经突破了想象的界限而成为一种逼真的世界，为处于对地球的温室效应、雾霾困局和价值危机之忧心状态的"数字人"提供了一个切近的逃匿之所。2009年，由詹姆斯·卡梅隆（James Cameron，1954—　）导演的科幻电影《阿凡达》（*Avatar*）在北美上映，以生动逼真的"谎言形式"讲述了一个超真实的"天神下凡"的故事。

影片借助于超凡的视觉特效技术，用让人目瞪口呆的方式为观众展示了一个近乎完美的超真实的潘多拉星球，观众体验到的是一个既虚假又真实的"新世界"。说其真实，是因为那些山峦、瀑布、云彩、植物、动物、人物等都栩栩如生，仿佛身临其境，触手可及；即便是那些蓝皮肤的纳威人（Na-vi），其表情的惟妙惟肖，毛发的纤毫毕现，皮肤的质感光泽，带给观众的都是鲜活、灵动与真实的感受。说其虚假，是因为人类迄今为止尚未发现外星生物的存在证据，每一位观众都知道，潘多拉星球只是一个卡梅隆虚构出来的类地星球，纳威人只是虚构出来的类人生物。虽然"悬浮山"的创意灵感源自中国山峦，但影片所呈现的大部分场景都是由动画软件所计算生成的虚拟景象。因此，对《阿凡达》的观众而言，目之所及的既是"陌生的真实"，又是"真实的虚假"。

这种"陌生的真实"的真实感不仅存在于观众的视觉体验中，也来自人们对人类历史和自身经历的记忆。我们从那些身形矫健、涂满纹饰的纳威人的形象中，会自然地联想到地球上已经消失了的或正在消失的一个个原始部落；我们从潘多拉星球上茂密的森林、发光的植物，那种在丛林与白雾之间散发出来的诗意的浪漫与粗犷的壮美中，会情不自禁地怀念地球被钢铁和水泥森林覆盖之前的自然景象。在这里，虚假的真实暗喻的正是我们实际生活中的"真实的退场"，观众眼前的图像世界更加凸显出了现实世界"真实的不在场"的真实性，从而与观众内心深藏的记忆产生了共鸣。因此，虚构的故事与观众真实的生活经验和情感通过"真实的不在场"发生了关联，与现实世界中人类的生存处境和历史遗迹发生了关联。换言之，观众通过空间中在场的"虚假"的体验获得了对时间中不在场的"真实"的领会。观众在这种真实与虚假的"模棱两可"中，在空间与时间体验的交错变幻中，获得了超越真实的愉悦感与挣脱了现实的畅快感。这种在心灵和情感上发生的强烈共鸣，让观众忘却了怀疑，而放纵于惊奇。

无疑，这是文化创意通过技术手段而订置的杰作。卡梅隆早在1996年就已完成《阿凡达》剧本，之所以在十年之后才开机摄制，等待的是电影制作技术的一场突破。《阿凡达》所采用的数字技术将后文化产业的电影工业带入了全新的技术集-置时代，一个能够提供"比真实还要真实"的视觉体验新时代。《阿凡达》的制作费高达3亿美元，其中的60％用于数字特效制作，不仅超过60％的影片场景使用了3D数字制作，而且还通过动作捕捉技术将95％的演员表演动作和面部表情信息传输到虚拟人物的身上，形成了真实的"地球人"和虚拟的"纳威人"之间自然生动的交互场景。换言之，文本信息所建立的图像世界，其"真实的不在场"都依托于技术的奠基，没有强大的计算机处理功能或虚拟现实技术，观众就无从获得逼真、灵动的信息体验。

3. 潘多拉的盒子

卡梅隆所置造的超真实世界是一个由数字技术建构的虚拟世界，观众经验到了一种超乎想象的美轮美奂，满足了一种对地球曾经拥有的原始自然生态的怀恋之情。《阿凡达》的成功不仅在于视觉上的刺激或享受，或者对失去的曾在的回忆与伤感，还在于以美丽的谎言编织了一个充满希望的未来。不论是为了寻找财富而飞往潘多拉星球的地球人，还是为了守护家园而与地球人争执的纳威人，都在为着未来、为着希望、为着生命的延续而奋斗。虽然《阿凡达》所演绎的潘多拉星球提供了逼真、灵动的三维效果，呈现出美妙、动人的生态环境，但毕竟不是一个可以自由触摸、行走和呼吸的周围世界，而且与我们生存的现在相距无法预测的时间。因此，《阿凡达》终究是一个时长超过160分钟的对象性文本，一个"时间对象"，一个供观赏和娱乐的对象性世界，只是以数字技术提供了一种"不在场的真实"，现代人真正期盼和追求的却是现实的真实。符号创作者虽然对创造真实不乏努力，但是由于现实中的真实总是被遮蔽着，所以，只能在梦想中去寻找真实，试图用梦想来守护人类的希望。

克里斯托弗·诺兰（Christopher Nolan，1970— ）的《盗梦空间》讲述一个"游走于梦境与现实之间"的故事，采用梦境分割的叙事手法，以多层梦境创造了多层空间，并且以深层空间的开启弥补了上层空间中时间的消逝。诺兰在故事中演绎了一层又一层新的超现实主义的惊悚世界，图像化的世界图像在虚拟影像技术的摆置下达到登峰造极的地步。由于每一位观众都曾经历过梦想的现实，所以，诺兰讲述的故事就拥有了现实性的逻辑。然而,《盗梦空间》毕竟是文化创意制造的梦境,梦境总归是梦,而非真实。真实的情况更接近于2014年上映的《星际穿越》(*Interstellar*)所描述的状况,地球的生态环境正在急遽恶化,沙尘暴、冰川融化、雾霾、绿藻等已经在现实中影响了人类生存的各项基本要素,空气、水、土壤等方面的问题都是当代人已经真切感受到的现实。

《星际穿越》是一部充满超现实主义和梦幻色彩的太空冒险电影,人类在面临灭绝的现实的逼迫下不得不开启穿越虫洞的探险之旅。与其说影片讲述了一个科幻故事,不如说它真实地呈现了技术时代的人类面对技术世界的那种局促不安,那种已经深深印刻在内心深处的惊恐、畏惧和压抑。这是一种真实的情绪,另一种真实的情绪就是人类的爱。正是因为拥有真实的爱,《星际穿越》中的父亲才能在不同的时空维度向处身于三维空间的女儿传递出摩尔斯密码和二进制数值,才能让故事有了圆满结局,不仅父女团聚了,而且人类避免了灭绝。诚然,这是以一个超真实的故事呈现了人类的真实情绪和情感。无论现实中的观众沉浸于超现实的时空还是徘徊于现实的生活,虚拟的世界与现实的世界总能够通过情感建立起没有阻隔的联结。正是在情感的联结中,文本所建立的超真实世界才能在事实上成为信息接受者可以接受的生活方式。

超真实世界尽管已经成为现代人的一种生活方式,但毕竟是经创意想象、由模型建立的图像世界,而非模仿现实的生活世界,现实生活世界中的信息接受者早已开启了模仿超真实世界的进程。在现代社会中,怀疑的情绪所带来的现实世界生命意义的丧失,导致人们不得不转向超真实世界去追寻个体的梦想或归属。然而,这种模仿只是个体对符合自身需求的某个符号、某一理念或某一生活方式的选择,必然是一种经过了个人价值观筛选的模式,从而导致各种激进的个体行为成为后文化产业时代的社会常态。这种现象的产生,与其说是文化产业现象的影响,毋宁说是现代技术集-置的后果。海德格尔在揭示现代社会本质的同时,把当代社会称为技术时代,技术时代的文化生活必然是由技术订置和摆置的生活,文化的世界必定是一个技术集-置的世界。换言之，文化产业现象只是技术时代之技术集-置的一种"现相"。由于这种"现相"以超真实的面貌呈现，并且将现代人的日常生活混同于超真实的周围世界，从而让现代人失去了返身隐匿的庇护之所——大地。

在《世界图像的时代》中，海德格尔将科学、技术、艺术、文化和"弃神"归纳为现代社会的五种基本现象，他指出："现代技术之本质是与现代形而上学之本质相同一的。"① 现代人的最高价值在于"自我确证"，实现"自我确证"的方式是征服作为客体的世界，能够完成这一使命的工具就是现代技术。现代技术在征服的道路上，一方面，为了能源、速度、材料、财富和享受等不断破坏自然的世界；另一方面，为了给破坏了的世界披上一件审美的外衣，利用文化产业文本和信息传播不断置造符号化的新世界。于是，在技术的促逼下，这样的新世界连带着作为主体的现代人一起被订置或摆置为存料或存料-部件，现代人从此无可逃避地陷入了现代虚无主义的泥淖中。

回头来看电影《阿凡达》所建立的世界，卡梅隆以"潘多拉"命名纳威人居住的那颗美妙奇幻的星球，以"普罗米修斯"命名载着一群想到"美丽新世界"赚大钱的地球人的飞船，显然是意味深长的。在古希腊神话中，具有"先见之明"的普罗米修斯违背宙斯的意志，从自己的朋友赫菲斯托斯的火炉中盗来了神火，送给了人类，并且向人类传授各种知识和技能，减轻了人类的痛苦，增加了人类的幸福，让人类成为"万物之灵"。对此，宙斯不仅严厉惩罚了普罗米修斯，用锁链把他缚在高加索山脉的岩石上，而且让赫菲斯托斯捏出一个"美丽女人"送往大地，送给普罗米修斯的兄弟。这位女人就是潘多拉。古希腊语中"潘多拉"（Πανδωρα）一词的含义是"被赐予一切的"，意味着潘多拉是一位被赐予一切天赋的女人。在宙斯的授意下，众神虽然给潘多拉穿上了美丽的衣衫，带上了金色的项链，塞进了各种花言巧语，却唯独没有让雅典娜赋予潘多拉以智慧。潘多拉在嫁给普罗米修斯的兄弟之后，打开了那只密封的盒子。盒子上层所装的"灾难"

---

① 海德格尔：《林中路》，孙周兴译，第71页。

"瘟疫"和"祸害"被释放出来，立即布满了大地，盒子底层所装的"希望"却被惊慌失措的潘多拉关在了盒内。

在现实世界中，虽然既不存在潘多拉的盒子，也不存在"潘多拉星球"，但我们在技术世界中所体验到的那种惟妙惟肖的超真实，是不是现代社会的"众神"为现代人送来的潘多拉呢？潘多拉的盒子在哪里？盒子里所装的究竟是希望还是灾难？现代的潘多拉是否已经从雅典娜那里获得了智慧，从而确保一旦盒子打开，释放出来的只有希望？作为艺术家的卡梅隆，端出的视觉盛宴要回答的也是这个问题。

阿凡达（Avatar）的梵文意思是"天神下凡"，按照影片情节中科学家的预先订置，作为"天神"的阿凡达应该是拥有人类意识的，是由人类DNA和纳威人DNA结合所产生的克隆人。影片结尾告诉我们，要成为真正的天神，只有DNA的结合是不够的，还必须为克隆人赋予灵魂，而灵魂的注入必须借助根植于潘多拉星球的神树的力量。DNA的结合可能只是某种基因编辑，是技术的结合，即肉体的结合。肉体的结合就算接通了意识，就算拥有了思维，仍然是没有灵魂的肉体。真正强大而永恒的"天神"必须拥有灵魂，而灵魂并不存在于DNA的分子结构中，灵魂只能来自信仰。因此，没有信仰的技术只能建立一个没有根据的世界，必然始终处于黑暗之中，处于飘浮之中，从而不但不能获得纳威人的信任，而且无法获得"伟大"的力量。注入了信仰的技术，才能获得大地的庇护，才能立身于大地之上获得安定的栖居之所，从而在世界与大地的争执中步入无蔽状态，并且被保持于无蔽状态之中。因此，与其说力量来自神树，灵魂来自信仰，毋宁说信仰和力量都源自大地。

第三节　回家之路：从虚无到希望

从惊奇到怀疑，处身情态的转变带来信息的不确定性、意义的无序状态；从艺术到技术，文化生态的变迁滋生出超真实的虚拟世界、没有根基的生活方式。数百年来，旧的生活方式不断地被抛弃，新的生活方式不断地被接纳，现代人在图像的指引下塑造了"在游戏"的自身世界。人们已经抛弃了"一杯浓茶、一张报纸"的办公室习惯，代之以"一部手机、一台电脑"行走江湖；人们已经不再习惯于睡前读几页小说，代之以熄灯后浏览一遍"今日头条"；家长不再为孩子口述童话故事，而是让孩子在屏幕前独自观赏动画片；新闻不再源自文字记者的报道，而是来自没有"前因后果"的视频播放；知识不再源自对世界的观看，而是依赖"度娘"的智能；逛街不再需要纸币现金，手机既是你的钱包又是你的银行；人工智能已经让汽车实现了无人驾驶，"人替"代步人类行走于大街小巷似乎已经指日可待……于是，传统的、面对面的、特殊的生活方式一个个地消失了，现代化的、终端化的、标准化的生活方式摆置着"数字人"。问题在于，我们并不惊奇于这些改变，而是把这种改变称为进步或现代化的成就，把超真实当成生活世界的摹本。

英国作家狄更斯（Charles Dickens，1812—1870）如此描述 18 世纪的欧洲社会："这是一个最好的时代，也是一个最坏的时代……人们正踏上天堂之路，人们正走向地狱之门。"① 在许多人看来，后文化产业时代已经为现代人带来席丰履厚、流光溢彩、云起雪飞，显然是一个最好的时代。然而，我们发现 21 世纪的人们正变得越来越怀旧，越来越恋家，越来越多的人希望在山坡湖畔拥有一套别墅，在古街古镇体验旧日风情，在海岛沙滩享受灼热阳光，在北国草原呼吸清新空气……因此，与其说现在是最好的时代，毋宁说刚刚消逝的过去才是光明的季节，尚未到来的却是一个未知的世界。现代人那种对曾在的怀念不断加深的情绪，所彰显的正是对将来与日俱增的迷茫。

虽然科学技术已经高度发达，但我们反而不再清楚将来是一个怎样的世界，甚至怀疑地球将不再是适合人类生存的地方。怀疑已经成为普遍的处身情态，只不过怀疑的对象不再是人类生活于其中的世界了，而是人类生活的将来。虽然我们相信技术应该会带来一个"更好"

---

① 原文：It was the best of times, it was the worst of times... We were all going direct to Heaven, we were all going direct the other way...

的未来，但"应该"并非"必然"，"更好"只是一种猜想；虽然技术给生活带来了速度、效率、财富、色彩和快乐，却也带来了压力、束缚、孤独、焦虑和迷茫；虽然我们踏上了"天堂之路"，却已找不到"天堂"的方向……

海德格尔在 1955 年的演讲《泰然任之》中指出："我们今天认识到的电影电视技术……也许仅仅是一个粗糙的开始阶段。无人能够知道即将到来的变革……在此在的一切领域中，为技术设备和自动装置所迫，人的位置越来越狭窄。"海德格尔看到技术的力量"早就超越了人的意志和决断能力"，认为世界已经变成一个"彻头彻尾的技术世界"，然而，比现代技术力量更加危险的是："人对这场世界变化毫无准备"。

之所以如此，在于现代人已经处在一种"无思状态"，换言之，是"当今人类在逃避思想"[①]。现代人并不承认其对思想的逃避，而是把一种为了特定目的、出于精打细算的计算性思维当成思想。作为存在于现代社会的一个显著现象，文化产业也难以逃脱这种"无思"状态。譬如，一旦文化产业概念被替换为创意产业，其内涵就只剩下就业与利润。于是，创意作为一种计算方式，在迭代思维的驱使下，所计算的只有粉丝和流量了。然而，在计算性思维之外还有另外的思想，海德格尔称这种特别的思想为沉思之思（das besinnliche Nachdenken）。沉思之思的核心是"本有之思"，所思的是如何让深陷技术集-置的现代人在天地之间安居，就是如何让现代人避免"根基持存性"[②]的丧失所带来的威胁。面对一个信息不确定性与意义无序状态日益加剧的图像世界，沉思之思或许为我们提供了一种新的可能性，或许一条沉思之路让我们可以重新回到希望的田野上。

---

① 参见海德格尔：《泰然任之》，戴晖译，孙周兴校，载孙周兴选编：《海德格尔选集》下，上海：上海三联书店，1996 年，第 1232—1238 页。
② 海德格尔认为，根基持存性的丧失来自我们所有人都生于其中的这个时代的精神。参见孙周兴选编：《海德格尔选集》下，第 1235 页。

1. 希望的田野

让我们回顾一下对作品与文本的分际所作出的澄清：作品是非对象性的、非功能性的，文本是对象性的、功能性的；虽然作品与文本都建立了世界，但作品在开启世界的同时制造了大地，而文本却在建立世界的时候遗弃了大地。

这里的大地（Erde）是由"涌现"所照亮了的"人在其上和其中赖以筑居的东西"，它是"一切涌现者的返身隐匿之所"①。这里的"涌现"（φυσις）在拉丁文中被译为 natura（意为"出生""诞生"），演变至今被理解为通常所说的"自然"，已经丧失了古希腊词的原初意涵。在古希腊语中，φυσις意味着使"不可见者"成为可见的，即从隐蔽状态中显露出来；又使"不在场者"成为"在场者"，从而进入一种"去蔽状态"。这一意涵或许可用中文的"无中生有"来解读，但φυσις是指不需要人类制作而自发地涌现出来的东西。诚如海德格尔的解释："φυσις这个词说的是什么呢？说的是自身绽开（例如，玫瑰花开放），说的是揭开自身的开展，说的是在如此开展中进入现象，保持并停留于现象中……意指绽开的强力以及由这种强力所支配的持留……φυσις就是出-现（Ent-stehen），从隐秘者现出来并且才使它驻停。"② 在古代希腊，古希腊人以技艺（τεχνη）来应合或响应涌现（φυσις），得以让存在者的真理自行设置入作品，从而建立起作品的世界，并将"作为自行锁闭者的大地带入敞开的领域之中"。海德格尔指出，大地是"作为这样一种把一切涌现者返身隐匿起来的涌现。在涌现者中，大地现身为庇护者（das Bergende）"③。就大地的日常含义而言，德文的 Erde 既有"土壤"的意思，也有"地面"的意思。有了肥沃的土壤，万物才能生长，因此，大地本身代表了涌现的可能性，没有大地便没有涌

---

① 海德格尔：《林中路》，孙周兴译，第 26 页。
② 海德格尔：《形而上学导论》，熊伟、王庆节译，第 16—17 页。
③ 海德格尔：《林中路》，孙周兴译，第 31、26 页。

现的发生。因为有了这种可能性的存在，不可见者成为可见的，玫瑰花可以开放，世界可以开启，因此，只有在涌现中开启的世界才是有根的世界，才是真实的世界；同时，地面又是世界赖以立身的根基，因为有了这一坚实的根基，不在场者才能成为在场者，作品所建立的世界才能驻停，才能持留。

在技术时代，文本作为一种为订置快乐的表象而摆置的创意成果，并不依赖于涌现的可能性，既不要求返身隐匿或持留，也不要求不在场者成为在场者，因此构建的是一个人为虚构、没有根据的超真实世界。于是，文化创意作为一种本质上的技术订置或摆置，不必去应合或响应自行生发的涌现（由于不需要大地，故不存在涌现），也不必去道法自然，而只要能虚构出某种现成之物，将其带到表象者面前。这种由模型置造的虚构之物的表象，虽然建立了一个照面的图像世界，但这个世界通常只供一次性观赏，因此，根本无需立足于大地，而可任由创意摆置，从而是一个失去了"出-现"或"涌-现"可能性的世界。换言之，文本的世界是一种根据订置状态而可以随时替换的存料-部件所构成的世界。这样的世界不需要应合涌现，不需要响应真理，既没有天空与大地，也不要"根基持存性"，而只要能像浮云那样带来瞬间的绚丽。于是，在文本建立的图像世界的图像中就没有存在者的存在可言，图像世界必然是一个虚无的世界。由此可见，正是因为失去了大地支撑的需求，文化产业生产和传播的只能是虚无，虚无主义因此成为文化产业现象的基本特性。

文化产业现象的这一虚无主义特性，既不是来自符号创作者或传播媒体的人为植入，也不是来自资本和政治权力的粗暴干预，毋宁说是现代形而上学带给现代人的一种历史命运。诚如前文论述，文化产业是与现代形而上学历史进程同步兴起的一种必然且必须的现象。这一现象的缘起和发生不但奠基于现代技术，而且促成、巩固并完善了现代社会的技术集-置，使得此在的周围世界从艺术世界进入了文化世界。文化世界本质上是现代技术集-置的世界，而技术集-置的世界是没有本源、没有涌现和没有大地的虚无的世界，因此，海德格尔作出了这样的判断：技术就是危险。自中世纪基督教的超感性世界崩塌以来，

第五章　归本生发：技术世界的沉思

现代人怀疑一切作为对象的存在者，所以，为了确保"自我"的主体性地位，将技术从艺术的领域抽离出来，使其转变为用于征服世界和主宰世界的工具或手段。然而，技术的本质决定了技术决不会成为听人使唤的奴隶，现代社会的一切存在者都已成为被技术所订置的存料或存料-部件，于是，技术就成为"人靠自身力量控制不了的一种东西"①。在此过程中，文化产业现象成为现代技术集-置的一个重要手段，助长了现代社会的虚无主义思潮由隐而显、孳生蔓延。

文化产业在现代技术集-置与虚无主义思潮之间扮演了媒介角色。毋庸讳言，处身于虚无主义汹涌浪潮之中的现代人虽然对自然的世界充满怀疑，却并未放弃在不确定性中寻找确定性的努力。然而，这种努力只是在艺术退场之后提供了某种谎言或慰藉，通过技术性的创意过程置造出一个个愈加虚无的超真实的故事，其中装满了一个个生产出来供人们消费和体验的"快乐""梦想"和"希望"。

《阿凡达》就是这种努力所置造的超真实，无疑是卡梅隆的一次"沉思之旅"。翠盖葳蕤的潘多拉星球与其说是一个美丽的谎言，毋宁说是卡梅隆为已经被连根拔起的现代人奉献的一个希望。现代人一直在寻找希望，寻找一片希望的田野。2017年2月，美国国家航空航天局（NASA）宣布发现一个拥有7颗类地行星的恒星系，其中有3颗行星位于宜居带内，可能存在液态水。这是科学家带给人类的一个希望，意味着宇宙中可能存在大量类地行星，意味着人类可以在地球之外获得新的立足之地。2017年4月，NASA再次召开新闻发布会，宣布在"土卫二"厚实的冰层之下隐藏着适合生物繁衍的地理环境，意味着一直以来只存于超真实世界中的外星人可能不只是幻想，纳威人的星球或许不只是一种超真实，而可能是真实的存在。然而，即使我们可以乘坐飞船经历数年的漫长旅行到达土星，冰层之下的环境却未必适合人类自身，人类想要在此生存，就必须要么改变自身，要么征服冰层之下的环境。至于那7颗40光年之外的类地行星，我们今天所看到

---

① 海德格尔：《只还有一个上帝能救渡我们》，熊伟译，载孙周兴选编：《海德格尔选集》下，第1304页。

的也只是40年前的情形；即使我们以光速飞驰而去，也需要在40年后才能到达；就算我们真的到达那里，为了让身体、生产和生活适应环境，人类可能必须进化成另外一种类人生物。

换言之，当我们作出决断要飞向未知的未来，我们首先得准备好改变自身。只是当我们因发现类地星球而感受到希望的时候，我们所希望的难道就是人类自身的改变吗？我们不是一直在试图征服世界，从而满足"自我确证"这一最高价值吗？

我们依然只是处身于一种怀疑的情绪中，只是要在日益显著的不确定性中寻获确定性的存在，寻获真理，寻找一份真实；只是因为不确定性的存在，因为对未来的茫然，而希望找到一个"避难之所"或"庇护之所"，能在那里建立一个可让我们真实地生存的生活世界，建立一个可以安居、安心、自由呼吸的家园。换言之，人类并不想改变自身，而只是为了寻找真实。真实的情况是，用于时空穿越的虫洞还只是科学家的一种假设，人类在现实的条件下和可预见的将来还没有能力飞出太阳系，地球迄今为止仍然是唯一适合人类居住的地方，依然是唯一能给人类提供庇护的大地。为了得到大地的庇护，我们并不需要改变自身，而只要坚定守护地球的信念。如果人类对现存切近的家园都不能守护，又怎能将人类的命运系于不确定的遥远的虚无呢？

伴随着现代人这种不断地怀疑着、梦想着、希望着的情绪，文化产业不断地用文化创意构建出一幅幅现实中并不存在的世界图景，假想出形形色色的未来可能性，从而满足我们对希望的渴望之心，驱散我们对机械、单调和冰冷的现代性的厌倦之情。我们试图以创意来克服厌倦，然而，创意本身就是一种技术，创意只是一种理性计算，创意所建立的只能是一个由现代技术所订置的技术世界。这样的世界并不总是美好的。我们在大多数科幻影片中看到的未来世界或外星世界与潘多拉星球大异其趣，反而如《星际穿越》那样充满危险，要么是金属构件的冰冷，要么是戈壁沙漠的荒芜，常常是"寒冷、空无的虚空"。这种虚空真实地折射出人们对于未来深深的茫然与恐惧。换言之，这些文本传递的信息或意义，就是一个个虚无的将来，一个个失去了大地庇护的世界。这样的信息不能称为文化创意所带来的预先"视见",而是对世界的一种"惊恐"或"畏惧",意味着生活在现实中的现代人深刻领会到了一种"无家可归"的命运。

在海德格尔看来:"人已连根拔起。我们现在只还有纯粹的技术关系。这已经不再是人今天生活于其上的大地了"①。一旦我们离开了原本生存的处身之所或历史境域,我们就将成为一个异乡人。一旦成为异乡人,一种无家可归的"既惊恐又畏惧的抑制"②的基本情调将挥之不去。能够消除这种情绪的途径,就是要寻找一条引领我们回家的道路。而且,"按照我们人类的经验和历史,只有当人有个家,并且当人在传统中扎了根,一切本质的和伟大的东西才能产生出来"③。质言之,希望的田野在回家之路的那一端,在那个能够为我们提供庇护之所的大地,能够为人类未来提供更多可能性的赖以筑居的大地。

2. 澄明与遮蔽的争执

如果遥远的星空与图像的世界都是虚无,希望的田野就只能在提供庇护、赖以筑居的大地。虽然海德格尔所沉思的大地概念幽深隐秘,但我们不妨首先将作为人类立身之所的地球理解为大地。地球上的一切存在者与人类的关系虽然被现代人描述为"物竞天择,适者生存",但并不说明相互之间是必然的你死我活的对立关系,而是说竞争或争执才是生存的基本法则。一旦对立面被彻底征服或消灭,竞争就不复存在,人类将失去争执的对象,失去了争执对象的地球将成为没有生命的地球。因此,人类生存的前提在于保有争执的可能性,而为了让争执持存,就必须关心、照料和爱护与人类相伴的地球上的一切存在者。

---

① 海德格尔:《只还有一个上帝能救渡我们》,熊伟译,载孙周兴选编:《海德格尔选集》下,第1305页。
② 海德格尔:《哲学论稿:从本有而来》,孙周兴译,第20页。
③ 海德格尔:《只还有一个上帝能救渡我们》,熊伟译,载孙周兴选编:《海德格尔选集》下,第1305页。

诚然，大地并非简单地意指地球或地球上的自然现成物。从海德格尔后期的一系列著述或演讲中，特别是对荷尔德林（Friedrich Hölderlin，1770—1843）① 诗歌的偏爱中可以看到，家、家园、家乡和传统等都属于大地的内涵，海德格尔的大地之说是要为人类寻找一个存在的家园，从而"从存在的历史的本质中去思新时代的人的无家可归状态"②。立于这样的大地，并且在这样的大地之上，"历史性的人类建立了他们在世界之中的栖居"。这样的大地是人类得以在天地之间安居的处身之所，也是人类能够获得确定性的稳靠的根基。

就艺术作品而言，由于作品的世界是一种"自行公开的敞开状态"，而大地是永远的自行锁闭者和庇护者，立身于大地的世界不能容忍锁闭并且力图超升于大地，大地又"要把世界摄入它自身并且扣留在它自身之中"，因此，世界与大地就在这种对立中产生了争执。在争执中，自行锁闭的大地是一切涌现者的返身隐匿之所，被隐匿的东西只有在涌动（与世界敞开领域的争执）中才能够显现自身。没有敞开领域，就没有"涌现"或"出-现"的可能，因此，大地离不开世界的敞开领域，世界也要"把自身建基于一个坚固的基础之上"才能拥有稳靠的立身根基。于是，世界与大地始终保持在"澄明"与"遮蔽"的争执中。艺术作品之存在就是世界与大地争执的实现过程，存在者整体在这一过程中"被带入无蔽状态并且被保持于无蔽状态之中"③。

这里所说的存在者整体包括世界和大地，而保持意味着守护，世界与大地在存在者整体中始终处于一种既相互争执又相互守护的关系状态。在这一状态中，自行遮蔽着的存在被作品点亮了，也就是被作品所建立的争执点亮了。点亮意味着进入无蔽状态，而无蔽状态就是"真理的发生"。与笛卡尔将真理看作自我意识的确定性不同，海德格尔将真理把捉为"无蔽"，存在者的"无蔽状态"是通过进入一个相当

---

① 弗里德里希·荷尔德林，德国古典浪漫主义诗人。
② 海德格尔：《关于人道主义的书信》，熊伟译，载孙周兴选编：《海德格尔选集》上，上海：上海三联书店，1996年，第381页。
③ 以上引文见海德格尔：《林中路》，孙周兴译，第30—33、39页。

于"林中空地"的敞开的澄明之所得到确定的。诚如一个人从黑暗的森林突然进入一个光亮的林中空地,并不会感受到澄明一样,作为光亮的中心的林中空地也是一种遮蔽,意味着遮蔽并不表示一无所有。海德格尔在对荷尔德林的诗歌阐释时写道:"诗人遭受到神的闪现……太大的光亮把诗人置入黑暗中了",而且"希腊人早就知道,光亮比幽暗更有掩蔽作用"[1]。因此,与其说林中空地的光亮所产生的是遮蔽,毋宁说是一种"无"。光亮照耀着此在,此在在瞬间感受到的却是被光亮着的"无"包围了。存在者的真理就在这种既澄明又遮蔽着的"无"中生发、涌现出来,艺术作品之创作的筹划就来自这种既澄明又遮蔽的"无"。然而,这个"无"只是"历史性此在本身的隐秘的使命"[2],这个被神明之光照耀着的"无"不是寒冷空无的虚空,而是由争执所形成的涌现。由"无"中涌现而"出-现",开启了世界,制造了大地,作品成其为作品。不过,这是"无中生有"的艺术世界,不是"无中生有"的文化世界。

文化产业之"无中生有"不是因"涌现"而"出-现",而是一种文化创意。创意的逻辑是刺激感官而不是展示争执,是创造快感而不是显现自身。刺激的手段是用没有本源的模型生成一个炫目的超真实,既不需要道法自然,也不需要现实的真实,可以遗弃大地,从而建立的是一个没有立身之基的"非存在"的世界,一个没有返身隐匿之所的世界,一个"真实不在场"的世界。因此,文化产业之"无中生有"的"无"不是光亮着的林中空地,而是悬浮在虚空中的"无大地"。在文化产业文本所建构的超真实世界之中,既找不到返身隐匿之所,也得不到自行遮蔽者的庇护,从而将现代人抛入了无大地、无争执、一切皆虚妄的虚无世界中。换言之,图像世界将现代人带入或推入了虚无主义状态中,因此,文化产业现象在事实上成为现代虚无主义的催化剂。

如果在技术时代生长和壮大的文化产业现象只是一个虚无主义历

---

[1] 海德格尔:《荷尔德林诗的阐释》,孙周兴译,北京:商务印书馆,2014年,第47—48、211页。
[2] 海德格尔:《林中路》,孙周兴译,第59页。

史的产物，并且其生产和传播的只是虚无，因此促成了虚无主义由隐而显、由弱趋强，我们对文化产业现象的追问似乎就变成对"虚无"的追问，我们的描述和解释就变成一种虚无主义的痴呓。然而，自尼采以来，许多对虚无主义现象发起思考的鸿儒大哲不但自我标榜为虚无主义者，而且并不认为虚无主义是一个贬义的东西，事实上，虚无主义在促进否定性思维方式、颠覆传统教条主义方面一直发挥着积极的作用。文化产业作为一种奠基于现代技术的经济形态和文化现象，不仅本身是传统秩序颠覆的产物，而且也推动了其他传统领域的颠覆，如现代设计对传统制造业产生的积极影响、网络媒体对政治领域发挥的宣传作用、移动支付对传统金融体制的颠覆效应、古代建筑在文化旅游中获得的价值重生等。因此，文化产业作为现代社会一种显著的虚无主义现象，不是只有消极的一面，也有积极的一面。这种积极的或消极的因素，若以"面向事情本身"的态度来看，并不主要来自文本样式或文本内容，而在于文化产业现象与生活世界之间那种无法切割的因缘关联。任何一个具体文本的信息内容，不论其粉丝数量与网络流量多么巨大，影响的只能是某个或某些部落的人群，而经验世界的方式影响的却是信息接受者整体。

形成这一关联的关键是现代技术的集-置本质，现代人的生活方式被订置或摆置入一个离散的、虚拟的、图像化的技术世界了。如何才能跳出这一困境，虽然思想家们提出了种种方案，但从海德格尔为现代社会归纳的五种基本现象（科学、技术、艺术、文化与弃神）看来，可能的救赎路径似乎只有艺术。然而，当艺术变成了艺术学、作品变成了文本，艺术救渡或审美救赎的梦想已经破灭了。因此，海德格尔在晚年提出要唤醒沉思之思，其路径是要"保留自身独立于技术对象的位置"。海德格尔指出，要让技术对象既能进入我们的日常世界，又能让它能够走出去，让它们作为"物"而栖息于自身之中，保持"对于物的泰然任之"与"对于神秘的虚怀敞开"的态度。所谓"泰然任之"的态度，指的是既要对技术对象的必要利用说"是"，也要对技术对象的无理要求说"不"，随时"拒斥其对我们的独断的要求，以及对我们的生命本质的压迫、扰乱和荒芜"①。

技术世界的意义可能并非只有我们已经看到的那些积极的或消极的因素，毋宁说在技术的背后还有一种神秘的力量统治着所有的技术过程。换言之，技术世界的意义迄今为止还是被遮蔽着的。因此，我们必须对这一被遮蔽的意义保持"虚怀敞开"的态度，才能走上一条通往新的基础和根基的道路。

3. 从本有而来

文化产业在其诞生以来的500多年中，从纸质印刷、胶片电影、无线广播、彩色电视、主题乐园、动漫游戏、网页新闻到移动社交应用等，始终是一个从无到有的发生和发展的过程，文化产业的演化过程就是一段无中生有、不断发生的历史。只不过这里的"无"总是奠基于某个重要"事件"的发生：印刷出版业源自金属活字印刷术的出现，电影工业源自视觉暂留现象的发现，数字媒介源自电子计算机的发明……可见，文化产业现象虽然是在虚无主义土壤中生长起来，但肇因却是一系列的自然科学发现、技术发明成果或工业革命成就。这些发现、发明、成果或成就最终能够转化为文本的生产工具、信息的传播手段和体验的智能终端，并非一蹴而就，而是都经历了漫长的摸索或完善过程。因此，对新技术的应用，我们并不能清楚地判断何为"必要的利用"，何为"无理的要求"，从而很难作出"是"或"不"的判断。迄今为止，还没有一个公认的价值尺度能让我们对某种新技术及时地加以否定或拒斥，而常常只能采取一种"来者不拒"的态度。因此，沉思之思必然是一条艰难的道路，从而要求我们对每一个神秘事件的发生保持"虚怀敞开"的态度。神秘的"事件"必然有神秘的力量在推动，这种神秘力量可能就是"真实"得以"涌现"的源泉。

文化产业现象在虚无主义的土壤中诞生，依托于现代技术为现代

---

① 见海德格尔：《泰然任之》，戴晖译，孙周兴校，载孙周兴选编：《海德格尔选集》下，第1239—1241页。

人建立了超真实的图像世界。虽然虚无主义拥有否定的特征，具备颠覆的力量，并且可以通过否定之否定、颠覆之颠覆带来新的事件的发生，但这样的"发生"因技术世界的虚无性，从而未必带来"真理的发生"。换言之，真理的发生不可能源自文化产业现象建立的世界，而必须求助于一条可以找回基础和根基的"回家之路"。海德格尔在后期打破传统形而上学的框架而形成的"技术之思""艺术之思"与"本有之思"等，为针对技术世界进行"根本性的沉思"和"决定性的解析"提供了理论支点。如果这样的沉思或解析是可能的，就文化产业现象而言，决定性的因素就是符号创作者在建立图像世界之前的文化创意，就是如何实现图像世界的无中生有。这样的无中生有只能"从本有而来"，这里的"无"就是海德格尔后期思想的核心主题——"本有"（Ereignis）。

Ereignis 在德文中原本是一个常用词，意为"事件"或"发生的事情"，后经海德格尔的使用成为一个莫测高深的神秘概念。迄今为止，汉语学界对 Ereignis 的译名尚无定译，陈嘉映将之译为"归本生发"，张祥龙译为"缘构发生"，王庆节译为"自在发生"，邓晓芒译为"成己"，张灿辉译为"本然"，孙周兴从前译之为"大道"，现在译为"本有"。自 20 世纪 40 年代起，海德格尔不断使用 Ereignis，虽然有"本有乃存有本身的本现""本有乃存有之真理""本有乃原始的历史本身"[①]等表述，但始终没为其意涵提供一个明确的规定。不过，在自《艺术作品的本源》开始的一系列著述和演讲中，海德格尔关于"本有"的思考都包含着"归本""居有""成其自身"的呼声和主张[②]。

根据孙周兴的解释，海德格尔的"本有之思""端出了一种现代文化危机的本质的诊断，根本上指向对现代性问题的解决"[③]。这里的现代性问题，就是在现代社会中日益凸显的虚无主义问题、技术集-置问题和文化问题等，其根基是主客二元对立的现代形而上学；所谓的"危机"就体现在"既惊恐又畏惧着的抑制"的情绪之中。这些问题以

---

① 海德格尔：《哲学论稿：从本有而来》，孙周兴译，第 9、35、41 页。
② 孙周兴：《后哲学的哲学问题》，第 266 页。
③ 同上书，第 271 页。

第五章　归本生发：技术世界的沉思　　　　　　　　　　　　　　259

及这种情绪，无疑都与文化产业现象及其效应密切相关。换言之，对文化产业现象的追问就是对现代性问题的追问，就超真实的图像世界而言，现代性问题就成为解决无中生有之"无"的问题，也就是对"归本""居有""成其自身""缘构发生"或"归本生发"的理解和实践的问题。如果说海德格尔是要通过"本有之思"为现代人找到一条归本、居有、成其自身的道路，文化产业的理论与实践就可以仰赖这一思想脉络明确自身的思考方向，"本有之思"的核心就在于由"天地神人"所构建的"四重整体"的世界。

在1950年的一篇演讲文中，海德格尔通过对"壶之虚空"的阐释，指出了"物之物性"恰恰不在于作为对象的壶的外观，不在于泥土做成的壶底和壶壁。"壶之为壶"在于壶底与壶壁所包围的"虚空"，制壶的陶匠所塑造的只是虚空。因为有了被壶底与壶壁包围的虚空，被制造出来的壶才能接受"倾注"的"承受"和对"倾注"之物的保持，才能倾倒出饮料，成就馈赠之目的。由于馈赠之饮料总是源自雨露和山泉，而受赠的总是"终有一死者"和诸神，因此，"在倾注之赠品中，同时逗留着大地与天空、诸神和终有一死者"①。这里的大地、天空、诸神和作为终有一死者的人被海德格尔称为"四方"。当我们说到四方中的任一方，同时就会因为四方的纯一性而想到另外三方。"四方中的任何一方都不是片面地自为地持立和运行的……若没有其他三方，任何一方都不存在。它们无限地相互保持，成为它们之所是，根据无限的关系而成为这个整体本身。"② 于是"天、地、神、人之纯一性的居有着的映射游戏"③ 被海德格尔称为世界。

在这里，世界变成了游戏，只不过不是人类自身独享的游戏，而是"天地神人"四方共享的游戏，海德格尔把这种游戏称为"居有之圆舞"。于是，世界不再是与大地相对并争执的那个世界了，不再是供人类怀疑与征服的客体了，而是"天地神人"四方和谐共在的共同世界。在这个作为整体的共同世界中，所谓的天指的是日月星辰、四季

---

① 海德格尔：《物》，孙周兴译，载孙周兴选编：《海德格尔选集》下，第1173页。
② 海德格尔：《荷尔德林诗的阐释》，孙周兴译，第206—207页。
③ 海德格尔：《物》，孙周兴译，载孙周兴选编：《海德格尔选集》下，第1180页。

更替、天穹白云；所谓的地指的是承受筑造、动物植物、水流岩石；所谓的神指的是隐而不显的神性的运作，而不是基督教的上帝；所谓的人是作为能赴死、能够承担死亡结果的"终有一死者"。因此，由四方构成的"四重整体"（Ge-Viert）的世界，已经不是《存在与时间》中所说的外界或世间，也不是《艺术作品的本源》中与大地争执的世界，更不是《世界图像的时代》中作为现成存在者整体的世界。在这个世界中，"天地神人"没有主次之分或主客之分，构成了相互并列、相互依存、相互依偎、和谐共舞的关系。至为重要的是，作为"终有一死者"的人不再是唯我独尊的主体，不再需要为了"自我确证"而去"精于计算"，念兹在兹于征服世界，而是与三方一起同在和煦的阳光下呼吸自由的空气，同在希望的田野上诗意地栖居。

海德格尔在此描绘的"四重整体"，仿佛把我们带入《庄子·至乐》篇中的境界："天无为以之清，地无为以之宁，故两无为相合，万物皆化生……万物职职，皆从无为殖。"这里的"职职"乃繁多的样子，"从无为殖"指的是万物在"无为"中产生，无为而无不为，所蕴含的正是从遮蔽中发生"涌现"，在神秘中发现"根基性持存"。在海德格尔看来，这种"根基性持存"来自四方的统一，而将四方统一起来的是一种"命运之声音"，"作为整个关系的中心，命运是把一切聚集起来的开端。作为鸣响着的伟大命运，这个中心就是伟大的开端"[①]。

因此，"无"从"本有"而来，也就是从"命运"而来。而"命运"就蕴含在自行锁闭着的大地之内，这个大地就是"无为"，是一种神秘的力量，一种"涌现"的"可能性"，大地之土壤乃孕育一切之"涌现"的源泉。

或许这就是海德格尔的"泰然任之"和"虚怀敞开"之意涵，就是一种归本生发、自在发生或缘构发生，就是一种"无为而无不为"！无论现代技术集-置如何摆置周围世界，我们所要守护的就是人类的命运。人类的命运就是从过去走到现在，还要从现在走向未来，必然要求我们从人类的历史和传统之处获得启思，就是海德格尔所言要"从

---

① 海德格尔：《荷尔德林诗的阐释》，孙周兴译，第207页。

存有之真理而来，把存在者带回来"①。把存在者带回来，就是为"天地神人"建立起那种"纯一性"的关系，成就自身，同时成就他者，和谐游戏于"居有之圆舞"，从而让漂浮在半空中的技术世界回归坚实的大地，让生活在虚无世界中的现代人走上回家之路，回到诗意地栖居的家园。

　　2017年8月，由吴京制作的电影《战狼Ⅱ》在上映不到一个月的时间内取得了超过50亿元票房的上座奇迹，不仅刷新了华语电影史上最高的票房纪录，也创造了中国电影市场自1998年以来的观影人次新高。影片讲述一位热血老兵带领处身于纷乱、战火和瘟疫之境域的人们走上回家之路的故事。没有人认为这是一部艺术水准多么高超的影片，以致电影界的"大佬"面对《战狼Ⅱ》的高票房发出"看不懂""不理解"的叹息；没有人认为这部电影的高票房源自画面中"拳拳到肉"的打斗或"血腥凶残"的呈现，好莱坞的许多动作片、战争片之火爆场面都不在《战狼Ⅱ》之下；为数不多的感情戏充满套路，情节单薄的镜头语言略显老旧。然而，无人否定这是一部好电影，并且在事实上已经成为单一地区票房第二高的影片，不仅超过了20世纪福克斯影业公司的《阿凡达》在北美地区的7.6亿美元，而且直逼华特·迪士尼公司的《星球大战7：原力觉醒》在北美地区的9.37亿美元。有人将这部影片的成功归结于故事本身唤醒了"爱国主义热情""英雄主义情节"，也有人认为其成功的原因是满足了好莱坞那种类型化电影的工业标准。这样的评论无疑是正确的。譬如，电影开场的那段六分钟水下打斗就是标准的好莱坞式的商业电影套路。我们在《复仇者联盟》《碟中谍》《速度与激情》《拯救大兵雷恩》等影片中都能看到这一套路的运用，影片一开场，先来一段任务或打斗，依靠强烈的感官刺激迅速调动起观众的观影兴趣。这一电影工业的好莱坞标准显然为任何一位科班出身的中国导演所熟知，爱国主义题材的中国影片也比比皆是，且被《战狼Ⅱ》击中燃点的并不只有中国观众。因此，真正燃爆观众热情的还有别的东西，那就是人类所共通、共有的那种深藏于内心的

---

① 海德格尔：《哲学论稿：从本有而来》，孙周兴译，第14页。

对"回家"的渴望，那种记忆深处的家的温暖、家园的宁静、家乡的风景……诚如荷尔德林在诗歌《返乡》中的描述：

> 一切都显得亲切熟悉，
> 连那匆忙而过的问候，
> 也仿佛友人的问候，
> 每一张面孔都显露亲近。①

《战狼Ⅱ》的导演用一个回家的故事带领观众一起走上了"回家之路"，从而让影片建立的世界与中国人的生存命运发生了直接的关联。这种对回家的渴望并没有民族之分、年龄之分、时代之分，而是人类共同的情感诉求。在全球电影票房排行榜前100名的影片中，无论《阿凡达》《星球大战》《变形金刚》《美国大兵》《侏罗纪公园》等科幻电影，抑或《冰雪奇缘》《霍比特人》《狮子王》等童话故事，讲述的都是拯救、守护、回归家园的故事。在《变形金刚：月黑之时》片尾，擎天柱（Optimus Prime）的一番话表达了这类影片所蕴含的共同主题。他说："任何战争中都会有风平浪静的时候。虽然有时会失去信任，有时会遭受背叛……但我们绝不会抛弃地球和这里的人民。我是擎天柱，我向宇宙发送这条讯息：我们在这。我们到家了。"② 擎天柱帮助人类战胜了侵略者，守护了人类家园，最后依然回到自己的故乡，回到自己的家。因此，"家"既是我们的出发点，又是我们的落叶处。我们守护家园、拯救家园，所为的就是能够回家，能够有一个在冒险之后的返身隐匿之所。

在荷尔德林的诗句里，返乡的漫游者在回到家乡的时候，虽然从故乡人的面孔中感受到亲切和熟悉，但在海德格尔看来，漫游者在

---

① 海德格尔：《荷尔德林诗的阐释》，孙周兴译，第6页。
② 原文：In any war, there are calms between the storms. There will be days when we lose faith. Days when our allies turn against us... But the day will never come when we forsake this planet and it's people. For I am Optimus Prime, and I send this message to the universe: We are here. We are home.

第五章　归本生发：技术世界的沉思

"到达之后，却尚未抵达故乡"。原因在于故乡最本己的东西依然锁闭着，尽管这锁闭着（隐匿着）的东西已经近在咫尺，但仍然需要漫游者去寻觅。这种隐匿起来的东西只有当安居下来之后才能寻获，而这个梦寐以求、近在咫尺的隐匿之物便是与母亲临近而居的炉灶！为何是炉灶而不是其他的东西呢？因为"炉灶守护着那总是潜藏起来的火光，这火光一旦燃起烈焰，就将开启出大气和光明，使之进入明朗者之中"。换言之，炉膛内的火焰才是照亮存在的生命之光，是"出-现""涌现"的真正本源。因此，荷尔德林在诗歌中所说的"炉灶"被海德格尔认作"朗照之本源"，"返乡就是返回本源近旁"。于是，"这就是出生之地，这就是故乡的土地，你梦寐以求的近在咫尺，已经与你照面"。只是在见到了炉灶之后，诗人终于发出由衷的感叹："这就是快乐！"①

什么是快乐？接近"本源"就是快乐。《战狼Ⅱ》带给观众的快乐，既不是来自故事中偶尔点缀的几处笑点，也不是来自令人揪心的打斗过程；快乐来自影片的画外之音，来自经历了惊心动魄的打斗之后可以回家的喜悦，来自对回家之后可以返回母亲身旁的期盼，来自可以与炉灶内的火光切近照面的幸福。质言之，快乐来自"本源"。这个"本源"只能存在于大地，母亲、母亲身旁的炉灶、炉灶之外的山水以及家乡的历史都是大地，这个"本源"就是我们的生命之源。虽然被家乡隐匿着、遮蔽着的本源久未照面，但每一个人都不会忘怀赐予我们生命的家园，唯有家园为我们的童年提供了一片可以立身、持存和诗意栖居的大地！因此，真正的快乐只能来自家乡的大地，来自炉灶的烈焰，来自生命的诞生。生命就是"作为φυσις（涌现、自然）的涌现者"，生命就是"自然"，就是"归本生发"，就是"存在者整体意义上的存在"。

然而，"存在总是'一任'存在者'听冒险摆布'。存在让存在者放纵于冒险中……当下存在者都是所冒险者"，而"冒险乃是投入游

---

① 以上引文见海德格尔：《荷尔德林诗的阐释》，孙周兴译，第6、8、11、24页。

戏"①。以电影《敦刻尔克》为例,虽然在形式上这是一部战争题材片,但诺兰讲述的也是一个回家的故事。当电影结尾海面上出现飘扬着英国旗帜的大批民船时,将军指着海面上的船只含泪说道:"That's home!"虽然整部影片的人物对话很少,但传递的信息是明确的,那就是回家的道路充满危险。无论是《敦刻尔克》中濒临绝境的背水一战,《战狼Ⅱ》中惊心动魄的厮杀打斗,还是《流浪地球》中木星引力的死亡威胁,无一不是在回家的道路上"听任冒险摆布"。在《敦刻尔克》中,40万名英法联军被德军围逼在狭小的海滩上,按照计划只能撤离3万人,最后在一个星期内救出了33.6万人;在《流浪地球》中,利用木星的"引力弹弓"提升地球逃匿速度的设想,已经蕴含了遭受"洛希极限"的危险,而通过点燃木星来摆脱引力魔掌的这一终极冒险行为,则避免了地球被撕碎的命运。这样的"冒险"给观众带来的并不是"惊恐",而是一种"惊奇"的快感。因此,危险就是危机,只有勇于深入危险,才能获得一线生机;只有敢于冒险,才能临近家园。在《战狼Ⅱ》中,单枪匹马的冷锋闯入非洲动乱区营救47名华资工厂的同胞无疑九死一生,影片尾声当冷锋高举起五星红旗的时候,许多观众热泪盈眶,他们真切地感受到已经临近母亲的身旁,五星红旗的光芒就是熊熊燃烧的炉火。

在由模型或符号构建的技术世界中,人类为了临近家园而甘于冒险的行为已经不再多见,更常见的是忘却了"天、地、神"三方而独自游戏于"无何有之乡",以为仰赖于现代技术便可以在虚无的世界中独享快乐。失去了大地根基的快乐必然稍纵即逝,虚幻的"他人"与杂陈的"纷乱"不会带来"神性"的指引,回家之路也将错失方向。因此,后文化产业时代的浏览者或游牧者,就难免成为无家可归的漫游者、流浪者,成为共同世界的异乡人。每一位异乡人都不会甘心在世界中随波逐流,内心深处必然都持存着一份回家的渴望。于是,在现代城市中,一条条"古街"或一座座"古镇"被翻造、被新建,并且在每一个仿古建筑群中新建了民宿,设计了传统生活体验项目,无

---

① 海德格尔:《林中路》,孙周兴译,第267—268页。

非是要满足深陷技术世界的当代人对"回家"的渴望,对"本源"的怀恋。然而,在这些仿古建筑群中,已经没有乡亲,没有母亲,没有炉灶。这样的"古街"或"古镇"就只能是技术的世界,依然是"无何有之乡"。

当我们将文化创意看作一种"为了快乐"的创作行为时,或许不会意识到真正的"快乐"只能源自对"本源"的切近,文化创意所缺失的或许就是那一团"炉火";当我们将文化产业效应看作是建立了一个图像世界时,或许不会在意真正寻找的东西只是可以"回家"的希望。在后文化产业时代,深陷技术集-置的"数字人"已经厌倦了冷漠的机器、高耸的大楼和"在场者不在场"的孤独,陷入一种深深的惊恐、畏惧和抑制的处身情态之中。海德格尔将这种"既惊恐又畏惧的抑制"的情绪称为哲学的另一个开端,认为这是一种"下降、归隐、收敛、低沉的情绪"[①]。为了应对这种情绪,海德格尔以本有之思指出了一条回家的道路。

回家就是回归生命的本源,就是赋予生命以自由,让生命在技术世界的桎梏中获得呼吸的自由,从而道法自然,归本生发,成其自身。因此,面对文化产业现象所置造的技术世界,面对虚无主义弥漫的时代氛围,无论是符号创作者还是信息接受者,不仅要对现代技术采取"泰然任之""虚怀敞开"的态度,还要在文化创意与文化传播的过程中,从人类之命运(人类的历史和传统)之处运思人类的未来,让生命之花在希望的田野上自由地绽放,让人类在未来的大地上诗意地栖居。

---

① 见孙周兴:《后哲学的哲学问题》,第 270 页。

结束语

> 沉思乃是对意义的追问;亦即对存有之真理的追问。①

---

① 海德格尔:《哲学论稿:从本有而来》,孙周兴译,北京:商务印书馆,2016年,第54页。

"此在即时间本身"①。在世界中存在就是在时间中存在，此在存在的意义就是时间性，从过去而来，朝未来走去，生命就在时间中消逝。文化产业文本作为一种"时间对象"而区别于其他日用性商品，在一个"对象性的时间"所建立的世界中，我们走进了一个模型化的空间，东瞧瞧，西望望，游戏着并快乐着。

这是一个文化的世界，一个跟随媒介的迭代不断改变生活方式和思维方式的技术世界。媒介还将迭代，从纸质媒介到电子媒介走过了400年，从电子媒介到数字媒介走过了100年，从数字媒介到量子媒介或基因媒介似乎也指日可待了。生物技术正从认识生命走向设计生命，不但已经克服了远缘杂交的不亲和障碍，而且成功创建了一种在DNA中高密度存储数据的新方法，具备1克DNA存储215PB的能力；人工智能的学习能力与思维能力已经在某些领域与人类相媲美，并在与细胞生物计算技术的结合中实现了局部的"生物—机器"融合；第五代、第六代移动通信网络不仅将带来信息传播速度的飞跃，而且会带来信息接受终端的革命，现有的移动手机终将被各种可穿戴设备所替代，"万物互联"将彻底颠覆现有的信息生产、传播与接受方式……文化产业正处在一个全新时代的前夜。文化产业是什么？虽然迄今为止没有一个各方面都能接受的定义，但毋庸置疑，它是以现代技术手段建立图像化共同世界的一种社会现象。

这样的图像不是狭义上的信息媒介，而是文本信息进入信息接受者表象状态所形成的世界图像。我们曾经只能依靠视觉对文字的摄入构建世界图像，现在可以依靠视觉、听觉或其他感觉器官观赏图像化的世界，未来可能依赖于"脑机结合"在云端直接联结超真实世界。无论如何，世界已经是一个由技术集-置所订置的世界，生活已经是一个由新的时间秩序、空间秩序和游戏秩序所摆置的生活，而文化产业现象就是人类在技术时代的"时空游戏"。

---

① 海德格尔：《时间概念》，陈小文译，孙周兴校，载孙周兴选编：《海德格尔选集》上，上海：上海三联书店，1996年，第24页。

诚如海德格尔所言："时间-空间乃是争执的时机之所……是本有的时机之所。这个时机之所乃从作为大地与世界之争执的本有中本质性地现身。争执之纷争即是此在。"① 因此，此在因争执而在，文化产业现象的演变之所以改变了人类的生活方式乃至重塑了自身世界，就在于其改变了自然的时间序列与自然的空间秩序，从而让争执的时机之所发生了偏移。我们在图像世界中穿越历史，轻车熟路于人类的曾在和将来；在虚拟空间中突破距离，游走于远方的美好与丑陋，却不再也无法分辨这些曾在与将来、美好与丑陋的真实性，因此，只能游戏其间。

按照海德格尔的本有之思，"天地神人""作为纯一地相互信赖者的居有着的映射游戏而成其本质……世界的映射游戏乃是居有之本质"②。因此，居有之本质就是生活之本质，人类的生存自古以来就是一种游戏。不同的是，古代人游戏于"天地神人"和谐共在的"四重整体"，是切近本源的游戏；现代人在征服世界的过程中遗弃了"天地神"，破坏了纯一性，游戏就变成一种对快乐的盲目追求，成为远离了本源的游戏。然而，"在游戏"总归是快乐的，至少能为既惊恐又畏惧的情绪提供慰藉和庇护，为茫然莫知所措的流浪者提供遮风避雨的港湾。

这种慰藉或庇护是技术时代普遍性的需求。文化产业基于这一需求的普遍性而获得资本力量的推动，成长为发达工业国家的经济支柱，又因资本家的逐利本性促成了更多的信息接受者被一个个制造出来的需求所困囿，21世纪的"数字人"几乎把工作和睡眠之外的全部时间都用在了数字化的图像世界中了！在一个以"自我确证"为最高价值的时代里，文化产业所制造的需求或传播的信息必然以利润获取为旨归，而不必然提供知识、真理或意义，文化产业因此成为主要生产快乐的产业。然而，快乐并不是一个可以计算或度量的物理量，也难以用经济学模型来解释，"快乐何来"就成为横亘在符号创作者面前的一

---

① 海德格尔：《哲学论稿：从本有而来》，孙周兴译，第37—38页。
② 海德格尔：《物》，孙周兴译，载孙周兴选编：《海德格尔选集》下，上海：上海三联书店，1996年，第1181页。

道难题。从文化产业现象与虚无主义的关系来看,文化产业之所以能够茁壮成长,在于其承担了为身心俱衰的现代人提供官能上、精神上的刺激剂和麻醉剂的使命。因此,与其说文化产业因为置造快乐而获得利润,毋宁说其为处身虚无主义情态的现代人提供了希望,从而获得了市场。然而,希望就在希望的田野上,希望只能"从本有而来"。希望的田野就在"回家之路"的那一端,在临近本源之所。

不论文化产业是作为文化现象或经济形态,也不论文化产业建立的是文化的世界或技术的世界,文化产业都应带领信息接受者走上一条回家的路。

回家的路是一条思想之路。唯有思想之路,才能带领我们回家,临近母亲身旁的炉灶。思想之路所思的,是在技术时代如何让现代人在天地之间安居,但我们现在是否已经处在这条道路的起点上?当技术正在替代人类的知觉系统乃至试图僭越人类的意识系统之时,我们所应期待的或许不再是艺术或审美的救赎,而是必须重新思考世界的意义、思考我们的生活方式。而与生活世界密切关联的文化产业,理应在一个新的开端上接受未来的召唤。

> 道路和掂量,
> 阶梯和道说,
> 达于独有之行。
>
> 无碍无顾,
> 走你的孤独之路,
> 去担当追问和缺席。[1]

---

[1] 海德格尔:《从思的经验而来》,孙周兴译,载孙周兴选编:《海德格尔选集》下,第1153页。

参考文献

[1] Richard Florida, *The Rise of the Creative Class* (revision edtion), Basic Books, A Member of the Perseus Books Group, 2012.

[2] Stuart Hall, "Encoding/decoding in television discourse", Reprinted in *Culture, Media, Language*, edited by S. Hall, London: Hutchinson, 1981.

[3] David Hesmondhalgh, *The Cultural Industries* (3rd edition), SAGE Publications Ltd., 2013.

[4] John Howkins, *The Creative Economics*, The Penguin Pres, 2001.

[5] T. B. Lawrence, N. Phillips, "Understanding the Cultural Industries", *Joumal of Management Inquiry*, Vol. 11, No. 4, 2002.

[6] *The Economic Performance of the UK's Creative Industries*, London: Department of Culture, Media & Sport, 2007.

[7] Cavid D. Throsby, *Economics and Culture*, Cambridge University Press, 2001.

[8] Raymond Williams, *Culture*, London: Fontana, 1981.

[9] Raymond Williams, *Culture and Society*, London: Chatto and Windus, 1958.

[10] Raymond Williams, *Keywords: A Vocabulary of Culture and Society* (revision edtion), New York: Oxford University Press, 1983.

[11] 戴维·思罗斯比:《经济学与文化》,王志标、张峥嵘译,北京:中国人民大学出版社,2011年。

[12] 约翰·哈特利:《创意产业读本》,曹书乐、包建女、李慧译,北京:清华大学出版社,2007年。

[13] 约翰·哈特利:《数字时代的文化》,李士林、晓波译,杭州:浙江大学出版社,2014年。

[14] 延森:《媒介融合:网络传播、大众传播和人际传播的三重维度》,刘君译,上海:复旦大学出版社,2012年。

[15] 本雅明:《机械复制时代的艺术作品》,王才勇译,北京:中国城市出版社,2001年。

[16] 彼得·特拉夫尼:《海德格尔导论》,张振华、杨小刚译,上海:同济大学出版社,2012年。

[17] 格奥尔格·西美尔:《叔本华与尼采》,朱雁冰译,上海:上海人民出版社,2009年。

[18] 哈贝马斯:《作为意识形态的技术与科学》,李黎、郭官义译,上海:学林出版社,1999年。

[19] 伯尔尼德·哈姆、拉塞尔·斯曼戴齐:《论文化帝国主义:文化统治的政治经济学》,曹新宇、张樊英译,北京:商务印书馆,2015年。

[20] 海德格尔:《存在与时间》(修订译本),陈嘉映、王庆节译,北京:生

活·读书·新知三联书店，2014年。
- [21] 海德格尔：《荷尔德林诗的阐释》，孙周兴译，北京：商务印书馆，2014年。
- [22] 海德格尔：《林中路》，孙周兴译，上海：上海译文出版社，2014年。
- [23] 海德格尔：《路标》，孙周兴译，北京：商务印书馆，2000年。
- [24] 海德格尔：《尼采》，孙周兴译，北京：商务印书馆，2010年。
- [25] 海德格尔：《形而上学导论》，熊伟、王庆节译，北京：商务印书馆，2014年。
- [26] 海德格尔：《哲学论稿：从本有而来》，孙周兴译，北京：商务印书馆，2016年。
- [27] 胡塞尔：《纯粹现象学通论：纯粹现象学和现象学哲学的观念》第1卷，李幼蒸译，北京：中国人民大学出版社，2013年。
- [28] 胡塞尔：《逻辑研究》第二卷第二部分，倪梁康译，上海：上海译文出版社，1999年。
- [29] 胡塞尔：《欧洲科学的危机与超越论的现象学》，王炳文译，北京：商务印书馆，2001年。
- [30] 胡塞尔：《现象学的方法》，克劳斯·黑尔德编，倪梁康译，上海：上海译文出版社，1994年。
- [31] 胡塞尔：《现象学的观念》，倪梁康译，上海：上海译文出版社，1986年。
- [32] 霍克海默、阿道尔诺：《启蒙辩证法——哲学断片》，渠敬东、曹卫东译，上海：上海人民出版社，2006年。
- [33] 康德：《纯粹理性批判》，《康德三大批判合集》上，邓晓芒译，北京：人民出版社，2009年。
- [34] 尼采：《悲剧的诞生》，孙周兴译，北京：商务印书馆，2012年。
- [35] 尼采：《权力意志》，孙周兴译，北京：商务印书馆，2013年。
- [36] 埃米尔·瓦尔特－布什：《法兰克福学派史：评判理论与政治》，郭力译，北京：社会科学文献出版社，2014年。
- [37] 文德尔班：《哲学史教程》，罗达仁译，北京：商务印书馆，2013年。
- [38] 鲍德里亚：《消费社会》，刘成富、全志刚译，南京：南京大学出版社，2014年。
- [39] 布尔迪厄：《文化资本与社会炼金术》，包亚明译，上海：上海人民出版社，1997年。
- [40] 弗雷德里克·马特尔：《论美国的文化：在本土与全球之间双向运行的文化体制》，周莽译，北京：商务印书馆，2012年。
- [41] 弗雷德里克·马特尔：《智能：互联网时代的文化疆域》，君瑞图、左玉冰译，北京：商务印书馆，2015年。
- [42] 雷吉斯·迪布瓦：《好莱坞：电影与意识形态》，李丹丹、李昕晖译，北京：商务印书馆，2014年。

[43] 斯蒂格勒：《技术与时间 2　迷失方向》，赵和平、印螺译，南京：译林出版社，2010 年。
[44] 斯蒂格勒：《技术与时间 3　电影的时间与存在之痛的问题》，方尔平译，南京：译林出版社，2012 年。
[45] 柏拉图：《柏拉图全集》第 1 卷、第 2 卷，王晓朝译，北京：人民出版社，2003 年。
[46] 戴维·克劳利、保罗·海尔：《传播的历史：技术、文化和社会》（第五版），董璐、何道宽、王树国译，北京：北京大学出版社，2011 年。
[47] 麦克卢汉：《理解媒体：论人的延伸》（增订评注本），何道宽译，南京：译林出版社，2011 年。
[48] 约斯特·斯密尔斯、玛丽克·范·斯海恩德尔：《抛弃版权：文化产业的未来》，刘金海译，北京：知识产权出版社，2010 年。
[49] 古纳维芙·阿布拉瓦内尔：《被美国化的英国：娱乐帝国时代现代主义的兴起》，蓝胤淇译，北京：商务印书馆，2015 年。
[50] 大卫·波德维尔、克里斯汀·汤普森：《世界电影史》（第二版），范倍译，北京：北京大学出版社，2014 年。
[51] 赫伯特·席勒：《大众传播与美帝国》，刘晓红译，上海：上海译文出版社，2013 年。
[52] 道格拉斯·霍尔特、道格拉斯·卡梅隆：《文化战略：以创新的意识形态构建独特的文化品牌》，汪凯译，北京：商务印书馆，2013 年。
[53] 克雷纳、马米亚：《加德纳艺术通史》，李建群译，长沙：湖南美术出版社，2012 年。
[54] 理查德·佛罗里达：《创意阶层的崛起》，司徒爱勤译，北京：中信出版社，2010 年。
[55] 刘易斯·芒福德著、唐纳德·L. 米勒编：《刘易斯·芒福德著作精粹》，宋俊岭、宋一然译，北京：中国建筑工业出版社，2009 年。
[56] 刘易斯·芒福德：《技术与文明》，陈允明、王克仁、李华山译，北京：中国建筑工业出版社，2010 年。
[57] 马尔库塞：《单向度的人：发达工业社会意识形态研究》，刘继译，上海：上海译文出版社，2014 年。
[58] 尼尔·波兹曼：《技术垄断：文明向技术投降》，蔡金栋、梁薇译，北京：机械工业出版社，2013 年。
[59] 尼尔·波兹曼：《娱乐至死》，章艳译，北京：中信出版社，2015 年。
[60] 理查德·塔纳斯：《西方思想史》，吴象婴、晏可佳、张广勇译，上海：上海社会科学出版社，2011 年。
[61] 梯利著、伍德增补：《西方哲学史》（增补修订版），葛力译，北京：商务印书馆，1995 年。
[62] 威廉·阿伦斯等：《当代广告学》（第 11 版），丁俊杰等译，北京：人民

邮电出版社，2013年。

[63] 威廉·麦克高希：《世界文明史：观察世界的新视角》，董建中、王大庆译，北京：新华出版社，2003年。

[64] 西奥多·齐尼：《迪士尼体验：米奇王国的魔法服务之道》，黄昌勇、周晓健译，北京：北京大学出版社，2016年。

[65] 约翰·费斯克：《理解大众文化》，王晓珏、宋伟杰译，北京：中央编译出版社，2001年。

[66] 理查德·F. 库索尔：《法兰西道路：法国如何拥抱和拒绝美国的价值观与实力》，言予馨、付春光译，北京：商务印书馆，2013年。

[67] 撒穆尔·伊诺克·斯通普夫、詹姆斯·菲泽：《西方哲学史：从苏格拉底到萨特及其后》（修订第8版），匡宏、邓晓芒等译，北京：世界图书出版公司，2009年。

[68] 詹姆斯·格雷克：《信息简史》，高博译，北京：人民邮电出版社，2013年。

[69] 杰姆逊：《后现代主义与文化理论》，唐小兵译，北京大学出版社，1997年。

[70] 詹明信著、张旭东编：《晚期资本主义的文化逻辑》，陈清侨等译，北京：生活·读书·新知三联书店，1997年。

[71] 艾伦·J. 斯科特：《城市文化经济学》，董树宝、张宁译，北京：中国人民大学出版社，2010年。

[72] 罗伯特·保罗·欧文斯等：《世界城市文化报告2012》，黄昌勇等译，上海：同济大学出版社，2013年。

[73] 斯科特·拉什、西莉亚·卢瑞：《全球文化工业：物的媒介化》，要新乐译，北京：社会科学文献出版社，2010年。

[74] 斯图尔特·霍尔：《表征：文化表征与意指实践》，徐亮、陆兴华译，北京：商务印书馆，2013年。

[75] 约翰·斯道雷：《文化理论与大众文化导论》，常江译，北京大学出版社，2010年。

[76] 沟口雄三、小岛毅主编：《中国的思维世界》，孙歌等译，南京：江苏人民出版社，2006年。

[77] 陈嘉明：《现代性与后现代性十五讲》，北京：北京大学出版社，2006年。

[78] 陈嘉映：《海德格尔哲学概论》，北京：商务印书馆，2014年。

[79] 邓安球：《文化产业发展理论研究——兼论湖南文化产业发展》，江西财经大学博士论文，2009年。

[80] 胡惠林：《文化产业发展与国家文化安全》，广州：广东人民出版社，2005年。

［81］ 江蓝生等：《2001～2002：中国文化产业蓝皮书》，北京：社会科学文献出版社，2002年。

［82］ 梁家荣：《本源与意义：前期海德格尔与现象学研究》，北京：商务印书馆，2014年。

［83］ 林拓、李惠斌、薛晓源：《世界文化产业发展前沿报告（2003—2004）》，北京：社会科学文献出版社，2004年。

［84］ 刘森林：《物与无：物化逻辑与虚无主义》，南京：江苏人民出版社，2013年。

［85］ 陆扬、王毅：《文化研究导论》（修订版），上海：复旦大学出版社，2015年。

［86］ 倪梁康：《现象学及其效应》，北京：生活·读书·新知三联书店，1994年。

［87］ 钱乘旦、许洁明：《英国通史》，上海：上海社会科学院出版社，2012年。

［88］ 单世联：《技术与文化产业的兴起》，《中国文化产业评论》第15卷，上海：上海人民出版社，2012年。

［89］ 单世联编：《文化产业研究读本（西方卷）》，上海：上海人民出版社，2011年。

［90］ 孙周兴：《后哲学的哲学问题》，北京：商务印书馆，2009年。

［91］ 孙周兴：《未来哲学序曲：尼采与后形而上学》，上海：上海人民出版社，2016年。

［92］ 孙周兴：《以创造抵御平庸：艺术现象学演讲录》，杭州：中国美术学院出版社，2014年。

［93］ 孙周兴编：《存在的天命：海德格尔技术哲学文选》，杭州：中国美术学院出版社，2018年。

［94］ 孙周兴选编：《海德格尔选集》上下卷，上海：上海三联书店，1996年。

［95］ 孙周兴编：《依于本源而居：海德格尔艺术现象学文选》，杭州：中国美术学院出版社，2010年。

［96］ 吴国盛：《技术哲学讲演录》，北京：中国人民大学出版社，2009年。

［97］ 吴国盛编：《技术哲学经典读本》，上海：上海交通大学出版社，2008年。

［98］ 向勇：《文化产业导论》，北京：北京大学出版社，2015年。

［99］ 谢名家：《文化产业的时代审视》，北京：人民出版社，2002年。

［100］ 熊澄宇：《世界文化产业研究》，北京：清华大学出版社，2012年。

［101］ 杨向荣：《西方美学与艺术哲学基本问题》，北京：中国社会科学出版社，2013年。

［102］ 叶朗：《中国文化产业年度发展报告（2003）》，长沙：湖南人民出版

社，2003 年。
- [103] 尹定邦、邵宏：《设计学概论》，长沙：湖南科学技术出版社，2016 年。
- [104] 张祥龙：《现象学导论七讲：从原著阐发原意》，北京：中国人民大学出版社，2010 年。
- [105] 郑寅达：《德国史》，北京：人民出版社，2014 年。
- [106] 周国平：《尼采与形而上学》，南京：译林出版社，2012 年。
- [107] 毕小青、王代丽：《文化产业竞争力研究的进展、问题与展望》，《技术经济与管理研究》2009 年第 5 期。
- [108] 陈立旭：《大众文化的研究转向：费斯克理论之考察》，《文化艺术研究》2009 年第 5 期。
- [109] 李志岭：《汉字、欧洲字母文字与中西思维方式的关系》，《外语教学》2002 年第 3 期。
- [110] 孙周兴：《我们如何得体地描述生活世界：早期海德格尔与意向性问题》，《学术月刊》2006 年第 6 期。
- [111] 王俊：《从现象学到生活艺术哲学》，《浙江大学学报（人文社会科学版）》2018 年第 1 期。
- [112] 谢名家：《关于发展文化产业的哲学思考》，《广东社会科学》1995 第 5 期。
- [113] 杨丽婷：《阿多诺与虚无主义：从其对海德格尔的批判谈起》，《江苏社会科学》2012 第 5 期。
- [114] 张廷国：《当代西方人学方法论的奠基：论胡塞尔的"生活世界"概念》，《科学·经济·社会》1997 年第 3 期。

图书在版编目(CIP)数据

技术与世界:文化产业现象学导论/任广军著.—上海:复旦大学出版社,2022.10
ISBN 978-7-309-16343-8

Ⅰ.①技⋯ Ⅱ.①任⋯ Ⅲ.①文化产业-研究 Ⅳ.①G114

中国版本图书馆 CIP 数据核字(2022)第 139867 号

技术与世界:文化产业现象学导论
任广军　著
责任编辑/陈　军

复旦大学出版社有限公司出版发行
上海市国权路 579 号　　邮编:200433
网址:fupnet@fudanpress.com　　http://www.fudanpress.com
门市零售:86-21-65102580　　团体订购:86-21-65104505
出版部电话:86-21-65642845
常熟市华顺印刷有限公司

开本 787×960　1/16　印张 18　字数 259 千
2022 年 10 月第 1 版
2022 年 10 月第 1 版第 1 次印刷

ISBN 978-7-309-16343-8/G・2394
定价:68.00 元

如有印装质量问题,请向复旦大学出版社有限公司出版部调换。
版权所有　　侵权必究